Golf Flow

최고의 마인드
골프 플로우

이용현 · 전현수 옮김

Golf flow / Gio Valiante.
Copyright © 2013 by Gio Valiante (Human Kinetics)
All rights reserved.

Korean translation rights © by Rainbow Books.
This Korean translation right was arranged with Human Kinetics.

이 책의 한국어판 저작권은 미국 Human Kinetics와의 독점계약으로 레인보우북스가 소유합니다.
저작권법에 의해 한국 내에서 보호받는 저작물이므로 무단전재와 무단복제를 금합니다.

최고의 마인드 **골프 플로우**

- **인 쇄** 2019년 01월 28일 인쇄
- **발 행** 2019년 01월 31일 발행
- **역 자** 이용현, 전현수
- **발행처** 레인보우북스
- **주 소** 서울 관악구 신림로 75 레인보우B/D
- **전 화** 02) 2032-8800 02) 871-0935(팩스)
- **E-mail** min8728151@rainbowbook.co.kr

ISBN 978-89-6206-447-6 93690
정 가 18,000원

*잘못된 책은 구입처에서 교환하여 드립니다.

사랑을 정의할 순 없지만, 보면 알 수 있다는 말을 들었습니다. 그 영혼으로, 나는 이 책을 멜리사 콘래드 발리안테와 크리스찬 주드 발리안테에게 바칩니다. 나는 그걸 정의할 수 없지만, 매일 보기 때문에 순수하고 무조건적이며 무한한 사랑이 존재한다는 것을 알고 있습니다: 나의 세상을 열어준 것에 대해 너무 감사드립니다.

나는 또한 이 책을 훌륭하고, 참을성 있으며, 충성스러운 친구이자 정직과 탁월함의 모델인 크리스찬 데이비드 호프만에게 바칩니다. 이것들도 언젠가 추억이 될 것입니다.

차례

서문	8
역자 서문	10
소개	12
감사의 글	15

01 골프 몰입경험

CHAPTER 01 • 시간	18
CHAPTER 02 • 통제력	28
CHAPTER 03 • 노력	46
CHAPTER 04 • 인식 능력	56

02 몰입 도구상자

CHAPTER 05	도전을 맞닥뜨리는 기술	70
CHAPTER 06	자아를 견제하기 위한 숙달 지향	80
CHAPTER 07	변화에 적응하기 위한 성장 사고방식	89
CHAPTER 08	역경을 극복하는 회복탄력성	98
CHAPTER 09	지속적 성공을 위한 자신감	112

03 PGA 투어에서의 몰입

CHAPTER 10	맷 쿠차 게임을 사랑하기	126
CHAPTER 11	저스틴 로즈 자신의 동기를 이해하기	136
CHAPTER 12	스튜어트 애플비 감사하는 마음 갖기	149
CHAPTER 13	카밀로 비에가스 기복 간에 관점 유지하기	157
CHAPTER 14	션 오헤어 현재에 존재하기	172
CHAPTER 15	브라이스 몰더 자신의 경기를 펼쳐라	182

차례

04 코스에 몰입하기 위한 10가지 열쇠

CHAPTER 16 • 성공을 연구하라	192
CHAPTER 17 • 시간을 효율적으로 관리하기	197
CHAPTER 18 • 목표를 갖고 연습하기	204
CHAPTER 19 • 숙달 지향의 사고방식 갖기	215
CHAPTER 20 • 실제 한계와 인식된 한계의 차이	220
CHAPTER 21 • 환경을 조성하기	228
CHAPTER 22 • 부정에 긍정적으로 반응하기	237
CHAPTER 23 • 몸을 컨트롤하기	244
CHAPTER 24 • 메커니즘이 아닌 리듬에 집중하기	254
CHAPTER 25 • 두려움 없이 플레이하기	259
참고문헌	265
색 인	267
옮긴이	273

서문 *preface*

　내가 골프를 사랑하며 골프를 통한 삶을 추구하는 데는 적잖은 이유가 있다. 가장 큰 이유로서 골프는 남들의 주목을 끌고, 기교적이며, 신체 기술뿐 아니라 정신적 민첩함과 인내 등 자신의 모든 것을 시험해볼 수 있다는 점이다.

　골프 챔피언십이 열리는 동안에는 신중하고, 심사숙고하며, 몰두하는 정신상태가 요구된다. 바로 이 점 때문에 나는 1996년 마스터스에서 승리했고, 각별히 승리에 대한 자부심을 가질 수 있었다. 그 주 내내 경기가 쉽지 않았기 때문에 내 정신력을 총동원하여 모든 샷을 시험해봄으로써 집중 수준을 유지하려고 내 자신에게 조언하였다.

　이렇게 도전이 필요한 날과 모든 것이 뜻대로 되고 골프가 쉽게 느껴지는 날과는 매우 상반된다. 내가 처음 몰입했던 기억은 1987년 머필드에서 열린 브리티시 오픈이었다. 나는 완전히 과정에 열중했고, 오로지 중요한 것은 내가 해야 할 다음 순서였다. 특히 기억나는 건 일요일 마지막 홀에서 5번 아이언으로 쳤을 때 아주 느린 속도로 진행되는 것처럼 느껴졌다. 나는 그 때의 샷 -테이크어웨이, 트랜지션, 다운스윙, 임팩트 그리고 폴로스루까지-을 매 초마다 경험하는 것 같았고, 공이 마치 내가 의도한 목표로 관통하여 날아가는 모습을 볼 수 있었다. 모든 것이 차분했고 완벽했다. 나도 미처 알지 못하는 사이에 18번 홀 그린에 도착했고 손에는 물병을 쥐고 있었다. 이것이 그날 내가 완전한 집중을 보인 전말이다.

　몇 년 후 1992년 월드 매치플레이 챔피언십에서 나는 다시 몰입을 경험하였다. 나는 그 주에 집중되고, 두려움이 없었으며, 모든 샷에 자신이 있었던 걸로 기억한다. 그 결과 나는 필드를 장악하여 토너먼트 역사상 가장 큰 차이인 8&7로 최종 승리를 거두었다. 만일 내 기억이 정확하다면 그 주에 경기했던 92홀에서 대략 42언더파를 거두었다. 이는 몰입 상태에서 나온 힘인 것이다.

　내 몰입 경험은 이 책에서 여러분이 읽게 되는 내용과 유사하다: 나는 자신감에 차 있었고, 이완되었으며, 인내했다. 내 주변을 의식하면서도 매 샷에 정확하게 초점을 맞추었고, 나만의 리듬과 템포가 정신체계와 역학 간에 조화를 이루었다. 아울러 맑은 정신으로 경기 과정에 완전하게 몰두하였고, 골프 경쟁에서 종종 겪게 되는 정신적 방해요소 없이 내 목표와 조화를 이루었다. 나는 타깃과 관련하여 공을 보고 즉각적으로 "이번은 페이드가 좋을 것 같아" 또는 "5번 아이언이야"고 말했다. 그리고 동시에 마음속으로 습도, 지면 각도, 바람, 거리 등의 환경을 파악했다. 이는 오래된 격언과도 같다: **나는 그것을 보고, 느끼고, 반응하며 샷을 한다... 100퍼센트 자기 확신**

을 가지고. 많은 사람들이 나를 매우 기술적인 골퍼라고 생각하지만, 나는 진심으로 그렇게 보지 않는다. 내가 골프 스윙을 열심히 연습하는 동안 최고의 플레이를 보였을 때 과정은 단순했으며, 지오가 이 책에서 가르치는 내용과 일치하였다. 나는 기술보다 목표 지향적이었고 전적으로 과정에 몰두하였다. 요즘 아마추어들이 내게 조언을 구할 때조차 경기의 정신적인 면을 강조한다. 그들은 "칩 샷은 어떻게 합니까?"라고 묻는다면, 나는 "기술에 신경 쓰지 마세요. 공을 원하는 지점에 떨어뜨릴 수 있습니까? 공이 홀로 굴러가는 것을 볼 수 있어요? 공이 들어가는 것을 볼 수 있죠?" 그들이 그렇다고 하면, 나는 "가서 그렇게 하세요"라고 말할 것이다. **위대한 골퍼는 마음에서 비롯된다. 모든 골퍼는 하고자 하는 것과 하지 않으려는 것을 선택할 수 있다. 여러분이 원하는 것을 그릴 수 있다면, 경기를 잘 할 수 있다.**

이 책을 읽으면서 내가 성공할 수 있었던 핵심들을 깨닫게 되었다: 리듬과 템포를 강조하고, 성공하기 위해 연구하는 것의 중요성을. 일례로 내가 열다섯 소년이었을 때, 1973년 브리티시 오픈에서 트룬으로 이동하였다. 거기서 나는 잭 니클라우스, 게리 플레이어, 아놀드 파머, 토니 잭클린, 조니 밀러 그리고 톰 바이스코프에 대해 연구했다. 그 후 집에 돌아와 마음속으로 그들과 가상의 대결을 펼쳤다. 공 세 개로 경기하는데-한 개는 내가, 두 개는 위대한 골퍼들-이 소유하고 있다. 이렇게 가상의 경기를 함으로써 얻는 효과는 엄청나다. 내가 아직 자기 확신이 충분하지 못할 때 잭 니클라우스는 급진전된 드라이브 샷을 때리며, 조니 밀러는 자신의 아이언들을 물로 닦는 것을 알게 되었고, 마치 그들인 척 하면서 두려움 없고, 자유로우며, 자신감 있는 그들의 습관을 발전시켰다.

지오는 또한 몰입의 기본으로서 모든 샷에 대해 목표로 한 결과의 중요성에 대해 이야기한다. 내가 영국에서 자라는 동안에 모든 기본연습은 그린과 벙커, 깃대만을 두고 150야드 거리의 한 홀에서 이루어졌다. 돌이켜보면, 이 최소화된 방법은 매번 벙커를 지나 목표한 지점으로 볼을 치도록 마음을 가다듬게 해주었기 때문에 나에게는 전화위복이 되었다.

이 책에서 여러분은 수많은 경기에서 최고 선수들이 몰입하고 최상수행을 하는데 활용한 전략들에 대해 알게 될 것이다. 또한 지오가 만난 선수들로 하여금 프로시합에서 50승 이상을 하는데 축적해온 기술에 대해 배우게 될 것이다. 여러분은 몰입으로 알려진 완벽한 정신 상태를 추구하는 모든 골퍼들과 어깨를 나란히 하게 될 것이다.

닉 팔도(Nick Faldo)

역자 서문 *translator preface*

심리학을 연구하면서 골프 선수들을 만나 처음으로 상담과 멘탈 코치 역할을 한 이래로 어느덧 10여 년이 흘렀다. 그동안 많은 선수들과 함께 하면서 나름대로 공부하고 연구한 좋은 심리기법들도 적용해보고, 또 시행착오도 겪으며 울고 웃기도 했다. 그러면서 느낀 것은 대부분의 선수들이 글보다는 말로 쉽게 어필하는 것이 더 효과적이라는 것과, 근본적인 문제해결보다는 단기적인 해결책을 절대적으로 요구한다는 것이었다. 즉, 말로 다 될 것처럼 얘기해주면 안심하면서 일시적으로 플레이도 좋아지는 단기효과가 존재하였다. 그러나...

일을 하면서 내가 진정으로 도움을 주고자 하는 근본적 해결책들은 잘 전달되지 않았다. 골프를 하는 이유나 동기문제, 자신감을 떨어뜨리는 연습방법, 불안에 대한 잘못된 이해, 기술 우선주의 등등. 이러한 문제들의 배경에는 본전 생각으로 조급함을 극복하지 못하는 부모와 코치가 그들을 둘러싸고 있었다. 고민이었다. 시간이 걸리더라도 장기적 측면에서 행복한 골프인생을 도와주는 것이 나로서도 보람된 일이라는 생각이 계속 떠나지 않고 있었다.

그러던 차에 이 책을 접하게 되었는데, 짧게 결론짓기 어렵지만 동기 심리학 이론들을 토대로 최고 선수들이 경험했던 생생한 사례들을 통해 골프를 바라보는 시각을 넓혀줄 뿐 아니라 즐기고, 빠져드는 골프가 가능하도록 도와주는 설명서와도 같다. 다시 말해 내면에서 우러나오는 골프 사랑을 통해 인내와 자신감 그리고 목표를 향한 좋은 습관이 몰입을 가능하게 해준다. 그렇다. 근본문제 해결이었다. 나 역시 그간 선수들에게 해주었던, 그러나 심도 있게 전달하지는 못했던 이야기들이 이 책에 종종 등장하는 것이 놀라울 따름이며, 상당수 공감되는 내용을 위안 삼아 여러모로 부족함에도 이 책을 번역하게 되었다.

이 책은 골프 교습서가 아니라 골프에 대한 통찰이 담긴 마음 교습서이다. 그러기에, 레슨과 체력 트레이닝만을 받아온 여러분들이라면 더욱 절실하게 다가오지 않을까 생각된다.

또한 이 책은 선수뿐만 아니라 부모, 코치 모두에게 경종을 울리는 내용들이 많이 담겨있다. 몰입을 가능하게 해주는 조건 중에는 그만큼 주변인들의 역할이 크다는 것이다. 또한 세계 최고의 골퍼들이 경험했던 희로애락의 스토리와 골프에 빠져드는 과정 그리고 성찰이 담겨있는 인터뷰 내용은 재미와 생동감을 더해준다. 골프를 사랑하거나, 전문가의 길을 택한 골퍼와 가족, 코치, 그와 함께 하는 관계자 모두 부디 이 책에 실린 내용들을 음미하여 행복하고 성공적인 최고의 골프여정을 만드는데 일조하길 바라는 마음이다. 시간이 좀 걸리더라도 천천히, 같은 내용을 여러 번 반복할 때 비로소 실천이 가능하리라 본다.

끝으로 바쁜 일정에도 불구하고 쉽지 않은 공동번역 제안에 흔쾌히 동의해준 전현수 교수님과, 언제나 든든히 아낌없는 신뢰와 지원을 해주시는 레인보우북스 민선홍 대표님께 깊은 감사를 드리며...

역자대표 이용현

소개 *introduce*

2010년에 내가 함께 했던 8명의 골퍼들은 12개월간의 PGA 투어시합 중 10번의 우승을 일궈냈다. 우승은 개성과 재능, 성향, 장점과 단점이 모두 달랐던 8명의 골퍼들에게 돌아갔다. 이 같은 패턴은 2008년 시즌과 유사한데, 후반기 15번의 PGA 투어 중 5번의 우승이 나와 함께 했던 골퍼들이었다.

내가 일한 결과는 종종 드라마틱하다. 저스틴 로즈는 지금껏 해온 9년간의 PGA 투어에서 우승하지 못했다. 우리의 첫 세션이 시작된 지 28일 만에 그는 메모리얼 토너먼트에서 최종 라운드 66타로 우승하였다. 또 다시 28일 후 이번에는 AT&T 내셔널에서 우승하였다. 비슷한 사례로 2010년 4월에 처음으로 함께 했던 아준 아트왈(Arjun Atwal)은 공식 골프 세계랭킹 750위에 불과하며 PGA 투어 우승 경험이 없었다. 4개월이 경과한 후 그는 윈덤 챔피언십에서 우승하였다. 션 오헤어는 2년이 넘도록 우승이 없던 중 2011년 7월에 처음 만날 당시 10번의 경기에서 8번이나 컷 오프 된 상황이었다. 세션을 시작한지 15일 후 그는 캐나디안 오픈에서 우승하였다. **골퍼들이 나와의 첫 미팅 후에 이같은 결과가 나온 결정적인 이유는 스윙이나 클럽, 다이어트 혹은 체력과 같은 한 가지 이유 때문이 아니었다. 그들은 단지 마음을 바꾼 것이었다.**

만일 내가 했던 일에 어떤 비결이 있다면 사람이 살아가는 모든 양상에서 시너지로 묘사되는 개념으로서 심리학자들이 말하는 "몰입상태" 즉, 몸과 마음, 의지와 의도가 완벽하게 조화를 이루어 한 곳에 집중하도록 내 선수들을 이끌어주려 했던 부분이었다. 몰입 연구자들에 따르면, 미하이 칙센트미하이는 "몰입을 비유하자면 많은 사람들이 삶에서 최고로 두드러진 순간에 노력이 필요 없는 행동 감각을 느끼는 것으로 묘사하곤 한다"고 말한다. 몰입할 때 사람들은 모든 잠재력을 느끼고, 탁월해지며, 완벽함을 보게 될 것이다.

몰입상태에 있는 골퍼들은 묘사한 바를 증명하듯 또 다른 영역에 들어간다. 그들은 그린 경사를 더 잘 볼 수 있고, 샷 거리를 더 정확히 잴 수 있으며, 자신이 원하는 정확한 샷을 하기위해 직관적으로 필요한 조치들을 해나가면서 자신의 신체를 더욱 온전히 느낀다고 보고한다. 걸음은 더욱 자신감 있고, 감정은 좀 더 유연하고 긍정적이며, 그들의 시각은 플레이하는 골프 라운드에 더 잘 어울린다. 몰입중인 골퍼의 최종 결과는 자신의 샷을 잘 통제할 수 있고, 일반적으로 자신의 능력을 뛰어넘는 샷을 하며, 자신의 핸디캡보다 낮은 스코어를 낼 수 있게 된다.

20여 년 전 처음으로 골프 몰입을 경험한 이후 나는 지금껏 주말골퍼에서 프로골퍼에 이르기까지 대학 교수이자 멘탈 게임 컨설턴트로서 몰입에 대한 연구를 계속 해왔다. 나는 밴쿠버에서 보스턴까지 어느 곳이든 심리학 컨퍼런스에 참석했다. 나는 고객들에게 내가 배운 것을 많이 활용할 수 있게 도와주었고, 그 결과는 매우 가치 있었다. 교수이자 학자로서 실제 경기장면에서 이론이 살아 있음을 목격하는 것은 대단한 일이었다.

한 가지 조언해주고 싶은 것은 열정적인 골퍼들이 개선 과정에 접근하는 방식과 관련이 있다. 마치 어린 골퍼처럼 많은 스포츠 선수들은 분별없는 단순함으로 게임에 임한다. 일반적으로 플레이를 잘한다는 건 적어도 정신적으로 자유롭고 명확하게 플레이하는 것이다. 그들이 골프에 대한 더 깊은 이해가 축적되고 발전할수록 더 많은 교수법과 정보를 직관적으로 추구한다. 그들의 논리는 이러하다. "약간의 교수법을 통해 내가 조금이라도 향상됐다면, 교수법이 많아질수록 좋아질 것이다".

이 수많은 정보들은 어느 순간 효과적으로 7비트의 정보를 처리하도록 설계된 우리의 뇌에 어떤 영향을 주게 될까?(이 사실은 20세기 초반에 과학자들에 의해 전화번호 7자리로 밝혀짐) 골프를 할 때 무엇을 생각해야 할까? 축적된 모든 정보로 뇌가 실제로 하는 일은 무엇일까? 답은 각자에 달려 있지만, 대다수의 사람들은 그러한 정보들이 본질적으로 마치 콜레스테롤이 뇌동맥을 막히게 하거나 너무 많은 종이가 분쇄기에 걸리는 것처럼 인지적 교착 상태가 되는 것으로 생각한다. **너무 많은 생각은 뇌를 더 비효율적이고 결정력이 떨어지며 하며, 기본적으로 목표물에서 공을 치는 단순한 과정을 방해한다. 이것을 고려해보라: 생각이 너무 적은 골퍼가 나에게 도움을 청하러 온 경우는 한 번도 없었을 뿐더러 "제

소개 introduce

마음 속에 있는 생각이 충분하지 않아요"라는 불만으로 나를 찾아온 골퍼 역시 아무도 없었다. 지금껏 내 조언을 받았던 골퍼들은 게임 혹은 그 외의 한 가지 측면에서 너무 많은 생각을 갖고 있었기 때문이었다. 상반되는 스윙 이론과 잡지, 책, TV 프로그램 등 수백 가지 충돌하는 팁을 제공하는 분위기에서 골퍼는 감각정보와 인지정보에 포화를 맞게 된다.

이 모두로 인해 판단력과 스트레스 정도 및 기분에 영향을 미치고, 감정적 대가로 마음의 가장 날카로운 부분을 궤멸시키기에 충분하며, 순전한 재능을 불안정하게 만든다. 몰입 상태의 골프란 자신만의 마음과 방법에서 벗어나 단지 목표물을 향해 샷을 하는 데 요구되는 단순한 것들을 하는 것이다. 결과적으로, 이 책을 통해 나는 몰입 상태가 모든 골퍼-핸디가 높은 골퍼부터 PGA 투어 수준의 골퍼-에 미치는 영향을 밝힌 최신 연구결과들에 대해 여러분과 공유하고자 한다. 다행스럽게도, 연구결과는 **몰입이 누구나 가능하다는 것을 제안한다**(예외는 지극히 드물고, 대다수가 몰입을 경험할 수 있음). 내 궁극적인 목표는 여러분의 생각을 단순화하고 개선하여 골프에서 승리하도록 기술과 지식을 단순하고 효과적이며 반복 가능한 프로세스로 열어 놓는 것이다.

내가 몰입을 이해하고, 이해한 내용을 적용해보고자 계속 파고드는 동안 어느덧 결혼을 하고, 자식이 태어날 정도로 이제는 몰입이 내 삶속의 일부가 되었다. 또 이제는 많은 개인적, 전문적 중대사를 공유한 운동선수 그룹에서 내 이름이 거론되고 있다. 몰입 학습은 내가 더 나은 골퍼가 되고 내 삶의 질을 크게 향상시킨 토대와 관점을 제공해주었다. 나는 이 책을 통해 사람들이 몰입상태를 이야기할 때나 고객들이 몰입하도록 도울 때 내가 느끼던 열정과 흥분의 감정을 여러분도 동일하게 느끼길 바란다. 또한 이 책이 몰입을 이해하는 데 도움을 줌으로써 게임에 대한 명확한 시각을 제공하고 플레이를 향상시킬 수 있는 새로운 방법을 제시할 뿐 아니라 보다 의미 있고 보다 충족한 삶을 위한 통찰을 제공하기를 희망한다.

감사의 글

일찍이 윌리엄 제임스는 "너의 세상을 만들어 주는 건 동료들이다"고 말했다. 이 말은 분명한 사실이다. 내가 인생에서 좋은 행운을 누렸다면 그건 일찍부터 평생 동반자가 될 친구들을 우연찮게 만났기 때문이다. 이 책은 주로 우리가 커피 숍, 비행기 및 보트, 호텔, 거실 및 도서관 그리고 캠프파이어 주변에 모여 커다랗고 긴 하나의 이야기처럼 보이는 대화를 나눌 때마다 일어났던 자기 목적적 성향과 끝없이 대화한 결과이다.

그러기에 나는 먼저 교수인 잭 맥도웰, 브라이언 카이네그, 브라이언 프롤링, 디노 도일, 조 소라, 타이 언더우드, 아담 세너르트, 코리 니콜스, 브라이언 느어, 앤드류 윌리엄스, 벤 헤론, 리치 셸코, 존 바텔, 케빈 토마스, 그렉 파스케일, 찰리 스턴버그, 제레미 무어, 왈트 리벤바크, 젠과 스콧 헤이워드, 조셀린과 제이슨 네틀스; 가족: 메리, 데이브, 벤, 케시, 조나; 린 가족 :존, 베스, 테사, 존 윌리엄, 닉과 제임스; 린 가족: 진, 에이미, 제이미, 사만다; 파라 가족: 팀, 비제이, 크리스; 그리고 나의 최근 가족: 라이언, 데시, 아트, 아니타 콘래드에게 감사를 표한다.

골프 세상에는 교화되고, 견문이 넓으며, 겸손하고, 똑똑하며 매혹적인 사람들로 가득하다. 나를 도전하게 만들고 게임에서 내 사고방식을 형성하는 데 도와준 사람들은 로베르토 카스트로, 버디 알렉산더, 크랙 데이비스, 제프 패튼, 카밀로 비에가스, 제이미 디아즈, 팀 로사 폴트, 켈리 틸먼, 브라이스 몰더, 맷 쿠차, 스튜어트 애플비, 히스 슬로콤, 찰스 하웰 3세, 션 폴리, 지미 존슨, 줄리에타 그라나다, 스티브 반, 제프 오길비, 노타 비게이 3세, 저스틴 로즈 등이다.

휴먼 키네틱스(Human Kinetics)의 스탭은 영리하고, 집중하며, 세부 지향적인 사람들로서 최고의 책을 제작하는 데 전념하는 탁월한 우수성을 입증하였다. 칼라 지치, 테드 밀러, 제이슨 무지, 게일 캐싱, 빌 존슨, 멜리사 슈타이너, 알렉시스 쿤츠, 모레이 윌리엄스, 클레어 마티, 타라 웰시, 마르타 굴로, 마리우스 마스터에게 특별히 감사한다.

마지막으로 나의 아버지이자 가장 친한 친구인 프레드 발리안테 그리고 자비롭고 수려한 어머니인 조앤 발리안테의 끊임없는 사랑과 인도 그리고 지원에 감사드린다.

    최고 경험은 우리에게 평범한 삶의 약속을 초월하여 맞닥뜨리게 되는 서로 다른 우주로의 창을 제공하며, 아무 것도 얽매여 있지 않은 채 잠재력을 가진 자유로운 에너지를 시험해볼 수 있다. 우리가 최고 상태에 있을 때 느끼는 최상은 용기를 낸 순간 또는 중대한 자기 발견을 동반할 때의 최상과 같다. 최고 상태는 10대들이 운전의 기본을 터득하여 운전대를 잡을 때 혹은 신생아를 낳았을 때 부모가 처음 느끼는 것처럼 기쁨으로 우리를 넘치게 한다. 운동은 평범함을 뛰어넘어 수행할 수 있는 다양한 기회를 제공하며, 아직 개척되지 않은 잠재력의 속박을 풀어준다. 그러한 모든 경험의 공통 주제는 개인의 성장 감각으로부터 발생되거나 미래에 더 큰 일도 성취할 수 있게 해주는 획기적인 성취의 잠재력에서 파생된 압도적으로 긍정적인 감정이다.

    이 최고경험을 연구한 학자들에 의하면 사람들이 일관되게 몰입이란 단어를 사용하여 이를 묘사하고 있음을 발견했다. 게다가 그들은 의심의 여지가 없고, 두려움이나 산만함을 느끼지 못한다고 보고했다: 그들은 그 순간 완전히 몰두했다.

    지난 25년 간 몰입 상태에 대한 주목할 만한 연구가 이루어졌다. 이 연구의 두 가지 중대 발견은 스포츠 세계와 그 이상을 위한 혁명적인 의미를 갖는다. 몰입 상태를 생성할 수 있는 능력은 반드시 양질의 삶에 달려 있으며, 이 능력은 배양될 수 있다는 것이다.

    나는 사람들이 종종 사랑과 운에 대해 생각하는 것과 같은 방식으로 몰입을 생각한다는 것을 알게 되었다-그들이 만든다기보다 그들에게 일어나는 것으로서. 하지만 사랑과 행운도 마찬가지로 심리학자들은 몰입에 빠져들 기회를 증가시키는 많은 요소들이 통제가능하다는 걸 발견했다. 사람들은 몰입 상태를 결정하는 요소에 대한 통제 수단을 가지고 있기 때문에, 몰입은 기다리고 바라는 무언가로서 단순히 일어나는 경험일 필요는 없다. 사람들은 몰입 특성을 확인하는 것을 배워 이를 효과적으로 진행하고, 양성하며, 몰입상태가 시작될 때 최선을 다한다. **인간은 몰입 생성을 도울 수 있다!**

    아리스토텔레스(Aristotle)는 "우리의 존재는 매일 우리가 하는 일과 같다. 그러므로 탁월함은 행동이 아니라 습관이다." 몰입은 경험에 대한 사고방식과 그 경험에 부여한 의미에서 비롯되는 습관이다. **삶의 또 다른 영역에서 습관적으로 몰입하는 사람들은 골프 코스에서도 몰입할 가능성이 더 높다.**

01 골프 몰입경험

이제 우리는 몰입이라 불리는 최적의 기능 상태를 보다 자세히 설명할 필요가 있다. 몰입은 수십 년 동안 전문 용어였지만 몰입하고자 애쓰는 운동선수조차 잘 몰랐거나, 더 많이 오해 해왔다. 그러나 누구든지 몰입 중에 있을 때 비로소 알게 된다. "존(zone) 안에", "이 순간" 및 "전화 연결"과 같이 몰입 경험을 묘사한 문구를 종종 들어보았을 것이다. 이 표현은 정확하지만, 내용 전체를 말하지는 못한다.

나는 골프에서 몰입의 신비로움을 밝히려 10년 이상을 보냈다. 이 같은 탐구는 예측할 수 없는 길로 나를 안내하였고, 예기치 않은 질문을 하도록 유도했으며, 결국 나를 기쁘게 한 통찰을 보여 주었기에 여러분도 이 책을 읽고 몰입을 배워 기뻐하길 바란다.

내가 발견했던 매혹적이고도 강력한 한 가지는 골퍼가 몰입 상태를 서술할 때 대부분 모순되거나 역설적인 표현을 사용한다는 것이다. **그들은 시간이 느리게 흘러감을 경험하지만, 실제로는 통제를 포기하고, 노력이 필요 없게 만들어 오히려 빠르게 끝나는 것처럼 보이며, 과정에 완전히 초점을 맞추지만 주변의 모든 것을 인지한다.**

이러한 역설은 골프 몰입 경험을 정의하고 설명하며 몰입을 활성화하는 데 필요한 마음의 프레임을 이끌어 내기 위해 반드시 이해해야 한다. 이 책의 주된 목적은 더 자주 몰입하는 법을 가르쳐 골프 게임을 향상시키는 것이므로, 여러분에게 각각의 역설을 소개할 것이다. 몰입을 이해하고 작동방법을 알면 보다 쉽게 자주 경험할 것이다.

CHAPTER 01

시 간

늦은 시각 당신은 홀로 골프 코스에 있다. 태양은 우뚝 솟은 나무 뒤로 사라지고, 페어웨이와 그린을 가로 질러 그림자가 길어지며, 공기는 조용히 차가워지고 있다. 세상과 동떨어진 사람처럼 당신은 샷을 하고 태평하게 걸어가고 있다. 마음은 차분하고 공허한 자각만이 있다. 게임에 집중하고 있지만, 그 생각보다는 산들바람을 만끽하고, 날아다니는 새 혹은 앞길을 가로지르는 다람쥐에 더 관심을 보인다. 많은 생각 없이도 당신은 페어웨이를 주시하며 상상했던 대로 샷을 한다. 다음 샷도 거리나 기술적인 생각 없이 에임을 하고 타깃을 향해 샷을 한다. 이것이 완벽하게 실현되면 클럽을 가방에 넣고 계속해서 페어웨이와 그린으로 발걸음을 옮기면서 온화한 만족감을 느끼며 자리를 떠난다. 다가올 8피트 버디기회와 함께. 퍼트를 함과 동시에 퍼터 페이스로부터 당신의 손에 색다른 느낌-순수하고, 부드러우며, 행복한-을 받는다. 볼 것도 없이 당신은 퍼트가 좋았다는 것을, 홀컵에 들어갈 것을 즉각 알아차린다.

라운드가 계속되면서 당신은 굿 샷을 연발하고, 마치 나쁜 상황이 버퍼링 된 것처럼 부드럽게 진행된다. 부드럽고 리드미컬하게 움직인다. 공이 바라던 곳에 가지 않는다고 불평이나 화를 내지 않는다. 당신은 그저 클럽을 가방에 되돌려 놓고 페어웨이로 걸어가서 경험에 의존하여 다음 샷을 하면 된다. 당신의 치핑은 또렷하며, 그린 위에서의 터치감은 완벽하다.

또한 당신의 마음은 고요하다. 만일 당신을 피아노로 묘사한다면 완벽하게 연주하는 것으로 서술해도 된다. 이 사실을 알기 전에 당신은 9번 홀 그린을 걸으면서 9홀 통산 최저 스코어를 기록했고, 단 한 개의 보기도 안했다는 걸 깨닫게 되며, 도중에 당신의 스코어를 잃어버리게 된다. 마지막으로 시간을 잊고 있었기 때문에 저녁 식사도 늦었다는 걸 알게 된다.

이 얘기가 친숙하게 들리는가? 나는 수년에 걸쳐 수많은 골퍼들에게서 이러한 이야기의 다채로운 버전을 들었다. 그들은 스코어를 내걸거나 특별한 방법으로 플레이 할 것을 기대하지 않은 채 골프 라운드를 시작한다. 그들은 오로지 플레이 과정을 즐기기 위해 골프 코스에 있다. 이들은 어느 정도 멘탈을 확인하고, 이를 알기도 전에 오후를 즐기며 골프 라운드에 빠진다. 그 순간 망각이 일어나는데, 과정이나 경험을 잊어버리고, 시간과 관련된 압박은 안중에도 없게 된다. 실제로는 골프를 치고 있기 때문에, 그들이 시간을 느끼는 방식은 변하게 된다.

 ## 불릿 타임

영화 "매트릭스"를 본 적이 있다면, 영화 제작자들이 불릿 타임(bullet time)이라 부르는 특수 효과에 익숙해져 있을 것이다. 불릿 타임은 시청자들에게 실제 몰입 경험과 유사한 시간과 공간의 변경을 제공한다. 불릿 타임은 대개 감지할 수 없고 영화화할 수 없는 물건(예 : 비행 탄환)을 느리게 함으로써 시청자들이 이를 감지하게 해준다. 또한 불릿 타임은 카메라 앵글을 변경하여 시청자가 느린 차원의 시간에 주체와 객체 모두를 경험할 수 있게 한다. **일반적으로 몰입하는 골퍼는 불릿 타임과 비슷한 경험을 한다.** 코스 위에서 시간은 천천히, 기괴하게 움직이며, 필 미켈슨(Phil Mickelson)이 2004년 마스터스 토너먼트에서 후반 9홀 간 5개의 버디를 기록하면서 우승한 것과 같이 종종 시간이 멈춘 것처럼 보인다.

part 01

골프 몰입경험

─── 저는 분명 이번 경기였던 오거스타(Augusta) 마스터스의 후반 9홀에서 제가 여기까지 오게 된 이유를 되짚어 볼 것입니다. 마지막 7홀에서 5언더를 기록한 것처럼 후반 9홀은 매우 느린 움직임이었어요. 모든 것이 느린 속도로 진행되고 있었고, 제가 원하는 샷과 그린에서 공을 어떻게 굴리고 싶은지 아주 명확하게 볼 수 있었습니다.

필의 후반 9홀에서 모든 것이 "느린 속도"로 움직인 경험에 비추어 "슬로모션 후반 9홀"로 묘사한 것에 주목하라. 이 같은 문구는 골퍼가 몰입할 때 일어나는 정신적 변환에 대한 통찰을 제공한다. 대부분의 몰입 상태와 마찬가지로 필의 몰입 상태 결과는 예외적으로 훌륭한 골프였다. 12차례 우승을 경험한 저스틴 레너드(Justin Leonard)는 다음과 같이 설명한다:

─── 몰입하게 되면 상황이 약간 느려집니다. 당신의 전체 과정이 느려집니다. 진정 편하게 호흡을 하며, 그 때에는 별 생각이 없어집니다. 모든 것이 약간 느려지는 것처럼 보입니다. 그리고 당신은 플레이를 빨리 하고자 원하는 샷을 즉시 봅니다. 효과적이죠. 당신은 그걸 계속 즐기지만, 일단 끝나고 난 뒤에는 "너무 빨리 끝났네."고 말할 겁니다.

몰입 상태에 대한 필과 저스틴의 설명에 따르면, 골퍼들은 실제로 객관적이 아니라 주관적으로 시간을 경험한다. 그들은 또한 시간의 변화가 골프수행과 연관이 있음을 인정한다; **일반적으로 몰입중일 때 시간이 느려질수록 더 좋은 플레이가 나온다.** 마지막으로 이러한 설명(내가 수집한 수십 개의 인터뷰에서 나온 설명)은 골퍼가 몰입할 때 두뇌가 동시에 빠르거나 느려질 수 있다는 것을 제안한다(시간의 역설). 다시 말해, 우리는 이 책의 뒷부분에서 다룰 많은 특징에 의거하여 사람 간에, 그리고 개인이 느끼는 순간의 시간변화를 어떻게 경험하는지 알게 될 것이다.

🏌 두 배의 시간

필과 저스틴에게 일어난 것과는 달리 주관적으로 느끼는 시간 변화가 항상 골퍼에게 긍정적으로 작용하지는 않는다. 골퍼들은 종종 플레이가 좋지 않고 몰입 상태가 아닐 때면 골프 라운드가 영원히 종료될 것 같다고 말한다. 더구나 골퍼가 압박감으로 숨이 막힐 때는 샷이 얼어붙는 것처럼 경직되고, 평소 자신 있게 플레이할 때보다 오래 걸리기도 한다. 아이러니컬하게도, 그들이 실제로는 더 오래 걸리지만 주관적인 시간 해석은 정반대이다; **샷이 더 오래 걸릴지라도, 그들은 성급하며 흥분하고 있음을 느낀다.** 이 경우 몰입하기 위해 애쓰고 노력하는 플레이어는 시간의 불일치와 관련된 압박을 느끼기 시작한다. 그들의 마음은 요동치기 시작하고, 명확함은 찾아볼 수 없게 된다.

타이거 우즈(Tiger Woods)는 메사 베르데(Mesa Verde) 컨트리클럽에서 있었던 2007 클리닉에서 이전에 겪어보지 못했던 상황에 맞닥뜨린 선수들에 대해 직접적으로 언급했다:

―― 그들은 리듬에서 약간 벗어나 있으며, 한 번 더 보거나 공을 좀 더 오래 지체시키는데, 여하튼 이런 부분이 다른 점이고, 만약 그렇다면 그들은 불편할 테죠. 괜찮아요. 제가 플레이를 잘할수록 그들을 더 불편하게 할 수 있거든요.

분명한 사례로 2010년 PGA 챔피언십 일요일 경기에서 3타 차로 앞서있던 닉 와트니(Nick Watney)의 경우가 그렇다. 그날 경기가 끝날 무렵 와트니는 최종 라운드 스코어를 81타로 끝내려면 16번과 17번 홀을 버디로 통과해야만 했다! 그는 무너진 장면을 이렇게 기억했다. "무척이나 빠르게 가고 있었어요. 빠르게 스윙하고, 빠르게 걷고, 생각은 저만치 앞서가 있었습니다."

비슷하게도 더스틴 존슨(Dustin Johnson)은 2010년 US오픈 일요일 경기에서 3타 차 선두에 있었다. 그의 스코어 카드는 71, 70, 66, 82타를 기록했다. 최종 라운드 82타의 이면에는 무슨 일이 있었을까? 더스틴에 따르면, "모든 것이 빨라지기 시작했고, 어떻게 해도 속도를 낮출 수가 없었습니다." 생각해보자: 일요일 필드의 스코어 평균이 토요일보다 전체적으로 낮았던 골프 코스에서 더스틴은 16타 더 많은 스코어를 기록했다! 이 기록은 두 골퍼들에 대한 비난이 아니라, **훌륭한 재능과 완벽한 골프 스윙과 관계없는 개인적 속도 증가로 인해 최고의 승부를 망칠 수 있음을 보여준다.**

시간이 느려지면 몰입 중인 골퍼들은 템포와 리듬을 찾는다. "빅 이지" 어니 엘스는 부드러운 스윙으로 잘 알려져 있다.

이 같은 분석은 최상의 골프를 열망하는 사람들에게 고려될 가치가 있다. 세계 최고의 두 골퍼인 닉 와트니와 더스틴 존슨은 같은 골프 스윙으로 마지막 라운드를 치렀는데, 바로 이것이 이들을 고난에 빠트렸다. 그들의 정신은 시간속도의 증가를 처리할 준비가 되어 있지 않았기 때문에, 골프 스윙(경기의 다른 부분들까지도)이 무너져 버렸다.

정신력

이 부분은 골프계에서 근본적으로 의견이 분분한데, 즉 전반적인 골프 능력에서 골프 스윙이 얼마나 중요할까? 와트니와 존슨뿐만 아니라 마음을 변화시켜 골프 게임을 향상시킬 수 있는 골퍼들을 관찰해보면, 마음의 주관적인 힘을 무시한 채 전적으로 골프 스윙의 메커니즘에만 집중하는 골퍼가 손해 볼 것은 명백해 보

인다. 이들은 나로 하여금 어두운 거리를 걷다가 열쇠를 잃어버린 노인의 이야기를 해주시던 내 할아버지를 떠올리게 한다. 노인은 그림자 속에서 열쇠를 찾는 대신 불빛 아래에서 열쇠를 찾고 있었다. 도대체 왜 그곳에 떨어뜨리지 않았다는 것을 알면서도 열쇠를 찾는지 물었을 때 노인의 대답은 이랬다. "여기가 빛이 더 좋기 때문이지요." 마찬가지로 골퍼 또한 빛이 더 잘 보이는 게임에서 해결책을 찾으려고 하지만, 항상 거기에 해결책이 존재하지는 않는다. **그들은 신체적 영역이 편안하기 때문에 원하는 곳에서 해결책을 찾는다. 그들은 대부분 해결책이 되는 태도와 사고방식에서는 찾으려 하지 않는다.**

이전 사례에서 보았듯, 주관적인 시간속도의 증가는 골퍼가 확실하게 가지고 있는 기술을 실행하는 것을 방해한다. 이러한 의미에서 골프는 재능이나 스윙 메카닉에만 국한되지 않는다; 이것이 바로 진정한 멘탈 게임인 것이다.

이와 비교하여 몰입과 관련된 시간의 주관적인 속도 저하는 때때로 골퍼가 자신의 능력 이상을 할 수 있게 해준다. 골퍼들은 스윙이 그 자체로서 일어나는 것처럼 골프 스윙에서 필요한 조정을 할 수 있다고 종종 말한다(내가 이 책을 위해 연구한 것으로 잭 니클라우스가 확인한 사실임). 그들의 템포는 완벽하며 백스윙에서 다운스윙, 임팩트에 이르기까지 매 순간을 느낄 수 있다-골프 스윙의 순간적인 서광은 너무 빨리 일어나 대개는 손실된다.

몰입 상태에서 경험한 시간의 변화는 코스에 있는 골퍼에게만 국한되지 않는다. 교사의 열정적인 강의를 들으며 학급에서 시간을 보냈던 학생들과, 이와는 반대로 강당에 갇혀서 단조로운 목소리로 무기력한 연사의 강의를 들었던 학생들처럼 우리는 모두 상대적이고 주관적인 시간을 경험한다. **우리가 즐기는 경험은 빨리 끝나는 것처럼 보인다.** 여름휴가는 쏜살같이 지나가고, 흥미로운 사람들과의 저녁 식사는 언제나 너무 빨리 끝난다. 실제로 객관적인 시간은 시계로 측정할 수 있지만, 시간 경험은 항상 주관적이며 우리의 즐거움과 참여 수준에 달려 있다.

몰입할 때는 시간이 천천히 움직이지만, 긍정적인 의미로 빠르게 움직이기도 한다-같은 의미로 행복한 경험은 너무 빨리 끝나는 것처럼 보인다. 빠르다는 것은 자신감과 자기 확실성의 특징인 효율적이고, 편리하고, 결정적인 행동과 일치하는 것으로 해석한다. **몰입하는 골퍼는 기민한 편이지만, 결코 덤비지 않는다.**

그러나 골퍼가 몰입 중에 있지 않을 때 시간은 또한 부정적인 감각으로 빠르게 지나갈 수 있으며, 여기서 미묘한 차이가 나타나게 된다. **그런 상황은 기민한 것이 아니라 달려드는 것**이라고 한 더스틴 존슨(Dustin Johnson)의 설명은 합리적인 듯 보인다. 이러한 경우, 기민함은 시간의 압박에 대한 예민한 인식과 그러한 상황에 대처 불가능한 감각과 관련이 있다.

이렇게 몰입 상태에서 느린 대 빠른 설명은 플레이 상황에서 시간의 역설이 존재하는 것이다. 어떻게 한 사람이 느림과(후반 9홀의 느린 동작) 빠름을 동시에 경험할 수 있을까?

관점에 따라 보기

관점은 시간의 역설을 설명하는 데 중요한 역할을 한다. 라운드 간 당신이 몰입중일 때, 상황은 미켈슨이 묘사했던 슬로우 모션의 형태로 움직인다. 라운드가 끝나고 지속되던 몰입 상태도 끝난 후, 경험을 되돌아보면 매우 빠르게 지나간 것처럼 느껴진다.

PGA 투어 12차례 우승자인 데이비드 톰스(David Toms)는 "대부분 내게는 끔찍하고 빠르게 지나가지만, 너무나 느리게 움직인다."라고 말하면서 완벽하게 역설을 포착했다. 이와 비교하여 라이더(Ryder) 컵에 3차례 출전하였으며 PGA 투어에서 4차례나 우승한 채드 캠벨(Chad Campbell)은 자신의 생각을 기초로 한 반응에 의하면, 몰입 상태에 대해 어떻게 생각해야 할지 모르겠다는 것이다:

―― 몰입 중에 있으면 아주 천천히 느껴집니다. 어떤 면에서는 조금 빠르기도 하고, 느리기도 합니다. 빠르게 진행되지만, 느리게 느껴집니다. 좋습니다, 설명하자면: 몰입 중에는 천천히 느껴지지만, 뒤돌아보면 금방 지나가 버립니다.

너무 빨리 끝나버리지만 하루 자체는 너무 길고 나른하게 느껴지는 휴가기간처럼, 몰입하며 경기하는 골프 라운드는 마치 몇 분이 몇 초처럼 느껴질 정도로 시간이 흐른다. 이 때 골퍼들은 삶의 과정에 너무 몰두한 나머지 18번 홀에서야 비로소 "내가 어디에 있는 거지? 어떻게 내가 여기에 있는 거지? 벌써 끝났어? 무슨 일이

있었던 거야?"라고 생각하며 깨어나는 듯이 보인다. 추가적으로 몰입중인 골퍼들은 부드럽고, 조용하며, 평화롭고, 무거우며, 어떤 경우에도 느린 경험의 다른 차원을 위해 통상 준비된 단어로서 시간을 설명한다. 그들은 자신의 감정과 게임 그 자체에 대해 시간의 흐름을 늦추는 것을 손쉽게 통제할 수 있으며, 프로 골퍼들이 묘사한 부분과 유사하다는 점은 주목할 만하다.

최고로부터 배우기

나는 최고 중의 최고를 연구하는 것의 가치를 항상 신뢰해 왔다. 여러분이 사업가이건, 학생이건, 골퍼이건 간에, 발전 과정으로서 항상 자신이 개선하고자 노력하는 것처럼 성공한 사람들을 확인하려 노력해야 한다. 비록 이 책이 모든 기술 수준의 골퍼들을 도울 수 있지만, 나는 PGA 투어 선수들의 인용구와 구절을 자주 사용하는데, 그들은 이미 우리가 극복하려고 하는 장애물과 역경을 극복했기 때문이다. 이러한 관점에서, PGA투어 골퍼들의 몰입에 대한 몇 가지 설명을 살펴보자:

――― 그 존(zone)은 빠르기도 하고 느리기도 합니다. 거기에 있는 동안은 느리면서 손쉬워 보이고, 뒤돌아보면 여러분은 머릿속에 많은 생각들을 기억할 수 없을 겁니다. **마지막 라운드를 회상해보니 45분 정도 걸린 것 같아요. 실제로 모든 것이 매우 느리게 움직였습니다.** 절대 서두르지 않았어요.

브라이스 몰더(Bryce Molder), 2011 PGA 투어 우승자,
NCAA ALL-American 4차례 우승

――― 여러분은 일을 느리게 할 수 있는 것처럼 보이지만, 주위의 상황 또한 느리게 진행되고 있는 것 같을 겁니다. 여러분은 빠르게 일할 수 있지만, 느리다는 느낌이 들 겁니다. **12번 홀이 끝났는데, 겨우 5번 홀인 기분이에요.** 설명하기 어렵습니다. 리듬과 타이밍이 느껴졌는데; 모든 것이 오직 멋지고, 부드럽고, 매끄러운 템포였습니다. 나는 그것을 빨리 할 수 있으면서 여전히 부드럽고 매끄러우며 느리게 느끼도록 만들 수 있었습니다.

짐 퓨릭(Jim Furyk), 2003 U.S. 오픈 챔피언, PGA 투어 16차례 우승

part 01

골프 몰입 경험

―― 너무 빨리 흘러갑니다. 뒤돌아보면, **목요일에 시작해서 72홀 연속으로 플레이를 한 것 같아요.** 나는 18번 홀 스코어 카드에 사인을 하고는 바로 다음 홀로 갔습니다. 제가 플레이하는 동안에는 더욱 느립니다. 리듬이 잘 맞았어요. 자신만의 존에 있을 때는 리듬이 뛰어납니다. 제 에너지도 안정적이었습니다.

잭 존슨(Zach Johnson), 2007 마스터스 챔피언, PGA 투어 9차례 우승

―― 그때는 제 자신과 제가 일하는 방식에 만족하는 순간입니다. 저만의 존에 있을 때는 모든 것이 느려집니다. 제가 거기에 없을 땐 모든 것이 빠르게 보입니다. 그건 단지... 여러분의 생각은 빠르며 한 순간처럼 보입니다. 여러분이 그 존에 있을 때 많은 것들, 즉 **모든 것이 통제됨을 느끼고, 모든 것이 느리게 움직이는 것처럼 보입니다.** 제게 있어, 제가 하는 일에 만족할 때 더 그렇게 되는 것 같아요.

할 서튼(Hal Sutton), PGA 투어 14차례 우승자

―― 제가 몰입하는 그 달콤한 시간 동안에는 모든 형태의 속도가 느려집니다. 저는 매우 편안하고, 차분하며, 자신이 있습니다. 또한 샷이 매우 빨리 제게 오는 것을 보고 느낍니다. **진짜 스윙 생각은 없고, 오로지 리듬과 타이밍만 있어요.** 다시 말씀드리지만, 모든 것이 조금씩 느리게 보입니다. 끝나고 나면 믿을 수 없어요. 계속 플레이하고 싶어요. 모든 것을 느리게 하는 순간조차 시간이 빠르게 지나갑니다.

스콧 맥카론(Scott McCarron), PGA 투어 3차례 우승

―― 느리다는 걸 느낍니다. 느리지만 무기력하지는 않게, 자체 상태는 느리지만, 패닉과 같은 방식으로 느끼지는 않습니다. 제 말 뜻을 안다면 차분하고 편안해지세요.

찰스 하웰 3세(Charles Howell Ⅲ), PGA 투어 3차례 우승

골퍼들의 설명과 다양한 분야의 과학자들이 제시한 많은 이론에도 불구하고, 시간의 변환을 과학적으로 이해하기에는 일부 가변성이 존재한다. 그밖에 다른 차원이 있을까? 아마도. 현재로서는 시간의 변환이 하나의 산물이자 몰입의 생성자라고 말하는 것이 타당한 것 같다. 몰입은 우리가 시간을 경험하는 방법을 변환시켜준다.

우리가 시간을 어떻게 경험하는지에 대한 지각을 높이면 몰입에 들어갈 확률이 높아진다. 골퍼들이 몰입해 있을 때는 시간이 천천히 흐르는 것처럼 보이는데 - 마치 세상에 시간이 많거나, 최소한 그들이 필요하다고 생각하는 시간이 있는 것처럼 진중하고, 여유 있으며, 온순하고, 부드러워진다. 이들의 묘사를 보면 아

담 스콧(Adam Scott)이 다음과 같이 말함으로써 시간의 변환 또한 자신의 몰입을 관찰했을 때 느끼는 리듬과 관련 있다는 걸 알 수 있다. "나는 그걸 알기도 전에 미끄러져 들어가 리듬과 집중이 훌륭한 상태인 걸 알게 된다." 이러한 통찰력은 적절한 시기에 좀 더 세밀하게 확인하는 골퍼들에게 많은 도움을 줄 수 있는 잠재력을 지니고 있다.

part 01 골프 몰입경험

CHAPTER 02

통제력

PGA투어 8차례 우승자 아담 스콧(Adam Scott)은 오하이오(Ohio)의 아름답기로 유명한 더블린(Dublin)에서 열린 2007 메모리얼(Memorial) 토너먼트의 금요일 오후에 몰입을 만들어 냈다. 그 골프 라운드에서 그는 첫 12개 홀 중 9개의 버디를 손쉽게 기록했다. 그의 62타 기록은 두 번째로 잘 친 골퍼가 기록한 67타와 5타 차이였으며, 그 날의 필드 평균 타수와 무려 11타 차였다.

이러한 결과만 보더라도 메모리얼은 PGA 투어에서 최고 중의 최고 선수들만 초대되는 4개의 초청 토너먼트 중 하나이다. 그 해에는 필 미켈슨, 타이거 우즈, 짐 퓨릭, 세르히오 가르시아(Sergio Garcia), 채드 캠벨(Chad Campbell), 히스 슬로컴(Heath Slocum), 카밀로 비에가스(Camilo Villegas), 션 오헤어(Sean O'Hair), 저스틴 로즈, 스티브 스트리커(Steve Stricker)와 다른 여러 선수들이 초청되었다. 쉽게 말해, 세계 최고의 골프 선수 120명이 같은 날 같은 코스에서 경기를 했고, 아담은 그 날의 평균 타수 73타보다 11타가 적었다.

아담의 몰입 상태는 골프 코스에서 매직넘버인 59타를 쏘아 올릴 실제 가능성을 내다보며 10언더파 16번 홀 티샷을 준비하고 있었다. 경기 후 15홀까지 플레이했을 때 어떤 기분이었는지 묻자, 아담이 다음과 같이 얘기하였다.

―――― 몸에 리듬을 가지고 있으면 모든 게 제대로 됩니다. 저는 12번 홀 티샷을 8번 아이언으로 쳤고 10피트로 끝났어요. 그렇게 쉬운 샷은 아니죠. 하지만 제가 잘될 때 주로 나오는 경우이다. 제가 알아서 할 수 있어요. 기본적으로 저는 타깃을 보고, 클럽으로 스윙을 하면 공이 거기로 가게 되어 있어요. **저는 너무 많이 생각하지 않고 그냥 공을 치려고 노력해요. 왜냐하면 리듬이 바로 거기에 있기 때문이죠.**

아담이 앞서 이야기했던 리듬에 대해 언급한 것을 다시 보자. 또한 그는 잘 되고 있을 때 샷을 통제할 수 있는 정도에 대해 언급하고 있다. 이런 생각은 드문 일이 아니다. **몰입중인 골퍼들은 종종 그들의 게임을 완벽하게 통제하는 느낌과, 완벽한 속도로 긴 내리막 퍼팅을 할 수 있으며, 롱 아이언을 완벽한 거리감으로 치는 것을 이야기한다.** 그들은 항상 자신이 느끼는 통제 정도에 대해 이야기하지만, 대개 그러한 통제를 강요하는 것은 불가능하다고 주장한다. 만일 당신이 골퍼라면, 원하는 곳으로 보내기 위해 강요된 샷을 시도하는 게 불가능하단 걸 충분히 이해할 것이다. 그것은 모든 수준의 골퍼에게 해당된다: 의식적으로 통제하려는 행동은 굉장한 역효과를 내면서, 정신적인 자율과 몰입 상태에 가깝게 만들어진 통제가 과도한 생각과 그에 따른 긴장감을 유발시켜 사실상 성취 불가능한 상태를 만든다.

통제의 역설을 이해하고 좀 더 규칙적인 몰입으로 크게 도약하기 위해 두 가지 간단한 질문을 해보라:

1. 골프를 연습하는 목적은 무엇인가?
2. 프로 골퍼들은 드라이빙 레인지에서 스윙 연습에 왜 그렇게 많은 시간을 소비하는가?

이 질문들에 대한 답은 겉보기에 단순하고 명백한 것처럼 보이지만, **나는 연습 목적을 진정으로 이해하는 골퍼가 거의 없다는 것을 발견했다.** 연습의 목적과 기술을 개발하는 방법을 이해하면 골퍼들이 이러한 기술을 코스에 적용할 뿐만 아니라 최상수행을 위한 최고의 사고방식을 만들어 낼 수 있다.

왜 우리가 연습하는지에 대해 신경심리학적으로 좀 더 깊이 파고들면, 여러분은 신기하고 흥미로운 우주를 발견하기 시작할 것이다-세계 최고의 골퍼 아담 스콧의 11타 차이를 설명하고 해독하는 우주를. 이 우주에는 아담 스콧 혹은 골프 생각 못지않게 실험실을 떠나지 않는 과학자들이 존재한다. 나는 안다. 왜냐하면 나는 이런 자칭 실험 괴짜들과 시간을 보내 왔으며, PGA 투어 선수들과 마찬가지로 그들이 열정적으로 일한다는 것을 알게 되었기 때문이다. 열정의 결과로서 10여 년 간 학습이 육체적, 구조적, 신경 수준에서 어떻게 일어나는지 밝혀졌다.

이 모든 것은 미엘린(myelin)이라는 뇌의 물질을 이해하는 것에서 시작된다. 과학자들은 수년 동안 미엘린에 대해 알고 있었지만, 학습과 기술 발전에서 그 역할을 무시한 채 많은 시간을 허비했다.

미엘린(myelin) 문제

어떻게 학습이 일어나고, 미엘린이 왜 중요한지 설명하기 위해, 내가 롤린스(Rollins) 대학의 스포츠 심리학 수강생들과 최근에 실시한 실험을 살펴보자. 나는 교실 앞에 카메라를 설치해 놓고, 거기에 모의 퍼팅 그린을 만들었다. 학생에게 퍼터를 가지고 카펫 위에 깔아놓은 인공 그린 위에서 2미터 퍼트를 요구한다. 전체 학급 관찰과 함께, 그녀는 공 앞에 서서 홀의 대략적인 방향에 맞춰 퍼터를 정렬하며, 약간의 경련이 일어나면서 부드럽거나 우아함이 없는 서툰 스트로크를 한다. 공은 홀 쪽으로 속도를 내는데, 방향(홀에서 왼쪽)과 속도(6피트 거리)에서 모두 실수를 저지른다. 학생은 앞에 놓인 또 다른 공을 가져와서 더 정확히 조준하고, 발, 엉덩이, 팔을 조절하며, 부드럽고 혼란스럽지 않게 전반적으로 더 좋은 스트로크를 한다. 비록 두 번째 공도 실패로 돌아가지만, 홀 근처에서 멈추고 방향과 속도 모두 개선된다.

세 번째 시도는 그녀가 목적지에 보다 더 좋은 위치에 도달하는 데 시간이 적게 걸리고, 스트로크 준비시간과 공을 맞추는 시간도 단축되며, 흠잡을 데 없는 속도로 굴러간다. 그녀는 미소 짓고 학생들은 환호한다.

반 학생들이 목격한 내용은 참가자가 어떠한 지시도 받지 않은 채 자체수정 과정을 통해 학습한 것이었다. 학생들에게 더 좋았던 건 이 모든 장면을 촬영하여 학생들이 정확히 무슨 일이 벌어지는지 느린 동작으로 수십 번 확인하고 분석할 수 있었다.

우리는 몇 가지를 볼 수 있다. 실험이 진행되면서 학생의 시선이 달라졌다. 그녀의 눈은 홀의 일반적인 방향을 바라보기보다 초점이 좁아진 상태이다. 그녀는 계속해서 공이 홀을 향해 가는 길을 추적하기 시작한다. 그녀의 눈을 타깃에 고정시킨 채, 엉덩이, 발 그리고 손이 좀 더 홀 쪽을 가리키도록 조절한다. 그녀는 좋다고 느낄 때까지 몇 번이나 그립을 재조정한다. 시작은 흔들렸지만 반동으로 친 스트로크는 라인 아래쪽을 따라 공이 홀컵 안으로 들어가는 보다 집중되고, 단호하며, 완전한 스트로크가 된다. 퍼팅 직후 그녀는 공이 라인 위에 있는지 확인하고 싶어 하기 때문에 고개를 들어 올리는 걸 볼 수 있다. 나는 이러한 고객들의 미리보기 습관을 고쳐주고 싶다.

그러나 우리는 지금 일어나고 있는 다른 몇 가지는 보지 못한다. 우리가 알고 있는 학습의 이면에는 뇌의 전류가 발화하고, 매 퍼팅 순간마다 뇌의 신경섬유를 타고 내려가는 신경 과정이 있었다(컴퓨터에 연결된 전기 코드의 구리선을 타고 이동하는 전기를 생각해보라). 컴퓨터 코드와 실험 참가자의 주요 차이점 중 하나는 컴퓨터 전원코드 주변의 고무 덮개가 고정되어 있다는 것이다. 이것은 사용해도 변하지 않는다; 1/4인치(6mm)코드는 1년 동안 사용한 후에도 그대로 남아 있다. 하지만 이 학생의 경우 전선을 덮고 있는 코드가 변하고 있다. 연속적으로 퍼팅을 할 때마다 증가하는 미엘린의 외장이 그녀의 신경 섬유를 감싸고 있었다. 컴퓨터에 전기 펄스를 공급할 때마다 고무 코팅이 두꺼워진다고 상상해 보라. 사실상 이것이 바로 미엘린이 학습을 생성하는 뉴런에 미치는 영향이다.

우리가 어떤 동작을 연습할 때, 미엘린은 회로를 둘러싸고 절연하여 이후의 동작에서 해당 회로가 더욱 빠르고 효율적으로 될 수 있도록 해준다. 이것은 흔히 습관적이거나 스포츠 용어로 알고 있는 근육 기억에 대한 신경학적 기초이다. 이러한 미엘린 형성과정은 영역과 활동을 포괄한다. 피아노를 연습하고, 연설을 시연하고, 9번 아이언을 치는 것은 모두 한 가지 공통점이 있는데, 신경 섬유를 감싸는 미엘린 과정을 시작하며, 이 포장은 뉴런을 더욱 빠르고, 정확하며, 효율적으로 연소시킨다.

습관 또는 근육기억을 강화하는 데 미엘린의 역할은 연습 및 습관에 관한 격언의 기본을 제공한다:

―― 연습은 완벽을 만든다.
연습한다고 완벽해지는 것은 아니다; 연습은 영구적인 것이 된다.
우리는 습관을 통제함으로써 시작한다. 결국 습관이 우리를 통제한다.
먼저, 우리는 우리 자신의 습관을 만든다. 그러면 습관이 우리 자신을 만든다.

 ## 자동성과 동시성

미엘린과 연습에 대한 이해가 골프에 어떻게 적용되는지 좀 더 자세히 살펴보자. **내가 수년 간 골퍼들로부터 자주 들었던 두 가지 불만은 첫째, 드라이빙 레인지에서 실제 코스로 기술을 전수하지 못하는 것, 둘째 훌륭한 라운드에 대한 자기파괴와 관련이 있다.**

연구에 따르면 습관이 강하게 뿌리를 내렸다는 것은 행동이 충분히 미엘린화되었다고 말할 수 있는데, 그 습관은 행동의 레퍼토리에서 나오는 가장 가능성 높은 행동이다. 다시 말하자면, 그 자체로서 활동적이고 의식적인 노력 없이도 우리가 만든 습관들은 회로들을 미엘린화시키고자 우리가 해왔던 연습과 반복을 통해 스스로 나타날 것이다. 이러한 과정은 우리가 처음에 내면에서 의식적 노력 없이 실행하는 기술인 자동화라고 알려져 있다(이름쓰기나 휴대폰 응답처럼 손쉬운 일을 생각해 보라. 이것이 자동화 기능과 미엘린 작업이다).

연습 시에 뇌의 여러 부분들은 몰입할 때와 같은 방식으로 응집하여 작용한다. 이렇게 특정 부분이 지배적이지 않고 여러 뇌 부위가 협력하는 것은 선수들이 몰입 경험 후에 종종 보고되는 "차분한 마음"의 원인이 된다. 몰입은 정신적으로 효율적인 마음 상태로서 신경 특징으로 정의하면 동시성이다; 다양한 부분들이 함께 하나로 작용한다.

 ## 자신만의 방식에서 탈피하기

여러분이 살면서 경험했듯, 자동화와 내면의 응집력을 빠르게 약화시키는 방법

은 수행하고자 하는 운동과제에 대해 적극적으로 생각하는 것이다. 우리가 임팩트 지점으로 퍼터 페이스를 조종하려 하거나 탑에서의 클럽 포지션을 지나치게 생각할 때, 자동화 패턴을 담당하는 일시적인 영역에서 의식적 인식이 가능한 뇌의 피질부위에 전기 자극을 초래하게 된다.

이러한 충동 전달은 다양한 뇌 영역 사이의 일관성을 방해한다. 이러한 과정이 의식적으로 인식되어 감에 따라 그들은 다음과 같이 좌절한 골퍼의 전형적인 모습으로 나타난다: "제 방식대로 되지 않아요." 답은 무엇일까? 기술발달에 대해 알고 있는 내용을 바탕으로 이렇게 간단할 수 있다: 열심히 연습한 다음에 여러분의 미엘린을 믿으세요.

통제의 역설과 관련하여 더 자세히 설명하면 이렇다: 당신은 자신만의 게임을 연습했다. 그러한 연습을 통해 신경 회로를 미엘린화하여 습관을 심화시켰다. 미엘린은 효율적이고 효과적으로 발현될 수 있도록 회로들을 절연시킨다. 뇌의 여러 부위가 조화롭게 작용하고 신경 섬유의 미엘린화를 통해 병합된다. **수행하려는 운동패턴(기술)을 과하게 통제하려고 하면 영역 간의 응집을 방해하고, 그들의 습관적인 작동방식을 약화시킨다.**

이 부분을 읽고 난 뒤 여러분은 왜 골퍼들이 종종 스스로에게 불리한 마음의 감정을 경험하는지 이해해야 한다. 실제로 뇌의 다른 모듈-대뇌 피질의 생각하는 영역에 에너지가 공급된다고 해서 정신이 나갈 정도로 크게 달라지지는 않는다. **스코어, 결과, 역학의 세부사항에 초점을 맞추면 대뇌피질이 활성화되는데, 읽기와 수학에는 능숙하지만 골프 샷에는 어울리지 않는다.**

실제 골프 샷은 주로 다른 뇌 모듈에 위치해 있지만, 핵심 요소는 어떤 모듈을 어느 정도로 요구할 것인가는 아니다(일부 심리학자들이 왼쪽 뇌 대 오른쪽 뇌로 잘못 설명하는 것처럼). 오히려 정신적 효율성을 구성하고 몰입을 이끄는 것은 모듈과 영역 간의 응집력이다. 신중하게 생각하고 골프 운동패턴을 제어하려고 노력할수록 신체와 지각 채널뿐 아니라 뇌 자체적으로 소통하는 효율성에 방해가 된다. 간단히 말해 자신의 게임을 의식적으로 통제하려고 노력하면 뇌의 게임 통제능력을 방해하게 된다!

그래서 아담 스콧이 손쉽게 9개의 버디를 만들며 완벽한 게임 통제를 증명할 때 그는 샷을 조절하려 하지 않음으로써 통제력을 얻는다. 그가 통제하지 않는 것은 무엇일까? 간단히 말해서 그는 골프 치는 것과 같이 운동 과정을 배우고 실행하는 뇌의 무의식적인 부분에 대한 통제를 적극적으로 포기하고 있다. 간단히 말해, 그는 골프 플레이와 같이 운동과정을 학습하고 실행하는 뇌의 무의식적이

평온한 마음과 이완감이 좋은 통제를 위한 길이다.
아담 스콧은 정기적으로 존경스러울 만한 코스조절을 보여준다.

고 조절불가능한 부분에 대한 통제는 전적으로 포기한다. 골퍼들이 자신만의 방식을 탈피해야 한다고 말한다면, 그들이 진정 표현하는 의미는 대뇌피질의 활동을 줄이고, 신경 효율성을 수용하며, 미엘린에 둘러싸인 뉴런이 자신의 일을 하게끔 하는 것이다. 대다수 골퍼들이 공감하는 한 구절은 "믿어라."이다. 번역하자면: **당신의 습관을 믿고, 당신의 느낌을 믿으며, 가장 중요한 것으로서 당신의 미엘린을 믿으세요.**

지금까지 우리는 신경 네트워크를 연결하여 기술을 연마하는 연습을 해왔다. 그리고 그러한 기술을 방해하는 가장 빠른 방법은 결국 우리의 통제권 밖에 있는 움직임, 즉 백스윙, 퍼팅 스트로크, 그립, 자세, 에임에 대한 통제를 생각하는 것이다.

골프에서 몰입을 망칠 정도로 지나치게 통제하는 경우는 대개 결과중심으로 흘러간다. 골퍼들이 스코어가 좋지 않을 때, 생각이 시작되고 생각과 스윙을 지나치게 통제하려는 경향이 있는데, 이것은 불가능하다. 그들은 뇌 영역이 서로 충돌하는 것을 지각하고 자신과 싸우기 시작한다. 그러면 골프의 질적 측면은 십중팔구 곤두박질친다. 이러한 이유로 많은 스포츠심리학자들이 요구하는 주문은 "과정, 과정, 과정"이다. 우리는 통제할 수 없는 것에서 해방되어야 한다.

붓다가 골프를 했다면

통제의 역설에 관한 사고는 우리에게 신경과학으로부터 철학에 이르는 가교를 건너게 한다. 왜냐하면 오늘날의 실증 과학자들은 구조 수준에서 모든 것을 측정하고 수량화하길 원하기 때문이며, 학계에서는 물질주의, 영성, 믿음의 관계에 대한 많은 논쟁이 계속되고 있다. 실제 연구에 따르면 사람의 마음과 통제 가능성에 대한 믿음은 신경 효율의 동시성에 영향을 미친다. 일례로 영성은 사람들이 자신의 행동을 통제하고 의존성을 극복할 수 있게 도와주는 강력한 심리적 역할을 한다(Dingfelder 2003)는 연구결과가 있다. 지구상에서 최고의 연구중심 대학으로 알려진 MIT는 서구 과학과 티베트 불교 간의 관계를 탐색하는 정신&생활연구소(Mind & Life Institute)에서 주최한 컨퍼런스 및 심포지엄을 후원했다.

이러한 협동연구를 통해 연구자들이 보고한 내용에 의하면, **많은 수도승들은 대다수의 서양인들이 시끄러운 소음을 들을 때 보이는 전형적인 놀람 반사와 정서적인 충격으로부터 모면할 수 있다.** 믿음은 경험을 걸러줌으로써 기여하며, 이 분야는 전문가의 성과가 향후 몇 년간 계속될 것이다.

골퍼들의 사고방식이나 믿음, 행동 사이의 연관성은 매우 크다. 무엇보다 그들은 결과에 연연하지 않는 법을 배울 수 있으며, 엄청난 인내심과 평정심을 발휘할 수 있다. 예를 들어 보기를 부정적인 경험으로 해석할 경우, 이에 상응하는 생리적 효과가 자연스럽게 발생한다. 뇌는 신체가 코티솔과 같은 스트레스 호르몬을 분비하도록 신호를 보낸다. 코르티솔은 스트레스와 긴장을 유발한다. 스트레스와 긴장은 클럽을 스윙하는 우리의 능력을 손상시킨다. 이와 반대로 **보기를 골프의 일부로 해석하고, 보기를 받아들이거나, 웃으면서 정신훈련을 할 수 있다면, 샷 수행을 손상시키는 주범인 스트레스와 긴장을 유발하는 코르티솔의 분비가 줄어들 것이다.**

이런 식으로 골퍼가 게임을 풀어나가기 위해 선택하는 아이디어와 믿음이 정말로 중요하다. 이러한 믿음은 그에 상응하는 신체적, 생리적 결과를 가져온다. 과도한 통제에서 벗어나는 것은 자신이 하고 있는 연습이 궁극적으로 더 큰 효율과 더 좋은 결과를 가져오리란 믿음으로 귀결된다. "궁극적으로"라는 말에 주목하라. 단기간에 결과에만 집중하고 너무 빨리 너무 많은 기대를 하게 되면 발전 경로에서 이탈할 수 있다. 왜냐하면 지연 효과는 연습과 행동 레퍼토리에 그 연습을 통합시키는 뇌의 능력 간에 발생하기 때문에 골퍼들은 무엇이든 간에 즉각적인 결과를 얻지 못할 때 자신감을 잃는 경우가 많다. 이는 자기 파괴와 퇴보로 가는 확실한 길이다.

역사적으로 코치들은 믿음과 자신감을 갖는 것 또는 자신을 믿는 것에 대해 이야기해 왔다. 다만 필요한 것은 미엘린 형성과 기술 발달의 지연 효과에 대한 약간의 인내와 이해이다. 좋은 습관은 결국 드러난다는 것을 이해하고 나면, 인내하기가 쉬워진다. 골프에서, 당신이 더 많이 인내할수록 당신의 습관과 몰입 능력을 방해할 가능성은 줄어든다. 예를 들어, 나는 션 오헤어에게 골프에서 인내하는 방법을 가르쳐 주고 있었다. 2011 시즌 전에 그는 성급함이 자신의 경기력을 방해하고 있음을 알았다. 하지만 문제가 있음을 아는 것과 그 문제의 해결방

법을 아는 것과는 대부분 거리가 멀다. 문제와 해결방법을 알고 있는 사람은 형제나 자매보다는 사촌이다.

그가 웨지 게임과 퍼팅을 동일한 훈련으로 1년 동안 줄곧 인내심을 발휘한 후에야 션은 마침내 4일 내내 인내 골프를 했다고 말할 수 있었다. 1년 내내 결과에 관계없이 인내심을 발휘함으로써, 마침내 션은 위대한 골프를 추구하는 데 반하는 것이 아닌 자신의 샷을 받아들이고, 리듬과 초점을 유지하며, 타깃을 명확하게 보고, 머리를 쓸 수 있었다. 그 결과 하와이에서 열린 2012 소니(Sony) 오픈에서 션은 2위를 하였는데, 그는 이 대회를 "흔들림 없고, 인내하며, 참 쉬운" 대회라고 표현했다. 이 대회에서 가장 중요한 측면은 더블보기로 3라운드를 시작해 5홀까지 3오버 파를 기록한 것이다. **그는 그 보기들을 인내심 유지와 골프에서 아무것도 강요하지 않는 것의 중요성을 스스로에게 일깨워주는 기회로 사용했다.** 그는 루틴의 리듬에 정착했고 탁월한 마무리를 위해 6개의 버디를 낚았다. 비록 우리 모두가 12홀 중 6개의 버디를 잡을 수는 없지만, 그럼에도 불구하고 훌륭한 교훈을 얻을 수 있다: 붓다의 차분한 인내력으로 역경을 헤쳐 나간다면 당신의 몸과 마음을 균형 있게 유지시켜 주고, 그러한 균형은 좋은 골프가 좋지 않은 스코어를 아우를 수 있게 해준다.

 인내와 신뢰 기르기

결과만 지향하는 골퍼가 아닌 인내와 과정을 지향하는 골퍼로 변모하기 위해서는 마인드 코치와 빨리 대화하는 것부터 필요하다. 인내심은 삶의 모든 부분에 적용되기 때문에, 인내심 있는 인간이 되기 위해서는 종종 우리 자신을 보는 방식, 다른 사람들을 보는 방식, 인생 그 자체에 있어서 우리의 가치관에 대한 완전한 철학적 변화가 필요하다. 인내심을 기르기 위해 나와 만난 골프 선수들은 자신의 골프 스윙과 루틴에 대한 생각뿐만 아니라 삶의 더 큰 부분으로서 골프를 생각한다. 나의 선수들은 그라시안(Gracian), 키에르케고르(Kierkegaard), 아리스토텔레스(Aristotle), 플라톤(Plato)을 읽었다. 그들은 인생의 근본적인 문제들과 골프에서 몰입하기 위한 방식을 고려한다. 그들은 유대모니아(eudaemonia)와 아레떼 행복(arête-happiness)과 훌륭한 삶을 사는 그리스의 철학개념에 대해 묵상한다. 최종 평가를 통해 그들 모두는 인내가 진정한 미덕이라고 결론지었다. 이러한 철학적인 수용은 최상수행에 필요한 인지 메커니즘을 가능하게 해줌으로써 더 나은 골프수행을 이끌어 낸다.

인내심에 대한 타이거 우즈의 성찰을 생각해 보자. 토너먼트 선두와의 격차를 줄이고자 했던 전략을 묻는 질문에 그는 다음과 같이 대답했다:

─── 제가 말했듯이 여기 골프라는 예술은 라운드를 능숙하게 하는 것이며, 강제로 할 필요는 없습니다. **그냥 가서 특정 홀을 이용하면 되는 것이지, 제가 1언더 파라고 해서 강제로 뭔가를 할 필요는 없습니다.** 라운드를 능숙하게 할 거라고 말했죠. 홀이 많이 남아있었는데 조건들은 아주 좋았고, 그냥 그대로 진행해서 마무리를 했으며, 결국 그렇게 되었죠.

골퍼들이 스티브 잡스에게 배울 수 있는 것

애플 컴퓨터의 천재적 창업자인 스티브 잡스(Steve Jobs)는 자신의 제조기술에 대해 철학적이었다. 그의 성공철학은 통제의 역설, 믿음의 중요성 그리고 수용의 미덕을 완벽하게 포착하고 있다. 2005년 스탠포드 대학의 졸업식 연설에 초대되었을 때, 그는 짧지만 강력한 연설을 했습니다. **"항상 갈망하라, 우직하게 버텨라."** 그는 인생의 길을 요약한 세 가지 이야기를 했는데, 30억 달러 이상의 순 자산을 축적하고, 세상을 바꾸었으며, 이 땅의 컴퓨팅 습관을 바꿀 수 있는 길을 택한 것이었다. 잡스가 말한 첫 번째 이야기는 대학에서 공부할 가치를 못 느껴 중퇴한 것이었다. 대학을 중퇴하면서 그가 궁금해 하는 것들을 접할 기회가 생겼는데, 그는 서예 수업을 듣게 되었다. 10년 후 그가 첫 맥(Mac)을 디자인할 때, 서예에서 배운 다양한 서체와 글꼴을 포함시켰다. 이러한 다중 글꼴은 이제 모든 개인 컴퓨터에서 표준화되어 있다. "그것은" 그가 말했다. "대학에 다니면서 도트를 미래에 연결시키는 것은 불가능했다. 그러나 10년 후를 돌아보는 것은 매우 분명했다."

그의 두 번째 이야기는 그와 그의 친구가 차고에서 애플사를 설립하여 10년 만에 2백만 달러 규모의 회사로 만들었는지 알려준다. 잡스가 회사 운영을 위해 고용한 사람과의 건설적인 의견차가 생긴 직후, 이사회는 그가 지은 회사에서 잡스를 해고하기로 결정했다. "그 당시에는 몰랐는데, 애플에서 해고당한 게 제게 일어날 수 있는 최상의 일이었어요." 그의 삶이 급격히 변화되면서 잡스는 자신의 인생에서 가장 창조적인 시기를 보내는데,

세계에서 가장 성공적인 애니메이션 스튜디오(Pixar)를 시작하고, 그의 아내를 만나 사랑에 빠졌다.

그의 마지막 이야기는 암 생존자가 되는 것에 대해 이야기 했는데, 이것은 그에게 일상을 살아가는 것에 대한 중요성을 일깨워준 경험이었다.

잡스는 세 가지 경험을 이야기했는데, 경험하는 그 순간 그는 두렵다고 믿었다. 그의 삶을 회고해보면 경험하는 동안 그 목적을 볼 수는 없었지만, 경험이 목적에 부합했다는 점에서 자신에게 일어날 수 있는 최선의 일이었음을 깨달았다.

연설이 끝날 때 그의 메시지는 강력했고, 이는 마치 게임에서 오는 좌절감을 이해하려는 골퍼에게 완벽하게 맞추어져 있는 듯 했다:

―― 도트를 미래에 연결할 수는 없습니다. 오로지 돌아보아야 연결할 수 있습니다. 그래서 여러분은 도트가 여러분의 미래에 어떻게든 연결될 것이라고 믿어야 합니다. 당신의 직감, 운명, 인생, 업 뭐든지 믿어야 합니다. 이 접근법은 결코 저를 실망시킨 적이 없고, 제 삶의 모든 변화를 가져왔습니다.

나는 골퍼들과 함께 도교의 비유를 사용하여 우리의 반응이 시간이 지남에 따라 나타나는 방식을 이해하고, 상황에 대한 미온적 반응이 종종 도움이 될 수 있는 이유를 이해한다. 다음 이야기는 통제에 대한 견해를 말해 주지만, 가장 중요한 건 내려놓는 것이다:

―― 고대 중국의 한 가난한 농부가 10대 아들과 함께 소규모 땅을 경작하고 있었다. 당시에 말은 몇 안 되는 부의 상징으로 여겨졌다; 그 지방에서 가장 부유한 사람은 적어도 몇 마리의 말을 소유하고 있었다. 어느 날, 야생마가 마을로 뛰어 들어와 늙은 농부의 울타리를 넘어 풀을 뜯어먹기 시작했다. 이 경우 지역 법에 따르면, 말은 이제 합법적으로 그와 그의 가족의 소유가 되었다는 것을 의미한다. 아들은 기쁨을 감출 수가 없었지만, 아버지는 아들의 어깨에 손을 얹으며 "이게 행운인지, 불행인지 누가 알겠느냐?"고 말했다. 다음 날, 놀랍지 않게도 말은 산으로 도주했고, 소년은 가슴이 아팠다. "이 또한 좋을지, 나쁠지 누가 알겠느냐?"고 그의 아버지는 침착하게 다시 말했다. 셋째 날, 말은 수십 마리의 야생마들을 데리고 돌아왔다. 소년은 자신에게 다가온 행운을 믿기 어려웠다. "우리는 부자예요!"라고 그는 외쳤고, 아버지는 그 말에 "행운인 건지, 불운인지 누가 알겠느냐?"고 대답했다. 넷째 날, 소년은 야생마들 중 한 마리에 올라타다 내동댕이

쳐져 다리가 부러졌다. 그의 아버지는 의사를 부르러 뛰어갔고, 이내 둘 다 소년의 비참한 운명에 대해 불평하며 신음하고 있었다. 늙은 농부가 젖은 수건으로 소년의 이마를 닦은 후, 아들의 눈을 응시하며 직설적으로 말해주었다. "아들아, 어떤 것이 좋고, 나쁜지 누가 알겠니? 그래서 섣불리 말하기엔 너무 이르단다. 인내심을 가지다보면 때가 되면 알게 될 거야." 그리고 다섯째 날, 그 지역에 전쟁에 일어났고, 군대의 신병 모집자들이 마을을 방문해 다리가 부러진 사람을 제외한 적합한 청년들을 징집해 갔다.

우화가 시사하듯, 사실 우리는 어떤 경험이 일어나는 동안이나 끝난 직후조차 경험의 완전한 가치를 거의 알지 못한다. 우리가 처음에 나쁘다고 생각했던 많은 경험들은 시간이 충분히 지나면서 축복이 되었다. 끔찍한 여름 골프는 아마도 좋은 스승을 찾도록 하는 것일지도 모른다. 최악의 대학 성적은 책임감과 엄격함에 대한 귀중한 교훈을 가르쳐 줄지도 모른다.

반대 역시 마찬가지이다. 위대한 축복이라고 느껴지는 경험들은 때가 돼서 전후 상황이 좋지 않을 경우 역효과를 낳을 수 있다. 복권 당첨자들에 대한 연구는 이를 명확하게 알려준다. 비록 여러분이 어떤 연구를 읽고 어떻게 파산을 정의하느냐에 따라 수치는 다르겠지만, 복권에 당첨되었거나 상당한 재정적인 횡재를 겪은 사람들의 약 70퍼센트는 15년 내에 가산을 탕진할 것으로 예상한다. 재정적 문제를 복잡하게 만드는 것은 그들이 가족을 멀리하고 친구들을 잃을 가능성이 있다는 사실이다.

결국, 경험의 진정한 중요성은 항상 맥락을 이해하는 것이며, 항상 오랜 시간 후에 의미를 갖게 되며, 인생 패턴에서도 그렇듯 골프에서 진실 되어야 한다. 목요일에 힘들게 운전하는 것이 일요일에 좋은 운전을 가능하게 해주는 스윙 결함을 밝혀내는 데 필요할지도 모른다. 퍼팅에 실패하면 인내하는 방법이나 그립 압력을 확인하는 방법을 배울 수 있다. 부상으로 인한 결장은 우리가 골프게임을 얼마나 좋아하는지 상기하면서 남은 시즌 동안 우리에게 동기를 부여하는 원동력을 제공하는 것일 수 있다. 경험의 가치를 아는 것은 경험 자체가 일어나는 동안이나 경험 직후조차 거의 항상 어려운 일이다. 이러한 이유로 나와 내 선수들은 우리의 철학을 인내와 학습에서 근간으로 하였다.

여러분은 자유롭게 인생행로를 신뢰할 수 있는데, 그런 관점은 골프 코스 안팎에서 골퍼들에게 모든 차이를 만든다. 여러분이 내 골퍼들을 가능하게 한 터닝 포인트에 대해 알게 될 때, 이러한 관점이 다음 챕터에 강조되어 있다. 특히 맷 쿠차(Matt Kuchar)와 션 오헤어는 우승을 하기 위해 노력하지만, 지금까지 여러분의 삶에서 어떻게 통제할 수 없는 요소들을 떨쳐 버리고 인생을 바꿀 수 있는지를 가르쳐 준다. 당신은 내 골프 선수들을 가능하게 해 준 전환점에 대해 배운 후 다음 장에서 이 관점이 강조되는 것을 볼 것이다. 특히 맷 쿠차와 션 오헤어는 우승하기 위해 노력하지만, 지금은 몰입에 직접적으로 관련되는 중요한 교훈이 있는데, **여러분의 인생에서 통제할 수 없는 요인들은 놓아 버리고, 경험으로 돌아서며, 자신의 습관과 삶의 길을 신뢰하는 법을 배우는 것이다.** 골퍼들과 직접 관련이 있는 것들로서 더블 보기의 당혹감, 숨막힘의 양상 그리고 심각하게 개선되지 않을 때 오히려 우리가 현명하게 찾는 중요한 학습 경험을 가지고 있을 수 있다.

 ## 왜 놓아주지 않는가

수많은 엘리트 선수들은 그들의 삶과 게임의 모든 측면을 통제하고 싶은 충동적인 욕구를 느끼는 자기 기술 통제에 미치다시피 한다. 때로는 이러한 특성이 그들의 스포츠에서 최고 수준으로 끌어올려주는 탁월함을 기르는데 도움이 된다. 인내심과 신뢰감을 갖는 것은 그들의 스포츠에 대한 총체적 접근 변화를 의미한다.

그의 자서전 『오픈』에서 묘사되었듯이, 테니스 챔피언 안드레 아가시(Andre Agassi)는 게임의 모든 측면에 대해 강박적이었다. 그는 시합을 위해 짐을 싼 가방을 아무에게도(혹은 심지어 손댈 경우에도) 맡기지 않았다. 그는 모든 걸 할 수 있는 장소를 가지고 있었고, 그것을 집으면서 1파운드의 중량미달 여부까지도 감지할 수 있었는데, 이것은 무언가 매우 중요한 걸 빠뜨렸단 뜻이었다.

엘리트 운동선수들이 그들 세대에서 다른 선수들보다 앞서서 일찌감치 최고 수준에 도달할 수 있으려면 이러한 신경질적이고 습관적인 통제는 종종 필요하다. 그러나 이러한 특성은 또한 발전, 육성, 예리함에 도움이 되는 기술에 방해가 될 수 있다.

대부분의 성공한 선수들은 세부적인 것에 주의를 기울이도록 훈련받았으며, 그들은 골프에서의 부주의가 긍정적인 결과와 부정적인 결과 간의 차이를 의미할 수 있다는 것을 배웠다. 어느 정도, 통제의 의무는 노력하는 운동선수의 구성과 성공에 커다란 부분을 차지한다. 이 속성에 의해 뛰어난 골퍼들이 자신이 의존하는 통제권을 포기하는 것을 더욱 어렵게 만든다.

하지만 손자(Sun Tzu)가 가르친 것처럼, 모든 강점 또한 약점이 될 수 있으며, 이것은 통제의 척도에서 매우 명백하지 못하다. **게임의 모든 측면을 통제하려는 욕구는 종종 수행 마비 단계를 구축하는 과도한 통제형태로 이어질 수 있다.** 이 상태에 있는 골퍼들은 종종 자신의 게임을 마치 자기 창조의 심리적 족쇄에서 살고 있는 것처럼 묘사한다.

이 같은 사람들은 통제를 포기하고 스스로 경험에 의존할 수 있을까? 그렇다. 또한 삶의 모든 부분을 완전히 통제하려고 애쓰는 것처럼 선수들을 탁월함에 이르게 하며, 놓아주는 법을 배울 때, 그들은 몰입하게 되고 골프 샷을 더 잘 통제할 수 있게 된다.

 ## NASCAR 드라이버처럼 골프하기

많은 프로 골퍼들은 NASCAR 드라이버에 대해 친숙함과 존경심을 가지고 말한다. 왜냐하면 그들은 레이싱 경주에서의 실수는 단순한 보기보다는 위험하고 경주를 할 수 없는 충돌로 끝난다는 걸 알기 때문에, 최고 속도로 작동하는 NASCAR 드라이버의 방식이 의식적인 사고를 따라잡으려고 헛되이 노력하기 보다는 무의식적인 마음이 반응함을 믿어야 한다는 것에 감탄을 금치 못한다.

2007년 조지아 공대 4학년 시절에 바이런 넬슨(Byron Nelson) 어워드에서 우승하여 미국 최고의 골퍼가 된 로베르토 카스트로(Roberto Castro)는 플레이가 잘 될 때의 은유에 대해 언급했다.

로베르토는 바퀴 두 개로 간신히 커브를 도는 경주용 자동차를 시각화한다. 두 개의 바퀴는 안쪽 커브에 있고, 다른 두 개의 바퀴는 지면에서 떨어져 있다. 경주에서 승리하기 위해서는 가장자리로 밀어낼 만한 위험을 감수해야 한다. 톰 왓슨

(Tom Watson)이 말한 것처럼, 여러분이 그것을 잡을 수 있을지 없을지 모르는 것이 바로 스릴이다. 하지만 그것은 스릴이다! 골프의 미세한 점은 여러분이 무모하게 행동하지 않고 두려움을 갖지 않으려고 노력하며 겸손한 게임에 대면하여 자신감을 유지하는 것이다. 이는 잠복된 몰입 상태에 근접한 구역으로, 천천히 기다리며, 통찰력 있게 손짓하기를 기다리고 있다.

다른 골퍼들 역시 골프를 묘사할 때 레이싱 은유를 사용한다. 그들이 과도하게 게임을 통제할 때, 다음과 같이 비참하게 은유한다: "공을 이리저리 조종하고 있었어요", "바퀴를 너무 꽉 조였어요", "너무 꽉 쥐고 있었고", "그걸 놔둘 수 없었어요"라는 말은 내가 프로들과 아마추어들 모두 비슷하게 자주 듣는다. 분명한 것은, 이러한 역효과를 초래하는 통제는 일종의 사고방식으로 골퍼들은 이를 예방하는 법을 배울 필요가 있다.

나는 뒷장에서 통제력에 대해 이러한 강박적인 초점을 방지하는 방법에 대해 더 많이 이야기하겠지만, 지금으로서는 게임의 가장 좋은 세부사항을 탐구하는 것을 평생 직업으로 만든 사람들의 목소리에 귀 기울이는 것이 도움이 될 것이다. 여기에 최고의 골퍼들이 결국 통제를 포기할 수 있을 때 어떻게 몰입 경험을 묘사했는지에 대한 사례들이 있다.

―― 여러분에게 무엇을 해야 할지 말해줍니다. 생각할 필요가 없어요. 여러분은 분명 그것을 통제할 수 없어서 계속 나아갑니다.
　　　　　　데이비드 톰스(David Toms), PGA 투어 13차례 우승, 2001년 PGA 챔피언

―― 여러분은 그동안 해왔던 기본 원칙으로 돌아갑니다. 여러분은 단지 그것에 집중하고 시작하며 그것을 믿고 좋은 스윙을 하세요. 어떤 면에서는 이것이 너무 빨리 일어나기 때문에 어느 정도 통제권을 부여하고 계속해서 그것을 신뢰해야 한다고 생각합니다.
　　　　　　짐 퓨릭(Jim Furyk), PGA 투어 16차례 우승, 2003년 U.S. 오픈 챔피언

―― 제 비결은 통제하려면 통제력을 포기하는 것입니다. 스윙을 할 때, 그냥 시작해서 들어 올려 스윙하고 치면 됩니다. 대개 그것은 제가 보는 곳으로 갈 겁니다. 만약 지나치게 샷을 통제하려 하거나, 페어웨이만을 고수하거나, 경계만 유지한다면, 제 몸과 근육은 긴장되고, 몰입된 스윙을 하지 못합니다.
　　　　　　스콧 맥카론(Scott McCarron), PGA 투어 3차례 우승

―― 포기해야 하고, 많이 자유로워지세요. 자신에게 말하세요, **"나는 열심히 했고, 내가 무엇을 해야 하는지 알고 있고, 능숙해서 이제 내 스스로 하도록 내버려 둘 것이다."** 특히 자신감이 부족할 때, 골프는 어렵습니다. 저는 때때로 긴장을 풀고 플레이 할 수 있도록 제 스스로 허락을 해줘야 합니다.

데이비스 러브 3세(Davis Love III), PGA 투어 20차례 우승

―― 골프에서 무엇을 얻고자 할 때, 저는 그린에서 200야드 떨어진 곳에 있습니다. 하지만 저는 제 공이 어디로 갈지, 어떻게 갈지 압니다. 그리고 또 다른 추측은 없습니다. 그것은 그냥 일어날 것입니다. 그럴 겁니다! 그리고 그렇게 됩니다. 깔끔하게요.

커티스 스트레인지(Curtis Strange), PGA 투어 17차례 우승자, US 오픈 2차례 챔피언

―― 어떤 생각도 개입되지 않았어요. 다른 생각은 없었습니다. 그냥 매우 침착했죠. 알고 있다는 느낌. 저는 기대하거나 바라지 않았습니다. 단지 안다는 느낌이 들었어요. 심지어 제가 샷을 하기 전에 공이 어디로 갈지 압니다. 나는 공이 그곳에 있기를 바라거나, 그곳으로 보내려고 노력하지 않았습니다. 그것이 어디로 갈지 알고 좋을 거라는 느낌이 있습니다. 100퍼센트 저는 공이 어디로 갈지 압니다. 제가 선택한 클럽이 올바른 클럽이라는 것을 압니다. 저는 바람이 어디로 불지 정확히 압니다. 약간 묘하지만 여러분은 확실히... 그렇게 많은 조절력을 진정 느낍니다.

찰스 하웰 3세(Charles Howell III), PGA 3차례 우승자

무언가를 통제하려고 하면 할수록, 통제력을 갖는 것에서 더 멀어지는 경향이 있다. 결과적으로, 지나친 통제는 혼란과 긴장을 초래하며, 결국 골프 샷이 부실해지고 심지어 퍼팅은 더 심해진다. 여러분은 "그것을 실현해라"보다는 "마음대로 해," "그 정도면 돼" 혹은 "일어나게 내버려둬"와 같은 위대한 골프의 문구를 어떻게 만드는가? 우리 모두 코치가 이런 말을 할 때 암시하는 것을 알지만, 어떻게 은유적인 것을 넘어설 수 있을까? PGA 투어 선수인 브라이스 몰더(Bryce Molder)는 우리의 이해를 돕는다:

―― 저는 좋은 스윙을 하고 공이 어디로 가는지 신경 쓰지 않는 것에 집중하고 싶습니다. 저는 공을 어디로든 보내려고 하는 습관을 들이고 싶지 않아서 공이 어디에 착륙하는지 신경 쓰지 않고 내 스윙을 믿는 것에 신경을 써야 합니다.

 이와 같이, 골프에서 여러분이 가질 수 있는 최고의 조절력은 결과를 조절하려고 노력하는 것을 그만두고, 퍼팅과 골프 스윙과 같은 운동 패턴을 조절하려고 노력하는 것이다-언어적 모순이면서 진부한 말. 이러한 난제에 비추어 볼 때 우리는 PGA 투어 선수들의 몰입 상태에서 다음 역설로 넘어간다: 노력의 역설.

CHAPTER 03

노력

규칙적으로 게임을 하는 경쟁 골퍼이건, 오락적이나 사회적인 이유로 하건 간에 골프는 어려운 게임이라는 것에 모든 골퍼들이 동의할 것이다. 사람들은 아름다움, 재미, 복잡, 격노, 숭고함, 중독성, 그리고 충족감 같은 단어를 떠올릴 수도 있지만, 여하튼 간에 장기간이면서 정기적인 기초를 전제로 했을 때 골프를 쉽게 묘사하는 선수들은 많지 않다.

물론 골프를 위해 태어난 선수들이 더러 있어서 그들에게 게임은 쉽게 다가오며, 지극히 자연스러운 거라고 믿는다. 실제로 대다수는 다른 특권계층과 비슷하게 골프 특권층을 바라보며, 그러한 옥좌는 우월한 플레이어들에게 태생적이거나 행복한 유전적 개연성에 의해 주어졌다고 생각한다. 골프에 탁월한 사람들은 음악이나 학업에서 신동으로 인정받는 아이들과 마찬가지로 여겨진다.

언론이 이런 오해를 조장해 왔다. 2살 된 타이거 우즈가 1978년 마이크 더글러스(Mike Douglas) 쇼에서 골프공을 치는 모습은 오늘날 우리 모두가 기억하고 있다. 좀 더 최근에는 어린 로리 맥길로이(Rory McIlroy)가 3살 때 거실에서 골프채를 휘두르는 모습이 텔레비전에 방영되어 그의 스윙과 비교되기도 했다. 결론은 로리가 훌륭하게 태어났고, 모든 대회에서 우승할 만한 스윙을 가지고 태어났다는 것이다. **최고의 골퍼들은 노력, 연습, 헌신으로 얻는 것이 아니라 위대함이 주어지고, 좌절, 역경, 슬럼프, 그리고 전 세계적으로 골퍼들을 규칙적으로 괴롭히는 모든 종류의 방해와 감정들로부터 면제된다는 것이 통상적인 가정이다. 이는 사실과는 무관하다.**

그가 2010년 라이더 컵에서 타이거를 만났을 때, 맥길로이는 심지어 그 만남 광고의 일부까지 샀다는 것을 깨달았다:

───여러분은 그를 그렇게 높은 지위에 앉혔어요... 그리고 나서 그를 만나게 됩니다. 제가 그를 만나기 전에는 그가 대단한 사람이라 생각했습니다. 하지만 일단 그를 만나면, 여러분은 그가 열심히 자기 게임을 하는 평범한 남자라는 것을 알게 되고, 대부분 다 알 수 있습니다.

수행향상 심리학 분야에서 폭넓게 연구된 획기적인 논문에서, 앤더스 에릭슨(Anders Ericsson)은 10,000시간 규칙의 개념을 대중화했다. 에릭슨의 주장에 의하면 전문가의 수행은 엄청난 양의 신중한 연습에 의한 결과이다. 구체적으로 에릭슨에 따르면, 어떤 분야에서든 전문가가 되기 위해 10,000시간(1년 50주 동안 주 20시간을 10년간=10,000)의 신중한 연습이 필요하다고 한다. 비록 정확한 숫자에 대해서 학계에서 논쟁이 계속되고 있지만, 연구자들은 일반적으로 숙련된 수행을 하기 위한 방법은 오로지 풍부한 반복연습과, 의도적으로 만들어야 하며, 장기간에 걸친 것이라는 데 동의한다.

나는 세계 최고의 골퍼들과 함께 여행하고, 가르치고, 배우고, 공부하며 15년을 보냈다. 나는 그들 모두 오랜 기간 열심히 일했다는 걸 증명할 수 있다. 선수들은 게임에서 평소보다 뛰어나거나 하지 않는데, 왜냐하면 이들에게 게임은 다른 것들에 비해 더 쉽게 다가오기 때문이다. **그들이 최고가 된 이유는 저조한 골프수행의 어려움을 인내하고 받아들이는 그들의 능력 때문이며, 이는 탁월하지 못한 사람들보다 더 나은 부분이다.** 다시 말해, 골프는 태생적으로 어렵기 때문에 재능이나 혈통에 상관없이 누구든 영향을 받는다. 만약 여러분이 이를 극복할 계획이라면 역경을 피해가려고 기대해서는 안 된다; 오히려 역경을 받아들이려는 마음을 준비해야 한다. 이 사실에 의심이 간다면 20년 넘게 상위 100명의 주니어 골퍼들의 경력을 추적해보기 바란다. 만약 탁월성이 주로 유전된다면 감소율은 그만큼 크지 않을 것이고, 게임에서 많은 피해자를 남기지 않을 것이다.

이러한 설명은 부정적이거나 실망시키려는 것이 아니다. 나는 단지 골프실력을 향상시키는 최선의 방법은 게임의 본질에 대해 현실적이고 정확하게 판단하면 여러분에게 내재된 경기력의 기복에 효과적으로 대비할 수 있다고 믿는다. 예를 들어 세계 최고의 선수 중 한 명인 세르히오 가르시아(Sergio Garcia)가 파 4에서 12타(2012년 도랄(Doral)에서 열린 세계 골프선수권 대회에서 그랬던 것처럼)를 쳤던 게임에 대해 뭐라고 말할 것인가? 세계 최고의 선수 중 한 명인 료 이시카와(Ryo Ishikawa)가 2011년 PGA챔피언십 라운드에서 5개의 더블 보기, 노 버디와 1개의 트리플 보기로 85타를 쳤던 것에 대해 뭐라고 할 수 있는가?

『특별한 마음(Extraordinary Minds)』이라는 책에서 하버드대학의 교육자이자 심리학자인 하워드 가드너(Howard Gardner)는 위대함이 유전적 특성에서만 나올 수 있다는 주장을 일축한다. 가드너에 의하면, 모차르트(Mozart)는 아버지의 지도하에 열심히 연습한 것을 지적하면서, 따라서 그의 기술은 다른 기술들처럼 미엘린화 되었다. 더 나아가 가드너는 다음과 같이 설명했다. "모차르트는 예민하고 힘들게 휴식을 취해야 했는데—스승과 동료로부터의 휴식, 인정받은 훈련으로부터의 휴식, 그리고 무엇보다 고통스러운 것은 그의 아버지로부터의 휴식이었다."

기술을 연마하는데 많은 시간을 투자하는 것 이외에도 유사하게 내가 만났던 최고의 골퍼들은 고통스러운 경험과 실패를 견뎌내야 했다. 뛰어난 선수들은 경쟁에서 때로는 패배로 인한 고통뿐만 아니라 매일의 역경에 직면한다. 골퍼들은 정기 연습시간에 그들이 "해야만" 하는 샷을 놓친 채 연습을 계속한다. 역경을 헤쳐 나가기 위한 끈질긴 헌신을 통해 골퍼들은 더욱 회복력을 가지게 된다.

다른 습관들과 마찬가지로, 회복력은 경험과 연습을 통해 강화된다. 전 미국 심리학회 회장이었던 앨버트 반두라(Albert Bandura)는 왜 성공한 사람들이 통상적으로 가장 많이 실패하고 지속적으로 인내하는 사람들인지 설명해주는 '규범적 실패(normative failure)'라는 용어를 만들었다. 반두라는 **"실패가 표준이 될 때 회복력은 제 2의 천성이 된다"**고 주장한다.

손에서 피가 날 때까지 공을 친 것으로 알려진 벤 호건(Ben Hogan)은 직업윤리와 성공으로 유명했다: PGA투어 64승, 메이저 챔피언십 9승, 세계 골프 명예의 전당 입회. 일반적인 골프 상식으로 본다면, 호건은 살아 있는 동안 17개 정도의

홀인원이 되풀이되는 꿈을 꾸었을 테지만, 18개 홀에서 겨우 2개를 기록했다.

골프는 수준에 관계없이 모든 골퍼들을 흥분시키고 유혹한다. **여러분이 포기할 준비가 되었을 때, 마법과 같은 라운드가 펼쳐진다. 그러면 다시 새롭게 높아진 기대로 인해 퍼트를 할 수도, 드라이브 샷을 할 수도, 칩 샷을 할 수도 없게 된다.** 여러분은 순수한 마음으로 쳐야 할 자리에서 스트레칭을 해보지만, 퍼트를 할 수 없을 뿐더러 퍼팅을 해결하는 순간 당신의 드라이버는 휴무상태가 된다. 간혹 예외도 있지만, 이는 골퍼들에게 어디서나 반복되며 고통스러운 이야기들이다.

정신적 고통 측면과 관련한다면 골프는 장거리 달리기, 사이클링, 철인 3종 경기와 공통점을 갖는다. 어떤 고객은 내게 골프는 마치 권투가 몸으로 하는 것처럼 뇌에 한다고 말했다!

골프는 쉬운 게임이 아니다- 특별한 경우를 제외하고

이러한 압도적인 도전에 직면하여 우리는 몰입 상태의 이상 현상을 발견했다. 골퍼들이 몰입하며 플레이하는 것을 묘사할 때 거의 대부분 게임하는데 힘들지 않다고 말한다. 여기서 더욱 흥미로운 것은 원활한 몰입의 여파가 골퍼들로 하여금 피곤함을 느끼게 하는데, 이러한 피로 상태는 선수가 엄청난 양의 에너지와 노력을 소비한 후에야 알아차릴 수 있다(이것이 훌륭한 골프 라운드를 할 때마다 따라가기 어려운 이유이다).

이와 같이 역설은 다음과 같다: **라운드 자체는 에너지가 넘치고 힘이 들지 않지만, 선수들은 자신의 몰입 상태를 활성화시키기 위해 얼마나 많은 활력과 노력을 사용했는지 깨닫게 된다.** 풍부한 집중과 정신적인 예리함은 강요받지 않으며 거의 초월적으로 느껴지는 결과를 만들어 내도록 신체적 정확성과 일치한다. 골퍼들은 자신의 과제를 하나로 느끼고, 그 과제는 퍼팅이든, 스윙이든 간에 호흡 또는 걷는 것만큼이나 자연스럽게 느껴진다—"본 대로 하는" 것처럼 쉽다.

몰입을 위한 무대를 꾸미는 데는 많은 준비가 필요하지만, 몰입하고 있을 때 골퍼들은 그 과정이 힘들지 않다고 말한다. 몰입은 특정 시기에 사람들에게 그들의 마음에 생각한 어떤 것도 할 수 있다는 느낌을 일깨워 준다. 부드러움, 리듬, 차분함, 자연스러움과 같은 단어들은 몰입이 제공해주는 손쉬운 감각을 묘사하기에 충분하다.

스콧 맥카런은 "제가 몰입하고 있을 때 골프는 힘들지 않고, 터져 나옵니다. 부드러운 힘, 하지만 여러분은 그것을 원하겠죠. **제가 강하게 스윙하는 것처럼 보이거나 느껴지지는 않지만, 실제로는 더 강하게 치고 있습니다.**"고 말했다.

이와 비슷하게, 2011년 US오픈 우승자인 로리 맥길로이는 16살 때 그에게 일어났던 몰입 상태를 반영했다.

—— 제가 16살 때 포트러시에서 61타로 코스레코드를 기록했을 땐 무척 좋은 라운드였어요. 하지만 아시다시피 골프 코스에서 정말 재미있었어요. 저는 아직도 그 61타를 생생하게 기억할 수 있습니다. 거의 모든 샷을 기억할 수 있어요. 그리고 오늘 저는 매우 비슷한 마음 상태에 있었습니다. 뭐라고 불러야 할지, 존(zone)이라고 불러야 할지 아니면 여러분이 뭐라고 부르든 간에-여하튼 저는 공을 치는 제 샷을 보고 있었어요. 제가 힘든 상황에 처하면; 그린의 업 앤 다운을 보고, 퍼팅이 들어가는 걸 보고 있었어요. 라인을 읽으면서요. 그건 자주 있는 일이 아니기 때문에 일어날 때는 꽤 멋지거든요.

2003년 PGA투어 14회 우승자인 케니 페리(Kenny Perry)는 콜로니얼(Colonial) 3라운드에서 61타를 쳤다. 그러한 경험 직후 그는 다음과 같이 말했다:

—— 이번 주의 리듬은 제 생애 한 번도 겪어보지 못했을 만큼 최고였어요. **저는 정말 쉽게 스윙을 했고, 공은 아주 멀리 가고 있었습니다.** 그리고 그건 오늘 제게 매우 간단했습니다. 잘 모르겠지만, 아마도 그게 사람들이 말하는 존이 아닐까 하는데, 그게 무엇이든 간에, 저는 오늘 그 안에 있었어요. 오늘 저에게 골프는 너무 쉬웠어요.

골프는 잔인하고, 무자비하고, 마음을 사로잡는 어려운 게임이라는 통념을 어떻게 완화시킬 수 있을까? 그것은 세계에서 가장 유능하고 부지런한 골퍼들이 게임에 대해 설명한 것이 최상이다. 예를 들어, "기본적으로 나는 단지 목표를 보고, 클럽으로 스윙하고, 공이 거기로 가는 것"이라고 고백한 아담 스콧 같은 사람? 로리 맥길로이가 61타를 마치 공원에서 걷는 것처럼 쉽게 했다는 얘기와, 케

니 페리가 61타 샷을 간단하고 쉽게 묘사한 내용을 생각해보라. 이 시점에서 내가 단지 여러분을 약간 혼란스럽게 했기를 바란다. 지난 15년간 몰입의 미스터리를 파고들면서 나 또한 다소 혼란스러움을 느끼며 많은 밤을 지새웠다. 그러나 내가 말할 수 있는 것은 이러한 역설들이 혼란스러울지 모르지만, 만약 여러분이 계속해서 몰입의 본질을 이해하려한다면, 당연히 추구할 만하다.

 클럽과 하나 되기

골퍼들의 부족한 설명과 일치하는 맥락으로서, 몰입 중인 선수들은 종종 자신들의 장비와 특정한 교류수단에 대한 애착을 나타낸다. 예를 들어, 자전거 타는 사람들은 마치 외골격 로봇(exoskeleton)처럼 자전거를 통해 자신의 몸이 확장되는 느낌이 든다고 이야기한다. 보트 경기(regatta)의 노 젓는 사람들에 의하면 노는 몸의 연장선 같이 느껴지고, 실제로 물을 더 잘 느낄 수 있다. **몰입 상태에 있었던 골퍼들은 종종 골프 클럽을 손과 팔의 연장선이라고 묘사한다.** 클럽에 대한 느낌은 그들 자신의 손에 있는 것만큼이나 민감하다.

골프를 하면서 몰입해 본 적이 있다면 아마도 이런 현상에 익숙할 것이다. 여러분은 골프를 치는 과정에서 모든 측면이 연결되어 있다는 전체적인 느낌을 가지고 있다. 모든 게... 몰입이다. 여러분은 생각에 몰입하고, 어깨, 팔, 몸통, 다리, 손, 눈 등 신체의 다양한 부분이 함께 움직인다. 여러분의 장비를 포함한 모든 것이 응집 단위로 작용한다. 골프공이 스스로 결정하는 것을 생각한다는 것이 미친 짓 같지만, 골퍼가 적절한 샷을 위해 적절한 클럽을 고를 때, 그와 장비들 간에 운명과 협력이 실현된다. 또 그들이 클럽을 고를 때 자신 있게 선택하고, 속단은 금물이다. 그리고 그들이 클럽을 손에 들었을 때, 몸매, 길이, 체중, 외모 그리고 느낌은 모두 완벽하다. 내 캠프에서 그것은, 나와 함께 일하는 골퍼들 사이에서는 이 현상을 기계가 작동하는 시간이라 부르는데, 많은 부분이 단위로서 함께 작동하기 때문에 기계가 어떻게 원활하게 작동하는지를 보여 주는 비유이다.

US오픈 우승자 짐 퓨릭은 몰입의 이러한 양상을 완벽하게 캡처했다:

──── 클럽이 여러분의 손 안에서 좋게 느껴집니다. 클럽을 잡고 있는 제 손이 다르게 느껴집니다. 제 손은 짧고 뭉툭하다기보다 가늘고 길게 느껴집니다. 그립은 작게 느껴지지만, 정말 편해요. 여러분이 원하는 바로 그 자리에 공을 보낼 수 있고, 그럴 자신이 있습니다... 그리고 쉽게 플레이 할 수 있어요.

브리티시 오픈 챔피언 스튜어드 싱크(Steward Cink)도 이와 유사한 표현을 보고했다:

──── 제 손에 클럽이 있는 것처럼 느껴지는 것이 아니라 클럽과 제 몸을 포함한 모든 것이 하나인 느낌입니다. **이건 마치 제가 원하는 곳으로 공을 던지는 것과 같습니다.** 그 정도로 쉬워요.

키건 브래들리(Keegan Bradley)와 같은 프로들조차, 몰입 상태에서 골퍼가 노력하는데 힘이 들지 않았던 경험은 엄청난 양의 의식적이고도 신중한 연습 후에 이루어진다.

이러한 연결성과 편안함은 최고로 자동화된 것이자, 우리의 습관이 미엘린화된 수천 시간의 신중한 연습으로부터 나온 기능이다. 우리는 다음과 같은 이유로 꼼꼼하게 연습한다: 골프 코스에 서 있는 시간에 우리는 적절한 클럽을 선택하고, 루틴을 거쳐 적절한 샷을 실행하며, 다른 생각 할 것 없이 결과를 받아들인다. **그 클럽이 내 자신의 연장이라는 느낌은 최적으로 활동하고 있는 뇌를 나타내주는 신호이다.** 뇌는 불필요한 정보를 차단하고 중요한 것들을 연결하는 필터를 내장하고 있다. 우리는 이걸 매일 하기 때문에 특별한 건 없다. 롤러스케이트나 자전거 타기와 같은 신체활동을 처음 배울 때는 균형과 방향을 잡고, 브레이크 밟는 방법을 생각해야 한다. 시간이 지남에 따라 신체활동은 덜 의식적인 생각을 요구한다: 자연스러우면서 자동적이 된다. 진정한 재미는 여러분이 스케이트나 자전거와 결합되어 하나로 움직이는 것을 느낄 때 온다!

몰입중인 골퍼를 위해 뇌는 작업과 관련 없는 내용을 필터링하며, 장비와 게임 자체가 쉽게 조화를 이룰 수 있는 훌륭한 지각을 제공해 준다.

 ## 에너지 그리고 노력

골퍼들과 장시간 여정을 할 때 알아야 할 것 중 하나는 PGA투어로 알려진 여정에 관련된 사람들은 6월 말 쯤에 피로를 겪게 된다는 것이다. 9월이 될 무렵, 다수의 세계 최고 골퍼들은 죽은 눈으로 좀비처럼 돌아다닌다. 몰입하는 횟수도 현저히 감소한다. 늦봄과 초여름에 가졌던 희망, 에너지, 열정, 동기 및 노력은 많은 이들에게 절룩거리며 결승선까지 가는 것으로 바뀐다. 이러한 심리적 위축 상태가 몰입을 방해한다.

비록 몰입 상태가 노력하지 않는 것처럼 보이지만, 실제로 몸과 마음은 매우 열심히 일하고 있다. 390마력을 자랑하는 V12 페라리 테스타로사(Ferrari Testarossa)를 몰고 다닌다고 생각해 보라. 페라리가 가속할 때, 차가 전혀 에너지를 배출하지 않는 것처럼 보일 수도 있지만, 실제로는 엄청난 양의 연료를 태우고 있다. F-16전투기도 이와 비슷하게 쉽게 날아오를 수 있지만, 그 정도 성능이라면 엄청난 양의 연료를 연소시킬 것이다. 이 두 가지 비유는 여러 가지 면에서 몰입 상태에 잘 들어맞는다. 몰입 상태는 정신 상태 중 가장 고급스러우면서 최적이다. 그들은 분야에서 최고이다. 그들은 또한 효율적이고 강력하다. **페라리와 F-16처럼, 그들은 많은 에너지를 소비하지만, 그 당시에는 느끼지 못한다.**

몰입의 연료로 사용되는 에너지는 다시 채워질 필요가 있으며, 그렇지 않은 경우 골퍼는 몰입할 수 없다. 이러한 이유로 세계 최고의 선수들 중 다수는 연습 일정을 바꾸기도 한다. 그들은 종종 3주나 4주를 연속으로 훈련한 뒤, 2주 정도 휴식을 취한다. 그렇게 그들은 다음 주기에 몰입할 수 있다는 기대를 가지고 육체적, 감정적 에너지를 보충할 수 있다. 시즌 초반 많은 토너먼트 경기를 선호했던 조니 밀러(Jones Miller)와 필 미켈슨은 하반기에 자신들의 커리어 상의 승리를 거의 거두지 못했다.

잠재의식의 조절과 노력 사이의 관련성은 풍부하다. 습관을 믿고 암묵적인(급하게 말로 표현하는 것보다) 생각을 함으로써, 당신은 본질적으로 뇌의 운동 영역과 비 운동 영역 간의 소통이 감소된다. **골프 스윙에 대한 의식적인 생각, 특히 언어적인 생각을 점진적으로 줄이게 되면 골퍼는 몰입 상태로 빠져 들어간다.** 조절력이 서서히 증가함에 따라 골프 게임은 보다 쉽게 느껴지게 될 것이다.

이번 장의 목적은 규범적이기보다는 서술적이므로 나는 이 힘들이지 않은 노력의 힘을 어떻게 활용할 수 있는지 전파하기 위해 기다릴 것이다. 지금은 그저 여러분이 힘들이지 않은 노력의 감을 얻을 필요가 있고, 여러분의 뇌가 미엘린화 할 수 있는 능력뿐 아니라 궁극적으로는 자동화된 힘을 가진 것에 감사할 따름이다.

다음은 골퍼가 경험하는 힘들이지 않은 탁월한 감각을 반영하는 몰입에 대해 일부 다르게 설명한 것이다.

―― 그 안에 있다 보면, 골프는 힘들지 않습니다. 여러분이 무언가를 실현시키고자 열심히 일하기보다는 그냥 일어나는 것처럼 보입니다. 반복적이고 기계적인 경향보다는 게임이나 스트로크 혹은 스윙이 더 자연스럽고 리드미컬하게 몰입됩니다.
데이비스 러브 3세(Davis Love III), PGA투어 20차례 우승자

―― 여러분은 그걸 극복하는데 있어, 이유가 어떠하든 원하는 퍼팅에 대해 의심의 여지가 없습니다. 당신은 그저 고개를 들고 어디로 퍼팅하고 싶은지 똑바로 볼 수 있습니다.

모든 퍼트는 브레이크가 있고, 여러분은 그저 브레이크를 탈 때까지 퍼트하고 싶던 바로 그 지점을 똑바로 보고 있으며, 퍼팅 속도는 매우 좋습니다. **이것은 마치 라스베가스에서 은행 돈을 가지고 노는 것과 같아요.** 실패할 것 같지 않고, 거대한 상금이 보이게 됩니다.

존 휴스턴(John Huston), PGA투어 7차례 우승자

―― 힘들지 않습니다. 100퍼센트 힘이 안 들어요. 노력은 너무 열심히 애쓰는 거라 말할 정도입니다. 매 샷이 저절로 됩니다. 게임이나 샷을 할 때는 노력이 필요한데, 몰입하면 모든 게 힘들지 않습니다. 애쓰지 않아도 됩니다. 아무것도 필요 없고 그냥 있으면 됩니다. 아무런 노력도 할 필요 없습니다. 그냥 일어날 뿐이에요.

찰스 하웰 3세(Charles Howell III), PGA투어 3차례 우승자

―― 일에 빠져있을 때는 아주 쉽게 진행되는 것 같고, 힘들지도 않습니다. 침착하고, 당황하지 않으며, 모든 것이 통제되고 있어요. 노력과 재능이 합쳐질 때 몰입할 수 있다고 생각합니다.

할 서튼(Hal Sutton), 14회 PGA투어 우승자

할(Hal)이 제공하는 명쾌한 통찰력: "노력과 재능이 합쳐질 때"를 보자. 어떤 의미에서, 그 조합-타고난 재능과 노력과 재능에 대한 신뢰가 결합된 과거의 많은 노력-은 정확하게 그 조합이 성공을 거둘 수 있도록 몰입을 생성한다.

CHAPTER 04

인식 능력

골프에 관한 모든 부분은 선수들이 목표를 추구하고 있다는 것을 보여준다. 특정 스코어를 노리든, 매치에서 이기든, 아니면 특정 샷을 연습하든 간에 골퍼들은 목표를 달성하는 것이 자신이 생각하는 전부인 것처럼 행동한다. 이러한 목적적이고 결과 지향적인 행동은 스코어에 이목을 집중시키는 반전이 흔한 경쟁에서 더욱 두드러진다. PGA투어에는 상금 순위, 리더 보드, 모든 가능한 결과를 측정하는 다양한 통계가 풍부하다-스코어 평균, 홀에 붙이기, 퍼팅 평균, 페어웨이 안착률, 업/다운 평균, 퍼팅 개수 그리고 페덱스 컵 포인트!

이러한 결과 및 결과 중심의 맥락을 살펴보면 의식의 역설이 나타난다. 사람들은 결과를 쫓고 있지만, 결과를 완전히 놓치고, 순간적으로 잃어버리며, 자신이 겪고 있는 경험에 의지한다. 이 경우 골프는 그 순간의 경험을 즐기고 몰두하는 데 거의 부수적인 역할을 할 뿐이다.

2002년 혼다 클래식에서 맷 쿠차(Matt Kuchar)의 경우를 생각해 보자. 거기서 그는 후반 9홀 30타를 포함한 최종 라운드 66타를 쳐 PGA투어 첫 우승을 차지했다. 여기에 진실이 있다. 맷은 토너먼트에 참가했다. 그는 그 주에 매일 골프 코스에 가서 연습을 했다. 그는 경쟁심이 강하게 자리하고 있었다. 그는 하루가 끝

날 무렵 자신이 어디에 서 있는지 알고 있었다. 모든 면에서 그는 심리학자들이 말하는 목적적이며 목표 지향적인 행동을 하고 있었다. 그는 원하면서 측정 가능한 결과를 얻기 위해 그곳에 있었는데: 바로 PGA투어 우승이다. 그 주에 있었던 그의 모든 명백한 행동들은 쿠차가 목표로 한 결과를 향해 일하고 있다는 것을 증명했다.

그러나 마지막 라운드에서 변화가 일어났다. **맷의 의식은 총체적 경험에 몰두하는 조용하고, 차분하며, 초월적인 상태로 바뀌었다. 더 집중하고, 강렬하며, 자신의 점수에 잘 적응하는 대신, 맷은 흐릿해졌다. 그는 이완되고, 멍해져서 일요일의 후반 9홀에 대한 압력으로부터 벗어났다.** 그리고 그러한 경험으로 눈을 돌렸기 때문에 맷은 첫 PGA투어 대회에서 우승했다. 맷 쿠차가 어떻게 변화했는지 이해하기 위해, 그의 라운드 기록에서 다음 구절을 살펴보자:

──── **리포터:** 마지막 라운드를 시작한 그날의 감정을 설명해 주세요. 조이가 당신과 마이크 위어 앞에 있었는데, 오늘 연장전에 갈 걸 알고 있었죠?
──── **맷 쿠차:** 저는 그런 건 별로 신경 쓰지 않습니다. 이 대회에서 우승하기 위해 저는 언더를 기록할 필요가 있다고 확신했어요. 하지만 저는 절대로 점수를 기억하지 않거든요. 별로 집중하지 않았어요. 저는 리더들의 스코어가 어떤지, 제가 얼마나 뒤져 있는지 보지 못했습니다. 저는 첫 번째 티로 가서 첫 티샷을 했어요. 리더보드를 보지도 않았을 뿐더러 제가 어떻게 있는지도 몰랐습니다. 17번 홀 그린에서 처음 리더보드를 봤어요. 실제로 저는 우승대열에 포함되어 있었고, 홀을 거쳐 갈수록 조금씩 스코어를 올리고 있었습니다. 제 스코어카드의 9홀 당 스코어를 비교해 보니 전반에 35타를 기록한 걸 알았습니다. 그리고 제 수첩에 작은 마커로 적어놓은 후반 9홀 스코어를 확인해보니 "1언더, 2언더, 3언더, 4언더, 5언더"인 걸 알았죠. 그래요? **저는 후반에 5언더파를 쳤다는 걸 몇 번이나 확인해야 했습니다. 저는 후반에 언더를 기록한 사실도 알지 못했습니다.** 저는 그 점수가 맞는지 3중, 4중으로 확인했습니다. 확실해지고 나니 헤플러(Heppler) 코치가 6년 전 제가 1학년 때 했던 말처럼 되고 있었습니다. 그리고 전 우승했어요. 흥미로웠습니다.

맷의 관찰내용 중 일부는 그의 목표 지향적 행동과 전면 반대되는 것처럼 보이는 것에 주목하라.

초점 및 주변 인식

맷의 경우처럼, 몰입하는 골퍼들은 가까이 있는 일에 세심하게 주의를 기울이고, 주변에 도움이 되거나 중립적인 사건을 받아들이며, 주의 산만과 압박으로부터 면역이 생긴다. 이상하게 들릴지 모르지만, 이러한 능력은 드물지 않다. 과학적으로 살펴보자.

의식 이론가들은 종종 두개의 인식 상태를 언급한다: **초점 인식과 주변 인식**. 우리가 인식의 맨 앞자락에 있는 무언가에 집중할 때 초점 인식이 발생한다. 예를 들어, 어두운 극장에서 히치콕(Hitchcock) 영화를 보는 사람은 특히 가장 극적이고 서스펜스 넘치는 장면에서 대부분 초점 인식을 보여 준다. 주변 인식은 다른 것에 집중하는 동안 주변이나 배경 사건을 추적할 때 일어난다. 같은 예로, 히치콕 영화를 보는 사람이 팝콘 냄새를 알아차린다거나, 스크린에 불완전한 부분을 찾아내고, 영화관 안의 온도가 약간 쌀쌀하다는 것에 주목한다.

골퍼들이 주변 인식의 영역에 있을 때, 스코어나 스윙 원리보다 다른 것들을 처리할 때 그리고 자동화가 일어나게 할 때, 그들은 종종 최고의 라운드를 하게 된다.

골프 코스에서의 몰입 경험을 얘기할 때, 비록 그들의 관심은 한 번에 한 샷을 하는 일에 집중되어 있지만, 골퍼들은 종종 그들 주위의 모든 것에 대해 극도로 인식함을 느낀다고 보고한다. 그러므로 몰입에 대한 인식의 역설은 선수들의 관심이 레이저처럼 정말 중요한 단 한 가지에 초점을 맞춘다는 것이다: 지금 하는 샷. 그러나 그들이 매우 집중하는 동안에 또한 어느 정도는 주변 환경의 많은 특징들을 처리할 수 있다-바람, 온도 변화, 그림자, 멀리 들리는 소리- 또는 신진대사, 기분, 에너지, 리듬, 혹은 자신이나 동반자의 템포와 같은 내부의 미묘한 변화들까지.

US오픈 2회 우승, PGA투어 17차례 우승자, NCAA챔피언인 커티스 스트레인지(Curtis Strange)는 이 같은 경험을 다음과 같이 설명한다:

────── 모든 것이 느려집니다. 신께 맹세코 정직하게 얘기하면, 저는 모든 걸 매우 잘 알고 있지만, 그것이 이치에 맞는다면, 별로 문제가 되지 않습니다. 모든 것이 느려집니다. 긍정적인 생각만 있을 뿐, 부차적인 생각은 없습니다.

안팎을 바라보기

몰입 연구자들은 인식의 통합이 초점과 주변뿐만 아니라 내부와 외부 사이에도 있다고 제안한다. 그들은 특히 사람들이 두 가지 중 하나에 집중하면서 삶을 살아간다고 제안한다: 그들의 내면 구조 또는 그들 바로 앞에 처해 있는 물리적인 일들. 다시 말해, 사람들은 내적으로 자기중심적이거나 외적으로는 과제 중심적이다. 이 방안은 젊은 골퍼들에게 골프가 왜 그렇게 단순할 수 있는지 설명해 줄 지도 모른다. 어린 시절 자신에 대한 전체 지각을 발달시키기 전에, 그들은 그저 앞에 놓인 과제에만 집중할 수 있다. 그들은 그 이상을 할 수 있는 주의력이나 능력이 없다. 한때 조용했던 마음이 어수선하고 혼란스러움으로 인해 골퍼가 내 도움을 청할 때면 그들은 종종 과제지향에서 자기지향으로 바뀐 것에 대해 이야기한다. 구체적으로 말하자면 그들은 샷 너머에 서서 샷 자체를 인식하곤 했다. 그것이 드라이버 샷이든, 퍼팅이든 샷 자체가 중요했다. 그 샷은 그들의 초점과 주변의 의식을 모두 차지했다. 몇 년간 게임에서 감정적으로 심하게 얻어맞은 후 골퍼들은 똑같은 샷을 하고 타깃으로 샷 하는 것을 생각하는 대신, 자신과 그들의 삶, 그리고 샷의 결과가 그들에게 어떤 의미가 있을지를 생각한다(내가 이것을 해내지 못하면 어떻게 될까? 그러면 기분이 어떨까? 당황하거나 좌절할까? 성공하면 무엇을 얻을까?). 여러분이 상상하듯이, **샷 자체보다 자신이나 플레이의 좋고 나쁜 결과에 초점을 맞추는 것은 오래도록 양질의 골프 샷을 하는 사람에게는 도움이 되지 않는다.**

몰입 개념을 정립하여 널리 인정받은 헝가리의 심리학 교수 미할리 칙센트미하이(Mihaly Csikhsentmihali)에 따르면, 몰입하는 동안 두 가지-자신과 과제-즉, 여러분이 누구이고 무엇을 하고 있는지가 하나가 될 수 있도록 함께 하라. 어떻게 보면, 여러분은 자신이 하고 있는 일과 하나가 된다.

집중력 강화

몰입 상태는 자신과 과제 간의 원만한 결합으로 특징지어진다. 몰입중인 골퍼들은 보통 어느 정도 잘하고 있다는 걸 알지만, 그것은 결과에 대한 관심이나 스코어가 향상되는 경향을 파악하는 정도에 불과하다. 그들은 플레이가 잘 되는 것을 알고 있지만, 불안을 해소하기에는 약하고 모호한 상태이다. 그들은 자신이나 상대의 정확한 스코어를 거의 알지 못한다. 이런 점에서, 그들은 자각을 잃어버리는 한편, 주변 사건들에 대한 자각과 인식을 증가시키는데, 이는 잭 니클라우스(Jack Nicklaus)가 다음의 설명에서 포착한 몰입의 특징이다.

——— 1960년 세계 팀 챔피언십에서 제가 3피트 퍼트를 하고 있을 때 여러분은 제 다리 사이로 대포를 쐈다고 해도 저는 한 박자도 놓치지 않고 진정을 다해 스트로크를 했을 겁니다. 그 주에 제 집중력은 최고였는데, 그럴만한 아주 좋은 이유가 있습니다. 모든 골퍼들은 자신의 수준에서 때때로, 대개는 갑작스럽게 모든 것이 완전히 옳다고 느낄 때 마법을 경험합니다-그립, 에임, 자세, 테이크어웨이, 백스윙, 다운스윙, 임팩트, 폴로 스루... 그리고 결과적으로 테크닉이나 볼 스트라이크에 대한 걱정이 전혀 없는 마음이 되고, 따라서 정신은 오로지 경쟁 전략과 코스 매니지먼트만 신경을 씁니다.

매 주 개최되는 프로 경기는 각기 다른 자격 기준을 가지고 있다. 일부는 스폰서의 면책 특권을 제공하는 반면, 다른 일부는 상금 목록, 과거의 지위 또는 기타 다양한 자격들을 제공한다. 2003년에 골프 선수들은 오직 한 가지 방법으로 투어 챔피언십에 출전할 수 있었다-주간 상금 랭킹 상위 30위 안에 들어야 토너먼트에 참가할 수 있다. 이에 따라 시즌 마지막 대회에 출전한 골퍼들은 세계 최고로서 손색이 없었다. 이는 세계에서 가장 공정하면서도 어려운 분야였다. 이렇게 위대한 분야에 도전이라도 하듯, 채드 캠벨은 토요일에 61타를 기록하며 진가를 과시했고, 덕분에 그는 계속해서 다음 날 토너먼트에서 우승할 수 있었다. 그 토요일 골프 라운드를 전망하자면, 치열한 경쟁 수준과 그 날 나머지 필드의 누적 평균인 70타를 고려해야 했다. 이 지독한 상황에서 채드는 자신이 기록한 61타에 대해 이렇게 말했다:

———**리포터:** 몇 번 홀에서부터 59타에 대한 생각이 나기 시작했나요? 아니면 그걸 잊고자 얼마나 노력했나요?

채드 캠벨: 그러지 않았어요. 밖에 있는 사람들에게 말했을 땐 정말 우습게 들렸겠지만, 저는 정확히 몇 언더인지 정말 몰랐어요. 제가 분명 잘하고 있다는 건 알고 있었지만, 그것은 중요하지 않아요. 계속해서 좋은 골프 샷을 하려고 노력했고, 계속해서 버디를 잡았죠. 잘 되고 있을 때는 제 갈 길을 방해하지 마세요. 샷을 하고 퍼트를 하면 됩니다. **여러분이 할 수 있는 최악은 그것에 대해 생각하고 안전하게 플레이하기 시작하는 것입니다. 그럼 좋지 않은 일만 일어날 수 있어요.**

———**리포터:** 그래서 당신이 리드하고 있다는 걸 언제 알았나요?

채드 캠벨: 알지도 못했어요. 아마도 제가 부스에 들어갔을 때나 그 후인 거 같아요. 정말 모르겠어요. 주의를 기울이지 않았습니다. 저는 저만의 게임에 집중하고 있었고, 그런 건 별로 걱정하지 않았어요.

———**리포터:** 그래도 지금은 당신이 리드하고 있다는 걸 알고 있는 거죠?

채드 캠벨: 예, 근데 2등이 누구인지, 다른 건 잘 모르겠어요.

이러한 다차원적 인식과 더불어 자신과 과제의 융합은 완벽한 자동화를 제공하며, 결국 사람이 실제로 기억하는 경험의 특징에 영향을 미친다. 아담 스콧(Adam Scott)은 몰입을 이끌어 낸 라운드에서 많은 특징을 명확하게 기억할 수 있었다: 자신의 타깃들, 매우 부드러웠던 바람, 그린에서 150야드(135m) 떨어진 곳의 미묘한 경사. 동시에, 그는 더 명확한 다른 특징들은 기억할 수 없었다: 그가 선택한 클럽, 동반 플레이어, 자신의 스코어 등은 인식 영역 밖에 있었다. 그러한 경험들은 지극히 자동적인 기능 수준이라 나중에 기억하기 어려웠다. "게임을 힘들이지 않고 할 수 있는 곳에 있을 땐 제가 어떻게 느끼고 있는지 생각하지 않습니다.", 스콧은 말한다. "단지 느낄 뿐이고, 그 속에 있어요. 당시에는 천천히 일어나고 때로는 세부 사항을 기억하기도 어렵습니다."

아담 스콧과 마찬가지로 채드 캠벨이나 맷 쿠차도 그 당시의 경험에 몰두해 있었지만, 자신의 스코어나 대회에서의 위치를 알지 못했다. 맷은 자신의 스코어 카드가 맞는지 무려 4번이나 확인을 하였고, 채드는 코스 밖으로 걸어 나가 공식 관계자에게 전해들을 때까지 "내가 얼마나 많은 언더를 기록했는지" 몰랐다. 설령 그렇다 쳐도 그는 누가 2등인지 알지 못했다. 확실히, 2008년 라이더 컵에서 앤서니 킴(Anthony Kim)의 경우는 폴 에이징어(Paul Azinger) 감독이 먼저 김을 내보내서 세르히오 가르시아(Sergio Garcia)와 정면 대결하게 했을 때인데, 지난 수년간 그의 라이더 컵 기록은 너무도 뛰어나 유럽 팀의 마음과 영혼으로 여겨져 왔다. 당시 22세의 어린 앤서니 킴은 PGA 투어 2년차에 불과해서 자신이 무엇을 하고 있는지 모를 정도로 순진했다. 그는 그저 경기에서 늘 하던 걸 했을 뿐이다: 날카로운 집중력을 발휘했고, 골프 코스에 맞서 공격적으로 플레이했다. 14번 홀에서 10피트(3m) 파 퍼트를 한 후에, 김은 파 퍼트로 경기를 끝냈다는 것을 알지 못한 채 15번 홀 티-오프를 위해 걷고 있었다. 그는 자신의 과정에 너무 몰두한 나머지 시합이 어떻게 되고 있는지 알지 못했다.

나는 맷 쿠차, 채드 캠벨, 스튜어트 애플비(Stuart Appleby), 저스틴 로즈를 비롯한 골퍼들로부터 화려한 골프 라운드에 대한 비슷했던 경험담을 수차례 들어왔다. 실제로, 몰입에 빠졌던 사람들은 거의 누구나 보편적으로 이 변혁에 대해 이야기한다. 다음은 골퍼들의 몰입 상태에 대해 관찰한 내용들이며, 여기에는 그들의 의사결정 및 변화된 인식의 자동성이 드러나고 있다.

―― 단지 너무 많은 걸 알고 있을 뿐이죠. 저는 머리로 많은 것을 할 수 있습니다-다음 샷을 어떻게 할 것인지 그리고 지금 해야 할 샷을 완전히 확인합니다. 도랄(Doral)에서의 그 날을 생각하듯이 저는 바람 덕분에 62타를 쳤습니다-그날 2등 스코어와 5타 차이가 났어요. 바람이 몹시 불어서 저는 바람이 어떤 상황이며 공 비행에 어떻게 영향을 미칠지를 계산하고 있었습니다. 바람을 안거나 태워서 페이드 샷을 할지, 드로우 샷을 할지...저는 매우 빠르고 자신 있게 계산할 수 있었습니다. 그것은 아주 분명해지고 이해가 됩니다. 거리를 보고, 언덕을 바라보고, 바람을 쐬며, 그린은 어떠한지, 공을 어디로 보내고 싶은지, 원하는 강도로 샷을 정확하게 할 수 있었고, 비교적 빠른 시간 내에 했습니다. 그런데 믿지 모르겠지만, 그 시간 내내 모든 것이 느리게 느껴졌습니다.
짐 퓨릭(Jim Furyk), PGA투어 17차례 우승자

―― 제가 처음 몰입을 경험한 건 12살 혹은 13살이었는지 기억나지 않습니다. 버디 10개와 파 8개를 기록했고, 토너먼트에서 이겼어요. 그 때까지 무슨 일이 있었는지 생각도 못했고, 스코어카드에 사인하는데 62타였죠! 정신이 나간 것 같았어요. 제가 뭘 했는지 모르겠고, 그냥 계속 행동했을 뿐이었습니다.
부바 왓슨(Bubba Watson), 2012 마스터스 챔피언, 4차례 PGA 투어 우승자

―― 그 날 일을 마쳤고 저는 61타를 쳤어요. 제 생애 최고의 날이었습니다. 실제로는 59타나 58타 혹은 실수할 기회도 있었어요. 저는 끝나고 나서 무슨 일이 있었는지 모른다는

걸 깨달았어요. 그것은 제 인생에서 가장 믿기 어려운 느낌이었습니다. 이번 주 내내 다시 느껴보려고 했어요. 알다시피, 그냥 잊은 채로 8개 홀이 지나갔어요. 자신이 뭘 했는지 기억하지 마세요.

브랜트 스네데커(Brandt Snedeker),
2012 페덱스 컵 챔피언, 4차례 PGA 투어 우승자

—— 묘하게도, 존(zone)에 들어가서 그처럼 낮은 타수를 기록할 때는 얼마나 많은 사람들이 언더를 쳤는지조차 잊게 됩니다. 제가 어떻게 쳤는지 잊은 것 같고, 무슨 샷을 했는지 정말 몰랐습니다. 홀컵은 오늘 양동이처럼 보였고, 본 대로 모든 퍼트를 하려고 했을 뿐이에요.

팀 헤론(Tim Heron), 4차례 PGA 투어 우승자

—— 제가 그러기 시작했을 때 얼마나 많이 언더파를 쳤는지, 제가 어디에 있는지를 잊었어요. 마치 매치 플레이에서 얼마나 많은 업 또는 다운을 하는 것과 비슷하죠. 여러분은 그 모든 것을 잊고 있어요. 반복하지만, **초점이 너무 좁아지기 때문에 의식적으로는 모든 걸 알고 있지만 이것은 여러분의 사고 과정의 일부가 아닙니다.** 그리고 당신은 그런 외부적인 것들이 파괴자가 될 수 있다고 생각하지 않습니다. 여러분의 초점은 농구공 크기에서 바늘구멍까지 이동하고 주위에서 일어나는 어떤 것도 중요하지 않습니다. 여러분은 무슨 일이 일어나는지 듣지 못하며, 하려는 것에 대한 초점이 너무 좁아집니다. 여러분의 초점은 너무 좁아서, 공으로 걸어가서 다음 샷을 보고, 클럽을 당겨 샷을 합니다. 샷이 끝난 후, 여러분은 다시 공을 향해 걸어가고 있습니다. 여러분은 "내가 여기저기에서 친다면?"과 같은 생각으로 경쟁하고 있는 것이 아니에요. 그 어떤 것과도 경쟁하지 않아요. 그냥 다 사라질 뿐이죠.

저스틴 레너드(Justin Leonard), PGA 투어 12차례 우승자

—— 거리, 바람, 클럽 선택에 대해 세부적으로 많은 주의사항이 있습니다. 이 모든 요소들은 자동적일 뿐이죠. 하지만 그것은 무기력한 것이 아니라 느린 루틴입니다. 그것은 확실히 빠르거나 서두르지 않습니다. 여러분이 몰입하고 있지 않을 때, 좀 더 부자연스럽죠. 집중하려고 노력해야 합니다. 몰입할 때 자연스럽게 집중하게 됩니다. 저는 노력하지 않아요. 내적으로 알고 있고, 평온하며, 이완됨을 알고 있습니다. 어떤 것도 그 시점에서 제 집중을 흔들 수는 없습니다. 집중은 더욱 편안해집니다. 부드러워져요. 소프트 아이스크림처럼-부드럽지만 강렬합니다. **이것은 "노력하는" 집중이 아니기 때문에 표현하기 어렵습니다. 노력할 필요가 없어요. 모든 게 그냥 일어나고 여러분은… 흘러가는 겁니다.**

찰스 하웰 3세(Charles Howell III), PGA 투어 3차례 우승자

계발된 퍼팅

사고하지 않는 단순함의 반대는 너무 많은 것들, 특히 문제됨이 없는 것들을 인식하는 활동적이고, 수다스러우면서 우유부단한 마음이다. 우리는 2장에서 마음이 흔들리는 느낌에 대해 논할 때 이 내용을 암시했다. **정보가 많으면 종종 골퍼들의 사고를 증폭시키고, 증폭은 자동화를 방해하며, 지각 경로를 손상시킬 뿐만 아니라 역학적 순서의 흐름을 방해한다.** 예를 들어, 세르히오 가르시아의 퍼팅 불안은 잘 입증되었다. 그의 친구이자 2006년 US 오픈 우승자인 제프 오길비(Geoff Ogilvy)는 재능이 뛰어난 스페인 선수에 대한 질문을 받고 다음과 같이 조망했다:

―― 세르히오를 좋아합니다. 우리는 줄곧 함께 경기했는데, 그의 퍼팅이 약간 빗나갔어요. 이상해요. 그는 자신의 퍼팅에 대해 매우 분석적이지만 그 이외의 모든 것에 대해서는 그렇지 않습니다. 그가 16살의 아마추어였을 때 같이 경기했던 것이 기억납니다. 여러분은 거의 15피트 거리에서도 공을 주우라고 말했을 겁니다. 농담이지만 그가 얼마나 퍼터를 잘 했으면 그럴까요. 제가 이 분야에서 본 것 중에 최고였습니다. 그런데 성장하는 도중에 어디선가 변화가 생겼습니다. 제가 보기엔 생각이 너무 많은 것 같아요.

주목할 부분은 제프 오길비가 현존하는 최고의 퍼터 중 하나라는 것이다. 투어 선수들이 자주 내게 "제프 오길비처럼 퍼팅하는 법을 배우고 싶어요. 스트로크뿐만 아니라 그의 전반적인 태도까지요."라고 얘기한다. 많은 수치들은 동료들이 제프에게서 보는 것을 확인해준다. 그는 큰 게임을 치르는 대 선수이다. 이 책을 집필중일 때 그는 PGA 투어에서 7번 우승했는데, 여기에는 US 오픈, 2번의 월드 골프 챔피언십, 2번의 월드 골프 챔피언십 매치플레이 및 호주 오픈이 포함되어 있다. 그는 또한 주요 퍼팅 통계에서 꾸준히 투어 선두를 유지하고 있다; 그는 평균적으로 3피트에서 5피트(1-1.5m) 퍼팅을 투어 내 어느 누구보다 더 많이 넣는다. 내가 말하는 핵심은 퍼트를 잘 하면서 퍼팅에 대해 잘 아는 사람들은 대개 퍼트를 잘 못하는 사람들에게 최고의 정보원이라는 것이다. 그 이유는 그들이 이미 그 경지에 도달하기 위해 필요한 여정을 마쳤을 가능성이 높기 때문이다. 그들은 실수를 바로잡고 마침내 그것을 얻을 수 있는 곳에 도달했다.

역사상 위대한 퍼터 중 한 명이자 일명 "그린의 제왕"이라 불렸던 로렌 로버츠(Loren Roberts)는 **마지막 홀을 보고 스트로크를 시작하는 순간에 의도적으로 자신의 시야를 흐리게 하고, 신체적인 촉발장치(trigger)로 하여금 자동적으로 자신을 지배하도록 한다**고 말했다. 눈을 감은 채 잘 치는 PGA투어 골퍼들도 비슷하게 보고했다. 눈을 감고 퍼트를 하는 수십 명의 PGA 투어 골퍼들도 이와 비슷하게 이야기했었다. 당연하게도 감각 정보는 종종 자동화를 방해하기 때문에, 이러한 보고들은 맞는 얘기이다. 실제로 자동화를 설명하는 이론가들에 의하면, 골프의

최고 골프수준으로 성공하기 위해 골퍼들은 자신의 인식능력을 최적으로 조정할 수 있어야 한다. 제프 오길비는 이것에 뛰어나다.

위대함-사실, 어떠한 노력이건 위대하다-은 자동화를 통해 자신을 변화시키는 능력으로 귀결되며, 인식으로 하여금 희미한 주변으로 사라지게 하는데, 거기서 자동화된 과정이 위대함으로 이끈다고 주장한다. 하지만 우리가 무의식적인 마음의 자동화된 조종으로 넘겨진 습관은 세심한 준비, 실행 그리고 노력을 통해 형성되고 육성된 훌륭한 습관임을 확신해야 한다. 실제로, 인식에 대한 몰입의 마법적인 영향이 통제, 노력, 시간의 역설과 결합되면, 결과적으로 매우 복잡한 결정을 빠르고 효율적으로 처리할 수 있는 묘한 능력이다. 타이거는 시간, 노력, 통제, 인식의 4가지 모두를 포착하여 다음과 같이 요약했다:

———이것을 설명하는 가장 좋은 방법은 단지 일어난다는 것뿐입니다. 공은 홀 안으로 들어갈 겁니다. 제 집중력이 완전히 최고조에 달했을 때를 떠올려보면…제가 정전이라고 표현하고 싶은 순간이 있는데, 나중에는 그 순간 실제로 수행한 게 기억나지 않습니다. 제가 초능력을 가졌다고 말하는 것은 절대로 아니지만, 그 순간 집중력이 가장 높다고 생각하고, 집중이 최고조에 달했을 때, 저는 상황들을 더 분명하게 보고, 더 느려지며, 제 생각엔 더 쉬워지는 것 같습니다.

인식능력은 역설적이게도 경험 자체와는 다른 것처럼 보이는 신중한 특징들-산들 바람, 어린 시절의 추억, 나뭇잎을 밟을 때 나는 소리-을 모호하게 인식하는 한편, 당면 과제에는 완전히 집중함으로써 특징 지워진다.

불교 신자들은 이따금씩 사람들이 갑작스레 터져 나오는 깨달음을 묘사하기 위해 켄쇼(kensho)라는 용어를 사용한다. 몰입과 마찬가지로 켄쇼의 특징 중 하나는 주체와 객체의 불가분적 깨달음이거나, 몰입의 관점에서 볼 때 개인이 자신의 업무와 통합되어 업무와 하나가 되는 것이다. 마지막으로 켄쇼는 개인의 내면적 본성이 근본적으로 순수한 마음으로서 빛나는 공허감으로 잘 알려진 행복한 깨달음에 의해 특징지어진다. 몰입은 모든 경험적 요구와 기술력을 가지고 현대 과학의 감시 하에 있는 현대적인 구조이지만, 역사적으로 켄쇼는 풍부하고, 서술적이며, 초월 상태에 대한 영원한 이해를 제공해주는 것으로 묘사된다.

　몰입상태는 훈련된 과정과, 지금 이 순간에 초점을 맞추며, 높은 수준의 인식과 감정 조절 및 올바른 정신 구조를 활성화하려는 전념으로부터 발생된다.
　하지만 몰입은 단순한 인지적 활동이 아니며, 우리가 그저 몰입으로 가는 길을 생각하는 것은 아니다. 비록 몰입은 부분적으로 우리가 경험에 대해 다르게 생각하는 감각의 인지 변화이지만, 우리는 또한 몰입에 대해 우리 방식대로 느끼며 행동하고 있다.
　꾸준한 노력, 그 자체를 위해 과제를 완수하려는 진심어린 욕망, 선수와 인간으로서 발전하려는 의지, 어려움에 직면했을 때 인내하겠다는 전념, 그리고 자신과 자신의 능력에 대한 확고한 믿음이 이 장에서 강조하는 몰입을 위한 도구이다.
　몰입은 동기적인 요소를 가지고 있는데, 우리 경험의 질은 최초에 그러한 경험들에 관여하는 근본적인 이유들과 연관되어 있다는 점에서 그러하다. 몰입은 여러분이 개발한 기술을 극대화시키지만, 그러한 몰입 기술을 개발할 때 바로 갈 수 있는 방법은 없다. 기술 개발과 같이 즉각적이고 즐거운 보상을 제공하지 않는 무언가를 계속하기 위해서는 특별한 동기 부여가 필요하다. 연습 세션이 항상 계획대로 되는 것은 아니다. 어느 날은 사활을 걸고 훈련하며, 다른 날에는 연습을 중단한다. 어떤 날에는 훅이 되고, 또 다른 날에는 슬라이스가 된다. 하지만 더 나아지기 위해서, 여러분은 스스로 드라이빙 레인지에 머물러 있으면서 무언가 성과물을 찾을 때까지 흙을 파헤쳐야 한다. 진정 성공을 위해 여러분은 단순히 보상이나 영예만이 아니라 게임을 사랑해야 한다. 왜냐하면 골프는 우리에게 어떤 실질적이고 외적 보상도 없는 긴 여정이기 때문이다. 영광을 위해 경기하는 사람들은 혼란스러움의 희생자가 되고 종종 그들이 추구하는 것을 성취하지 못한다. 게임에 대한 내재적 동기 부여와 애정은 골프에서 숙련된 수행을 위한 긴 여정의 밑거름이 된다. 그래서 더욱 중요하고, 이 책과 좀 더 관련이 있으며, 이 부분들은 또한 몰입 단계를 구축한다.
　몰입은 활동적인 과정이다. 라운드 시작 전에 그냥 클럽하우스에 앉아 있을 때 골퍼가 몰입하는 경우는 거의 없다. 몰입의 꽃을 피우는 것은 적극적인 참여, 지속적인 도전 그리고 총체적인 집중을 통해서이다. 이 장에서 우리는 일본이 카이첸(kaizen)이라고 부르는 것-지속적이고 확대되는 자기 도전 과정-에 대해 이야기할 것이다. 사람들로 하여금 스스로를 밀어붙이는 매력적인 도전은 종종 몰입으로 이어지는 요인들을 자극한다.

02 몰입 도구상자

골프는 인생게임이라고들 한다. 축구나 웨이크보드 같은 스포츠와는 달리, 골프는 황혼기까지 발전할 수 있는 스포츠이다. 2012년에 내가 갔던 PGA 투어에서 63세의 톰 왓슨(Tom Watson)이 22세의 해리스 잉글리시(Harris English)와 같은 필드에서 경쟁했다. 그들 중 한 명만이 컷 통과를 했고, 그것은 해리스 잉글리시가 아니었다. 내가 말하려는 요점은 나이가 들면서 경험과 관점을 얻게 됨에 따라, 우리가 게임을 하는 방식에 영향을 미치는 방식으로 변화한다는 것이다. 그러므로 가장 근본적인 수준에서 오랜 기간의 위대한 골프를 하기 위해서는 우리가 성장하고 적응하는 것이 필요하다.

이 장을 읽으면서 여러분은 내가 왜 골퍼들에게 "사람들이 당신을 다양하게 부를 겁니다; 절대로 당신이 연약하게 불리지 않도록 하세요."라고 말하는지 이해할 것이다. 골퍼들은 두 부류로 나뉜다: 골프가 얼마나 가혹할 수 있는지 아는 사람들과 알게 될 사람들. 골프 향상은 거의 직선적이지 않다. 여러분은 더 나아지기 위해 노력할 때 지그재그, 트위스트, 턴, 좋은 샷과 나쁜 바운스가 결합된 미묘하고 잔인한 게임을 견뎌내야 할 것이다. **성공한 골퍼들은 이 사실에 대항하고 욕하기보다는 어려움을 기회로 인식한다.**

여러분이 읽게 될 마지막 요소로서 자신감(혹은 자기효능감으로 알려진)은 정신적 도구 상자에 필수적이다. 아마도 자신감보다 더 중요하거나 이해하기 어려운 심리적 구성개념은 없을 것이다. **골퍼들 모두 자신감 없이는 성공하지 못한다는 걸 알지만, 자신감을 떨어뜨리는 행동을 자주 한다.** 우리는 자신감의 원천과 효과 그리고 여러분의 힘을 강화하기 위해 참여할 수 있는 구체적인 전략에 대해 이야기할 것이다.

페이지를 넘기면, 다음 질문에 답할 준비를 하라: **왜 골프를 하는가?**

part 02 몰입 도구상자

CHAPTER 05

도전을 맞닥뜨리는 기술

아버지는 내가 자라는 동안 나와 두 여동생에게 삶의 교훈을 가르치기 위해 모든 종류의 명언과 인용구를 활용하셨다. 내가 토요일에 늦잠을 자면, "올빼미와 함께 울면 독수리와 함께 날아오를 수 없어"라고 말씀하시며 나를 깨우곤 했다. 학교 시험이나 리틀 리그 경기 전에는 "준비에 실패하는 건 실패할 준비를 하고 있는 거야"라고 말씀하셨다. 집안일에 관해서라면 "말보다 실천이 나아"라고 말씀하셨다. 그 때에는 이 말들이 항상 진부하게 들렸지만, 시간이 지나면서 그 말들의 가치를 깨닫게 되었다. 나는 골프 게임과 같은 복잡한 문제에서도 지침을 제공해주는 이러한 지혜로운 격언의 힘에 감사하게 되었다.

아버지가 여러 상황에서도 매번 반복해서 말씀하신 한 가지는 간단했다. "네가 노력한 만큼 얻게 될 거야." 나는 이것이 내 인생 과제에 대한 진실이라는 것을 알게 되었고, 몰입하는데 완전히 적용했다. **몰입에 빠지는 것은 그 자체로서 일어나지 않는다. 소극적이고 게으르면 몰입할 수 없을 것이다.** 몰입은 우리 자신과 자신의 삶 그리고 우리가 어떻게 골프게임을 하는지 함양하는 태도에 정기적으로 적극 투자할 것을 요구한다. 이를 위해서는 기술을 견고하게 설정하고, 그러한 기술을 확장하기 위한 도전적인 경험을 추구하려는 전념을 개발하고 유지하는 것이 필요하다. 몰입 확률은 견고한 정신 도구가 건전한 신체 기술과 결합

될 때 높아진다. 몰입 상태는 우리가 자동화에 의존할 때 일어나기 때문에 골프 코스에 있는 동안 의존할 수 있는 건전한 정신적, 신체적 습관을 개발하는 것이 필요하다.

다운 힐 스키 스포츠는 몰입 상태를 이해할 수 있는 완벽한 은유를 제공해준다. 스키를 타는 사람들은 산악 지형이 난이도에 의해 구분되는 것을 안다. 산은 기호의 색과 형태로 지정된 네 가지 수준의 난이도가 포함된 지형이 일반적이다: 그린 서클, 블루 스퀘어, 블랙 다이아몬드, 더블 블랙 다이아몬드. 흔히 버니 슬로프라고 불리는 그린 슬로프는 완만한 수직 경사인 반면, 더블 블랙 다이아몬드는 매우 가파르기 때문에 최상급 스키어만을 위해 고안되었다.

- **그린 서클**-완전 초보수준, 쉬운 버니 슬로프.
- **블루 스퀘어**-초보수준, 중간 난이도.
- **블랙 다이아몬드**-전문수준, 가파름.
- **더블 블랙 다이아몬드**-고도의 전문 기술 요구, 매우 가파름, 주로 얼음으로 뒤덮이거나, 다져지지 않음, 매우 위험

이제 다음 질문에 답해보라:

- 전문 스키어는 그린 버니 슬로프에서 종일 보내는 것을 어떻게 느낄까요?
    지루한
    기민한
    흥미진진한
    겁에 질린

- 초보 스키어는 더블 블랙 다이아몬드를 어떻게 느낄까요?
    지루한
    기민한
    흥미진진한
    겁에 질린

- 초보 스키어는 블루 슬로프를 어떻게 느낄까요?
    지루한
    기민한

몰입 도구상자

> 흥미진진한
> 겁에 질린
> 마지막으로, 전문 스키어는 블랙 다이아몬드 슬로프를 어떻게 느낄까요?
> 지루한
> 기민한
> 흥미진진한
> 겁에 질린

답변:

1. 버니 슬로프는 그다지 도전적이지 않기 때문에 전문 스키어는 지루함을 느낄 가능성이 높다.
2. 블랙 다이아몬드는 어렵기 때문에 초보 스키어들은 그러한 슬로프에서 두려움을 느낄 가능성이 높다(다칠 가능성 또한 높다).
3. 블루 슬로프는 어느 정도 도전적이기 때문에 초보 스키어들은 기민하거나 흥미진진할 가능성이 높다.
4. 블랙 다이아몬드는 매우 도전적이기 때문에, 전문 스키어(고도의 기술을 갖춘)는 기민하거나 흥미진진할 가능성이 높다.

이 설문은 스키어의 기술 수준이 적절한 도전 수준과 일치하지 않을 경우 부정적인 심리 상태를 경험할 가능성이 높다는 것을 보여준다. 1과 2의 예시에서, 버니 슬로프에 있는 전문 스키어들은 지루해지고, 더블 블랙 다이아몬드에 있는 초보 스키어들은 겁에 질린다. 반대로, 3과 4의 예시를 보자. 도전 수준이 개인의 기술 수준과 효과적으로 결합될 때, 스키어는 활동적이고, 흥미진진하며, 대개 기민해진다. **다시 말해 현재의 도전과 기술이 서로 일치할 때, 스키어는 여러 긍정적인 감정들을 느낀다. 이 기준 범위 내에서 도전과 기술이 일치하는 경우 몰입 상태가 일어날 가능성이 높다.**

도전-기술(C-S) 일치는 아동기에서 성인기까지 기능, 운동 및 기타 여러 영역에서 작동한다. 독해교육을 하고 있는 어느 초등학교 교실의 경우라면, 대부분의 학교들은 C-S와 일치하는 학생 읽기 수준을 조직하여 전문용어를 읽듯이, 학생들에게 적절한 수준의 책을 읽게 할 것이다. 3학년 수준에서 읽을 수 있는 학생들은 5학년 기능수준의 독자들을 위한 책을 받으면 좌절감을 느낄 것이다. 사실, 많은 동기와 행동 문제는 아이들에게 내재된 것이 아니라 적절한 수준에서 학생들

을 자극하고 도전하지 않는 교실 관행에서 나타난다. 도전이 지나치면 아이들은 자주 낙담하게 되고 그 이후의 행동 문제를 야기한다.

마찬가지로, 높은 수준의 책을 읽는 학생들은 종종 충분한 정신적 자극이나 지적 도전을 제공하지 않는 책을 읽도록 강요받는다. 비록 지나치게 심한 도전을 받는 학생들은 좌절감을 느끼지만, 그다지 도전적이지 않은 학생들은 지루해진다. 그들의 주의력은 흐트러지고, 참여하지 않으며, 행동 문제를 일으킨다. 학교 컨설턴트로서 나는 학생들에게 적절한 수준의 흥미로운 과제를 제공했을 때 어떻게 그들의 초점이 장난에서 탈피하여 학업으로 가게 되는지 직접 목격했다. 교사들은 학문적 도전이 학생들의 기술과 일치하거나 약간 초과하는 최적의 장소를 찾을 수 있을 때 학습 환경은 행복하고, 참여적이며, 배우는 것을 좋아하는 생산적인 학생들로 나타난다.

C-S 일치는 성인에게까지 확대된다. 우리는 도전적이고 흥미로운 책, 영화, 직업, 취미를 선택한다. 마찬가지로, 우리는 지적 능력의 한계를 뛰어넘는 사고를 유도하는 대화를 즐긴다. 우리는 즐겁게 자극을 추구하는 관점을 가진 사람들에게 끌리는 경향이 있다. 성장을 이끄는 도전을 위해 노력하는 것이 인간의 본성이다. 윌리엄 제임스(William James)에 따르면, 우리는 모두 더 나은 이해와 숙련성에 대한 타고난 충동을 가지고 태어났는데, 바로 개인 성장-정신적, 지적, 신체적-의 느낌이 인간 경험에서 가장 큰 느낌 중 하나인 이유이다.

 근접발달구역

나는 스포츠심리학뿐만 아니라 교육심리학에서도 수업을 하는데, 학생들에게 레브비고츠키(Lev Vygotsky)라는 러시아 심리학자를 친밀히 소개한다. 비고츠키는 다양한 이유로 교육 분야에서 유명하지만, 가장 지속적으로 기여한 것은 교육뿐 아니라 스포츠에도 적용되는 심리적 개념과 관련이 있는데, 바로 **근접발달구역**(zone of proximal development)이라고 불리는 개념이며, 약어로 ZPD라고도 한다(그림 5.1).

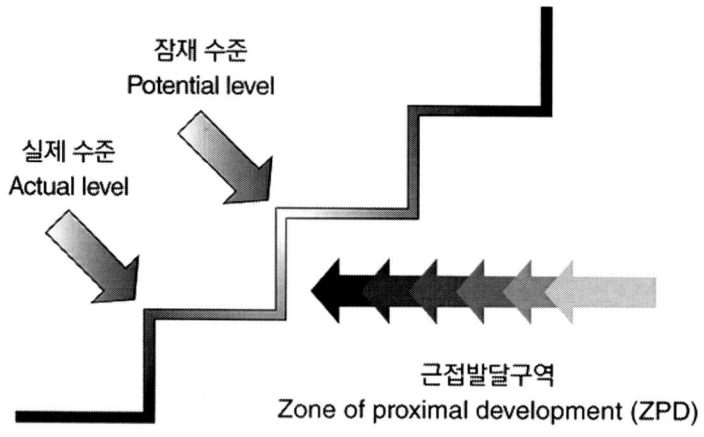

그림 5.1 근접발달구역

ZPD는 학생이 문제를 독립적으로 해결할 수 있는 수준과 적절한 가이드라인을 통해 잠재적으로 문제를 해결할 수 있는 수준 사이의 거리로 정의된다. 비록 비고츠키는 50년도 더 전부터 ZPD를 생각했지만, 그가 죽은 지 몇 년 후에 몰입 연구자들이 결론지은 것으로 알려졌는데, 즉, 학습과 수행의 최적지점은 주의를 기울일 만큼 뇌를 자극할 수 있는 충분한 도전이 필요하지만, 뇌가 작동을 멈추고 정지하는 데는 많은 도전이 필요하지 않다는 것이다. 학교에서, 이 최적지점은 학생들의 가용능력을 약간 넘는 수준, 즉 그들이 도달하고, 신장하고, 분투해야 하는 정신적 손끝을 넘어선 수준에서 도전을 받는 곳이다. 현재의 가용능력을 약간 초과한 수준에서의 정신적 도전들이 인지적 성장을 자극하는 것처럼, 같은 수준의 신체적 도전도 신체 성장을 자극한다. 체력 향상을 원하는 사람들은 혼자 들어 올릴 수 있는 것보다 약간 더 많은 무게를 이용하곤 한다. 신체 단련 및 체력 트레이닝을 해본 독자들은 내가 말하는 게 무엇인지 정확히 알 것이다: 힘을 얻는 최선의 방법은 할 수 있는 것보다 더 많은 무게를 들어 올리는 것이며, 그러는 동안 부상을 방지하고자 누군가 그 장소에 있도록 하는 것이다. 이것은 성장이 일어나는 근육의 도전을 통해서이다. 뇌와 근육 발달은 유산소와 무산소 능력 발달과 관련하여 동일한 원칙을 따른다.

따라서 **도전-기술의 일치성이 몰입 상태에 필수적이며, 칙센트미하이**(Csikszentmihalyi)**는 이를 몰입의 황금률이라 칭했다.** 그 말에 따르면, 이 시점에서 C-S와 몰입 상태간의 관계에 대한 중요 세부사항에 주목하는 것이 중요하다.

본질적으로 수많은 도전들은 주체적이며, 주체성의 영역이 모호할 경우 실제 몰입이 가능한지에 대한 제어 수단을 가지고 있다. 적응적 방식으로 그러한 상황을 구조화함으로써, 사람들은 개인적 도전수준을 자신의 기술수준과 일치하도록 설정할 수 있다.

예를 들면, C-S 비율을 맞춰 잡아 몰입 기회를 향상시키기 원하는 골퍼들은 일일 목표로서 매 홀마다 루틴을 하고, 매 샷마다 타깃을 정하며, 도전적인 골프 코스의 모든 홀에서 파 세이브를 하고, 모든 샷에 전념할 수 있다. 즉, 그들은 주의를 얻고 지속하고자 단기 목표를 설정하는 동시에 몰입을 유발하기 위해 건전한 정도의 활력과 도전을 만들어 낸다.

나는 이전에 삶의 다른 영역에서 몰입 상태를 생성할 수 있는 사람들이 골프 코스에서 몰입을 발생시킬 가능성이 더 높다는 것에 주목했다. 이러한 경향은 자신이 선택한 활동뿐만 아니라 자신이 무엇을 하고 있는지 보는 방법과 관련이 있다. 칙센트미하이는 어떤 특정 활동이 자가 활동임을 발견했는데, 이것은 우리가

자주 몰입하기 위해 골퍼들은 도전을 수용함으로써 기술을 개발해야 한다. 헌터 메이한(Hunter Mahan)은 2004년 이래로 투어에서 뛰어난 기술을 보여주었다.

"경험하는 것이 주된 목표이기 때문에, 그 자체를 위해 하는" 활동이다(칙센트미하이, 1997).

자기보상 활동을 하는데 많은 시간을 보내는 사람들은 자주 몰입하는 경향이 있다. 몰입에 자주 빠지는 사람들은 두 가지 범주로 나뉜다. 첫 번째는 어떤 활동이 몰입하게 하는지 충분히 이해할 정도로 자신을 잘 아는 사람들로 구성되어 있다. 그러한 활동을 확인한 후 그들은 활동하는데 열중하고 많은 시간을 보낸다. 한 예로 내가 만났던 일류 서퍼들의 좌우명은 "서핑을 위해 산다"였다. 이 구절은 그들에게 있어 캐치프레이즈 이상이다; 말 그대로를 의미하고, 서핑을 제외하고는 아무 것도 생각하지 않으며 시간을 보낸다. 서핑하기 좋은 파도가 예상되면, 다른 모든 것-일, 기타 취미활동, 뉴스-은 뒷전으로 밀린다.

몰입에 아주 많은 시간을 보내는 두 번째 범주의 사람들은 하고 있는 거의 모든 일에 깊이 관여하고 전념하는 묘한 능력을 가진 사람들로 구성되어 있다. 그들은 특정 영역을 그 자체로서 필요로 하지 않는데, 그들의 마음이 매우 강해서 마치 교량처럼 많은 활동을 이용할 수 있기 때문이다. 이 사람들은 단순히 적응력 있는 기술보다는 적응적 특성을 가지고 있다. 무슨 말이냐 하면, **그들이 하는 거의 모든 일에 대해 호기심, 경쟁력, 즐거움, 열정을 불어넣는 법을 배웠다는 것이다.** 이러한 특성들은 많은 사람들을 괴롭히는 독한 감정-지루함, 무관심, 부정성-으로부터 완화시켜 준다. 얘기한 바와 같이, 이런 특성들은 내가 고객과 함께 발전시켜 골프 코스에서 완전히 몰입하도록 하기 위함이며, 골프 코스에 있을 때 더욱 습관적이고 쉽게 몰입하게 만들어 준다. 일을 할 때 그들은 완전히 일에 몰두하고 관여한다. 가족과 함께 집에 있을 때, 그들은 현재에 살고 순전히 가족생활에 관여한다. 골프 코스에 있을 때, 그 특별한 골프 라운드에 깊은 관심을 갖고 몰두한다. 그들 삶의 주 활동도 마찬가지이다. **그들은 현재나 과거의 생각들로 인해 주의가 산만해지는 경우가 없으며, 삶에 대한 상황적 가정에 신경 쓰지 않는다.** 다양한 영역에 걸쳐 마음의 최적지점에 집중하고 발견할 수 있는 사람들은 자기 목적적 성향을 가지고 있다고 한다. 도전이 기술과 만나는 적정선에서 총체적 경험에 깊이 몰두하는 능력이 바로 몰입하는 사람들의 특징이다.

기술을 연마하라

나는 몰입을 생성하려면 정기적으로 시간과 노력을 투자해야 한다고 제안하면서 이 장을 시작했다. 사람들은 자주 내게 어떻게 하면 이 과정을 실현할 수 있는지 물어본다. 어떻게 하면 우리 자신에게 투자할 수 있을까? 대개는 탁월함을 추구하는 것이므로 답변은 간단하다: **꾸준하게, 사려 깊게, 신중한 연습에 의해.**

나는 이런 종류의 연습을 통해 내 골퍼들이 정신적, 육체적 기술을 연마하도록 돕는다. 우리는 차분하고 집중된 마음을 발전시키려고 하며, 불교, 기독교 신도 그리고 모든 신앙을 가진 사람들과 같은 방식으로 말과 행동에서 최선의 모습이 되기 위해 적극 노력한다. 나는 단순히 내 고객들에게 감사함을 상기시키지 않는다. 오히려, 우리는 말과 행동을 통해 적극적으로 감사를 실천한다. 나의 골퍼들은 자신이 감사하게 여기는 것들을 나열한다. 인터뷰를 하면서 그들은 감사와 열정과 같은 긍정적인 단어를 사용한다. 그들은 호기심을 가지고 나쁜 샷에 반응하고, 낙담보다는 흥분으로 어려운 상황에 반응한다. 드라이빙 레인지에서, 토너먼트에서든 집에서든, 우리는 시차를 두고 연습하고, 훈련과 열정을 반복하며, 리듬에 맞춰 연습한다. 우리는 루틴을 연습함으로써 세부 지향적이고, 자신의 샷을 수용하며, 신체적, 정신적 자유의 습관을 구축한다.

또한, **내 골퍼들은 대부분 일찍 일어나고, 건강하게 먹고, 읽고 공부하며, 지속적인 성장 과정에 스스로 몰두한다.** 만약 여러분이 PGA투어 대회에 간다면, 페어웨이 건너편에서 내 골퍼들을 찾게 될 것이다. **그들은 대부분 에너지와 열정을 가지고 걷고, 웃으며 팬들과 시간을 보내며, 매 샷에 완전히 전념하는 사람들이다. 이는 단지 부가적인 성취에 대한 생각이 아니라 탁월함을 성취하는 사람들의 행동 습관이다. 매일 기본적으로 이러한 행동을 함으로써, 내 골퍼들은 골프 코스에 있을 때 스스로 몰입에 이를 준비를 한다.** 나는 이것이 지난 10년 간 그들이 45승 이상을 달성할 수 있었던 주된 이유라고 믿는다.

몰입을 위한 단계 설정

여러분은 이 장에서 몰입을 찾는 데 도움이 될 수 있는 몇 가지 교훈을 얻을 수 있다.

첫째, 몰입하기 위해 너무 많은 인지적, 신체적, 상황적 특징들이 함께 모여야 하기 때문에 우리는 코스 안팎에서 언제, 얼마나 자주 몰입하는지에 대한 통제수단만을 가진다. 둘째, 우리가 그러한 통제수단을 가지고 있기 때문에 우리의 몰입 상태에 어느 정도 영향을 끼치며, 그 영향을 적용함으로써 몰입의 확률과 빈도를 증가시킬 수 있다. 우리가 몰입하는데 영향을 줄 수 있는 주된 방법은 도전이라는 생각에 대한 우리의 태도를 통제함에 의해서이다. 나는 모든 사람들이 프로 선수들이나 자기 목적적 성향과 동일한 극한의 강도로 도전을 즐길 필요가 있다고 말하는 것이 아니라, **근본적으로 도전에 참여하고 즐기는 관점으로 변화하면 몰입 가능성을 높이려는 사람들에게 확실히 도움이 된다는 것이다.** 도전을 위한 이러한 탐색과 애정은 그들의 개인적, 직업적 그리고 여가 생활에 스며들어야 한다. 도전을 성장의 길로 초대함으로써 사람들은 또한 다량의 정신적 자극을 불러 모은다. 그들은 경쟁 상황에서 자신의 반응을 살피고, 인내심과 침착함을 연습하며, 훌륭한 골프 경기와 관련된 정보를 포함하여 정보를 더 깊게 처리할 기회를 가지고 있다.

셋째, 우리가 삶에서 마주치는 도전 수준은 우리의 통제 하에 있다. 만약 여러분이 C-S 규칙을 믿는다면, 여러분이 가진 삶의 다양한 분야에 대한 목표수립의 책임을 시작할 수 있다. 다양한 삶의 영역에 대한 단기적이고, 도전적이며, 달성 가능한 목표를 설정함으로써, 여러분은 자신의 관심에 초점을 맞추고 목표를 향해 일하는 습관을 개발하게 된다. 아리스토텔레스(Aristotle)가 말했던 탁월함의 습관은 골프 게임과 당신의 삶 모두 향상시켜주는 마음의 습관이다!

골프 역사상 가장 멋진 샷 중 하나인 1950년 US오픈 마지막 홀에서 벤 호건(Ben Hogan)은 그 해 우승으로 이어진 1번 아이언으로 눈시울을 붉혔다. 호건은 나중에 다음과 같이 논평했:

─── 제가 그 샷을 보는 관점은 대다수 관중들이 바라본 시각과는 확연히 다릅니다. 그들은 압박 상황에서 했기 때문에 실제 샷을 미화하는 경향이 있어요. 그들은 무언가 영감을 받은 것처럼 그것을 그 자체로 독특한 것으로 생각하는 경향이 있는데, 아마도 그 샷은 단지 그 상황이 요구했을 뿐입니다. 전혀 그렇게 생각하지 않아요. 저는 메리온(Merion)의 늦은 오후에 그 샷을 그렇게 치지 않았습니다. 저는 12살 때부터 그 샷을 연습해왔어요. 결국, **토너먼트 골프의 핵심은 스윙을 지휘하는 것이고, 압박을 많이 받을수록 스윙은 더 잘 됩니다.**

이 말에서 호건은 효과적이고, 신중하며, 신중한 연습에서 나오는 몸과 마음의 결합을 훌륭하게 포착했다. 더욱이 그는 골프 토너먼트는 이미 경기하기 전에 승리한다는 잭 니클라우스의 믿음을 보여준다. 여러분은 PGA 챔피언십을 위해 플레이하지는 않겠지만, 만약 여러분이 이 책을 산다면, 여러분은 골프 게임을 좋아하고 그것을 향상시키기 위해 노력하게 될 것이다. 호건의 플레이북에서 한 페이지를 꺼내어 여러분이 마주하게 될 어떠한 도전에도 적절하게 연습하라. 습관을 개발하는데 관심을 더 많이 가질수록, 그 습관들이 필요할 때 신뢰할 가능성이 더욱 높아진다.

part 02 몰입 도구상자

CHAPTER 06

자아를 견제하기 위한 숙달 지향

잭 니클라우스가 설명했듯, 몰입은 모든 것이 잘 진행되고 있을 때 느껴지는 쉬운 행동이다. 하지만 내가 이 책에서 얘기했듯이, 몰입 상태는 예고 없이 드물게 나타난다. 좀 더 일반적으로, 몰입은 새로운 방식으로 함께 모이는 심리적, 물리적 요인의 산물이며, 그렇기 때문에 몰입은 무언가 많이 일어나게끔 해야 하는 것들이다.

몰입을 이끄는 첫 번째 단계는 골퍼들이 게임을 하기로 선택한 이유에서 시작된다. 골퍼들이 처음 방문하거나 조언을 구할 때마다 나는 통상적으로 왜 골프를 하는지 먼저 설명해 달라고 부탁한다. 정말로 장난스런 질문이 아니다. **사실, 매우 간단하면서 단순한 질문임에도 불구하고 많은 골퍼들은 왜 골프를 하는지 설명하는 데 상당한 어려움을 겪고 있다.**

반면, 훌륭한 골퍼들은 그 질문에 답하는데 어려움을 겪지 않는다. 그들은 골프를 하는 이유에 대해 아주 명확하다. 전설이나 다름없는 잭 니클라우스가 말했다. "저는 팬들과 트로피 외에는 머리속에 아무런 비전도 없었습니다. 기본적으로 저는 게임에서 세 가지를 찾았습니다: 곧바로 발전하고, 경쟁하며, 그리고 이기는 것입니다." 타이거 우즈는 "할 수 있는 한 최고가 되기 위해, 자신에게 도전하기 위해, 그리고 티를 꽂을 때마다 승리하기 위해" 게임을 한다. 지속적, 점진적인 개선을 의미하는 일본 용어인 카이첸(Kaizen)에 대해 골프의 선구자적인 지지자 벤 호건은 "저는 그 매력을 좋아하지 않습니다. 단지 게임을 좋아해요."라고 말했다. 분명한 건, 이기기 위해 재능 있는 골퍼들이 몰려들었지만, 게임을 지배하고, 도전을 받고, 챔피언들이 게임을 사랑하는 이유는 그것을 개선하고자 하는 욕구이다.

내가 골퍼들에게 종종 설명하는 것처럼, 만약 여러분이 게임에서 동기부여를 명확하게 찾을 수 있다면, 골프를 둘러싸고 있는 심리적인 미스터리의 상당 부분을 풀 수 있을 것이며, 게임에서의 많은 심리적 장애들을 극복할 수 있을 것이다. **골퍼의 성취목표성향 특성은 압박 상황에서 침착하고 집중할 수 있는지 아니면, 초조하고 신경질적일 수 있는지를 결정한다.** 개인이 달성하고자 하는 것에 대한 대답으로서 더 인기 있는 결과 목표와 혼동하지 않아야 하며, 성취목표는 행동을 유발하는 이유에 초점을 맞춘다.

매끄러운 생각과 조용한 마음이 몰입 상태를 특징짓기 때문에, 성취목표는 개인의 동기에 대한 명확성을 제공한다. 동기가 상충되면 결과적으로 생각도 상충되는 반면, 명확한 동기는 최상수행과 궁극적으로 몰입의 단계를 설정한다. 그러므로 더 읽어 내려가기 전에, 여러분은 모든 골퍼들에게 제안하는 간단한 질문을 스스로에게 해야 한다: 왜 골프를 하는가?

잠시 답을 적어 보자. 만약 여러분이 "재미있기 때문에"라고 쓴다면, 좀 더 자신을 다그쳐서 "왜 재미있는가?"라고 물어본다. 만약 여러분이 "경쟁을 좋아하기 때문에"라고 대답한다면, 계속해서 "경쟁을 왜 좋아하는가?"라고 물어본다. 잠시 시간을 가지며 게임이 여러분에게 주는 내재적 동기와 연결하려는 의도로 이유를 적어본다. 그런 다음, 두 가지 심리적 범주 중 어느 것에 해당되는지 살펴본다.

 숙달 지향

첫 번째 성취목표성향은 **숙달 지향**이라고 불린다. 숙달된 골퍼는 게임에 대한 사랑, 라운드의 도전 그리고 발전하려는 욕구에 의해 움직이는 골퍼이다. 숙달 지향 골퍼들은 게임의 세부사항에 몰두하게 되고, 그 세부 사항들을 탐구하고 이해하려든다. 플레이에 대한 동기는 종종 그들이 어려서 처음 골프 클럽을 잡았을 때 그들을 이끌었던 단순하고 기본적인 동기에 좌우된다: 호기심, 흥미, 도전, 즐거움, 재미, 흥분, 그리고 열정.

숙련된 골퍼들은 카이첸에 대한 생각을 통해 그들의 업적을 장기적이고 절대 끝나지 않는 것으로 본다. 그들은 골프가 도전적이고, 변덕스러우며, 예측불가능한 게임이란 사실을 받아들일 뿐만 아니라, 그것을 즐긴다. 그들은 게임에 내재되어 있는 도전들을 통해 성장한다. 그들은 도전, 영원한 투쟁, 변덕과 예측불가능성, 기복, 그리고 감정, 신체, 집중의 한계 차이에 대한 민감성을 사랑한다. 그들은 모든 바운스가 자기 뜻대로 되고, 좋은 경사에서 매번 잘 된 샷을 하거나, 조건이 항상 일관되고 완벽한 골프 버전보다는 골프하는 자체를 좋아한다.

잭 니클라우스는 전형적인 숙달 골퍼였다. 나는 수 년 간 니클라우스를 면밀히 조사했다. 나는 그와 함께 식사를 하고, 함께 골프를 치며, 이 책을 위해 그와 인터뷰할 기회가 있었다. 그의 생각은 핵심을 꿰뚫고 있다. 그는 "마이 스토리(My Story)"에서 다음과 같이 썼다.

──── 그러한 도전들에 맞닥뜨리게 되는 것은 결코 쉽지 않지만, 그렇게 하기 위한 충동과 투쟁은 스포츠에서의 경쟁이 전부입니다. 왜냐하면, 제가 성공했을 때... 감정 고조는 제 인생에서 가장 큰 스릴이었습니다. 물론, 그 이유는 제가 다른 모든 사람들을 자극했기 때문이 아니라, 가장 강력한 적수인 나 자신을 정복했기 때문입니다.

숙달 골퍼들로부터 경기하는 이유를 들어보면 대개 한결같다: **도전을 좋아하고, 자신을 시험할 기회, 그리고 지속적인 기술 연마이다.** 대부분은 학습, 이해, 그리고 가능한 한 멀리 샷을 보낼 수 있는 능력을 갖기를 원한다. 그들은 정말로 그들 자신의 한계를 알고 싶어 하며, 끊임없는 학습, 연습, 교육, 경쟁을 통해 기꺼이 그러한 한계를 시험하려고 한다.

숙달 골퍼의 독특한 특징은 모든 골프 경기에 두 명의 선수가 있다는 점이다: 골퍼와 그들이 플레이하고 있는 코스. 통상적으로 마주하도록 지시받은 경우를 제외하고, **숙달된 골퍼들은 다른 골퍼들과 경쟁하지 않는다. 그들은 결코 점수에 집착하거나 다른 사람들에게 인상을 주거나 과시하려고 경쟁하지 않는다.** 매치업

은 항상 동일하기 때문에-골퍼 대 골프 코스-숙달된 골퍼는 매치업이 외부의 산만함에 시달리고, 한 번에 한 샷씩 플레이하는 과정에서 길을 잃기가 비교적 쉽다는 것을 알게 된다.

 자아 지향

두 번째 성취 목표성향을 **자아 지향**이라고 한다. 본질적으로 주도적인 숙달 골퍼들과 대조적으로, 자아 지향 골퍼는 다른 골퍼들에게 집중하는 외적 이유로 경기를 한다. 이것은 대개 언더 스코어를 내거나 승리하면 자신을 더 호의적으로 바라볼 수 있도록 다른 사람들에게 깊은 인상을 주거나 인정을 받고 싶어 하는 형태를 취한다. 자아 지향 골퍼들은 다른 사람들로 하여금 자신이 잘했다는 것을 알게 할 정도로 플레이를 즐긴다. 그들은 골프를 치면서 얻게 되는 지위나 자기 충족적인 특성을 즐길 정도로 골프를 즐기지는 않는다. 다수의 경우에서 자아 지향 골퍼들은 기분을 좋게 하고 자신이 다른 사람들보다 더 낫다는 것을 보여주기 위해 골프를 친다. 자아 지향 골퍼들은 좋은 골프에 수반되는 관심, 칭찬, 포상, 시기심 그리고 존경의 가치를 높이 평가하며, 종종 실제로 좋은 골프를 치는 것보다 더 많이 생각하기조차 한다.

숙달된 골퍼들처럼, 자아 지향 골퍼는 또한 모든 골프 경기에 두 명의 선수가 있다는 것을 알고 있다. 그러나 두 선수가 골퍼와 코스라는 것을 알고 있는 숙달 골퍼와 달리, 자아 지향 골퍼가 보는 두 선수는 골퍼와 다른 골퍼들이다. **자아 지향 골퍼들은 코스와 플레이하지 않는다. 대신, 그들은 토너먼트 쪽이나 사업 동료 혹은 심지어 친구들과 가족일지라도 다른 사람들에 비해 지속적으로 자신을 측정한다.**

게임에서 최고의 선수들은 모두 숙달된 골퍼들이었다. **바비 존스는 올드 맨 파(Old Man par)에 대해 말했다.** 그리고 다음 주제에 대한 잭 니클라우스의 생각을 바꾸기는 어려울 것이다:

part 02 몰입 도구상자

잭 존슨과 같은 숙달 골퍼들은 가능한 한 최고의 경기 수준을 달성하고자 하는 내적이고 과정지향적인 목표에 전념한다.

―― 저는 모든 골프 경기에서 누군가의 진정한 적수는 다른 선수가 결코 아니며, 심지어 필드도 아니라는 것을 더욱 확실히 알게 되었지만, 지금 분명하게 깨달은 건, 모든 위대한 챔피언들에게 공통적이었던 코스 그 자체는 항상 그들의 성공에 주요한 기여를 했다고 믿어 의심치 않습니다.

유망한 젊은 골퍼들이 숙달된 시야를 가지면 종종 동료들로부터 별개로 분리된다. 2007 마스터즈 우승에 대한 잭 존슨(Zach Johnson)의 숙고를 생각해 보라:

―― 저는 리더보드를 안 봤습니다. 진짜 무슨 일이 일어나고 있는지 몰랐는데, 좋은 일이었죠. 저는 집중과 평온함을 유지할 수 있었고, 알다시피, 저는 제 입장을 고수했습니다. 저만의 게임을 했죠. 제가 해왔던 일을 계속해서 현재에 머무르며 좋은 퍼팅을 하면 기회가 온다는 것을 알았습니다. 저는 그냥 집중을 유지하고 게임 플랜을 유지하려고 노력하는 것처럼 느꼈어요.

이와 대조적으로 자아 지향 골퍼들은 과시할 수 있는 기회로서 골프 라운드를 경험하는 경향이 있기 때문에, 그들의 자신감은 그렇게 하는 것을 성공적으로 경

험하는 것에 사로잡힌다. 깊은 인상을 주길 원하고 이를 필요로 하는 자아 지향 골퍼들에게, 인정받고 싶어 하는 당황하게 될 수 있다.

자아 지향 골퍼들은 그 목표가 특정 점수를 따거나, 특정 선수와 겨루거나, 특정 고객이나 코치 또는 관객에게 인상을 주는 것이든지 간에 목표를 달성하는 데 성공했다고 느낄 정도의 자신감을 가지고 있다.

그러나 항상 다른 사람의 인정이나 칭찬을 받아야 하는 불안, 스트레스, 긴장을 상상해 보라. 인상을 주지 못할까 우려해야 할 불편함과 두려움을 상상해 보라. 미스 샷이나 연습할 때 잘못된 판단에 따른 짜증을 상상해 보라. 자아 지향적인 마음가짐으로 골프를 하려면 우리의 느낌과 감정의 핵심을 다른 사람들에게 넘겨주는 것이 필요하다. 자아 지향 골퍼에게 있어 만족과 성장은 결코 안에서 나올 수 없다. 대신, 그것은 다른 사람들의 칭찬과 함께 얻어져야 한다.

그들의 자신감이 줄어들기 시작하면, 자아 지향 골퍼들은 소위 자아 회피적 사고방식에 빠진다. 자아회피 상태에 있을 때, 자아 지향 골퍼들은 실패를 피하거나 실수를 피하기 위해 경기를 한다. 개인적 탁월함을 얻기 위해 경기하는 대신, 실수하지 않고, 더 나빠지지 않으며, 당황하지 않도록 동기화된다. **자아회피 골퍼들이 사용하는 내적 혼잣말은 대개 "슬라이스는 안돼", "긴장하지마", "실수하지마", "물속에 빠뜨리면 안돼"와 같은 절박한 구절들을 취한다. 이렇게 부정적인 것을 피하려는 사고방식은 두려움에 바탕을 두고 있는데, 이는 방지하려는 바로 그 결과를 만들어 내는 신체적 긴장감이 원천이다.**

숙달 골프를 위해 해야 할 일

다음은 골프에 숙달된 골프가 어떻게 현실화되는지 보여드리기 위해 내 골퍼들에게 보낸 이메일이다:

우리의 월요일에 대한 목적을 상기시켜 준다:

우리가 이 게임에 더 오래 머물수록, 나쁜 것들이 우리의 마음속에 축적될 수 있는 기회만 더 가지게 될 뿐만 아니라, 불필요한 정보로 우리의 동기를 약화시키거나 마음을 혼란스럽게 만들 수 있다. 따라서 월요일에 우리는 다음 내용을 진행하고자 한다:

1. 일주일 전부터 나쁜 경험, 나쁜 감정, 혹은 우리에게 좋지 않은 기억을 버려라. 이 과정을 클리어링이라고 한다.
2. 우리가 성장하고 발전하는 데 도움이 될 수 있는 한두 가지 간단한 레슨을 배워라. 이 레슨들은 기술적, 개인적인 것일 수도 있고, 전체적으로 혼합되어 우리를 건강하고, 활기차고, 정신적으로 자유로운 골퍼로 만드는 것이 될 수도 있다.
3. 과정에 대해 감사함을 가져라. 우리 모두는 하고 있는 일과 그 노력에 대해 우리를 돕는 사람들에게(자격이 있고 주제넘다고 느끼기보다) 고마워하고 감사할 때 더 잘(그리고 자유롭게) 기능한다.

이것은 [달력 날짜]인데, 지금까지 한 해를 돌아보길 바란다. 만약 여러분이 부정적인 감정적 짐을 지고 있다면, 그것을 뿌리 뽑아 버려라. 만약 여러분이 지금까지 훌륭하고 간단한 레슨을 배웠다면 그것들을 확인하고, 파일에 기록하며, 건설적으로 활용할 준비를 하라.

여러분 앞에 훌륭한 골프코스들이 많이 있다. 각 사이트 및 경기 라운드는 게임에 대한 자신의 열정을 보여주고 완전하게 시합에 참여할 수 있는 절호의 기회이다. 기억하라, 골프는 장기 학습의 과정이며, 매주 얻는 지식은 여러분의 자각을 증가시키고 게임을 강화시킨다.

 지향은 경험을 만든다

내가 자주 가는 프로 투어에서는, 숙달 골퍼와 자아 골퍼들의 특성이 흥미로운 방식으로 나타난다. 숙달 지향 골퍼들은 골프 코스에서 그들이 알고 있는 최선의 방법으로 플레이 하려는 마음가짐으로 골프 라운드에 접근한다. 그들은 매너리즘과 동기에서 일관적이다; 그들의 목요일 준비는 일요일 준비와 같다. 그들의 노력 수준은 그 샷이 버디를 위한 것이든, 파, 보기를 위한 것이든 상관없이 일정하게 유지된다. 그들의 도전은 루틴에 들어가고, 게임 플랜을 고수하며, 환경과 관계없이 매 샷에 전념하는 것이다. 숙달 골퍼들은 모든 상황을 동일한 집중과 강도로 임하며, 생각할 여유가 있을 때 쉬운 샷도, 어려운 샷도 없다는 것을 깨닫는다. 단지 골프 샷만 존재한다.

반면에, 자아 지향 골퍼들은 컷 통과를 목표로, 때로는 컷 통과를 놓치지 않으려고 플레이하곤 한다. 선두에 가까워지면, 그들의 에너지와 강도는 다른 골퍼들이 하고 있는 것 때문에 더 강해진다. 그들의 노력은 게임을 최대한 활용하기 보다는 경쟁에 집중하기 때문에, 경쟁수준에 맞춰 플레이하려는 경향이 있다. 종종 이러한 경향은 경쟁수준 자체의 저하로 나타나고, 기술과 능력이 못 미치는 골퍼들보다 더 나쁜 스코어를 보이기도 한다. 그들의 자신감과 스트레스 수준은 다른 골퍼들이 어떻게 경기하는지 그리고 자신의 샷 결과에 따라 변한다. 이처럼, 그들은 감정적으로 고갈된 골프 라운드를 끝내고 나서 자신감에 대한 통제력이 없다고 느끼지만- 물론, 그렇지 않다.

숙달 지향 골프는 수행의 변화 가능한 특성과 다른 사람들의 인정에 의해 촉발된 패닉의 형태로부터 골퍼들을 보호해주기 때문에 이런 마음가짐은 근본적으로 매우 중요하다. 자아를 보호하거나 챙기기 보다는 숙달을 근거로 플레이하면 골퍼들로 하여금 게임에 내재된 자연스러운 변동을 흡수하는 것을 가능하게 한다. 자신이 얼마나 많이 발전하고 있는가와 관계없이, 숙달 지향 골퍼들은 계속해서 배우고, 개선하고, 향상시키는 과정에 참여한다. 이 과정에서 그들은 흔들림 없이 전념한다. 게임에서의 당혹과 실망을 막론하고, 그들은 계속 도전으로서 골프를 바라보며, 다른 골퍼들, 스코어나 관중보다는 골프 코스에 집중한다. 숙달 지향 골퍼들에게 과정과 동기는 변함없이 남아있다.

결국, 숙달 지향 골퍼가 되려면 순수한 형태의 동기가 필요하다. 골프는 끝없이 새로운 도전이기 때문에, 게임에서 성공하려면 도전을 사랑하는 카이첸으로부터 만족을 얻는 사람이 필요하다. **도전을 사랑하는 것처럼, 숙달 지향 골퍼들은 경험을 사랑하고, 결과와는 별개로서 배움과 성장에 대한 사랑을 가지고 있다.** 대체로 골퍼가 높은 골프 수준에 올라가려 할수록 향상은 지연되고 변화가 심하며, 주로 스코어에 반영되기 훨씬 전에 나타난다. 이 결과는 특히 더욱 숙달된 골프 선수들에게 나타나는데, 더 작고 미묘하게 증가된 향상을 보인다. 숙달 지향 골퍼가 되려는 모든 이유들 중에서 아마도 가장 중요한 것은 이것이다: 연구에 의하면 **숙달 지향은 몰입을 생성하는 능력과 밀접한 관련이 있는 것으로 보고된다.**

CHAPTER 07

변화에 적응하기 위한 성장 사고방식

몰입 상태는 우리의 평범한 능력을 초월하게 해줌에도 불구하고, 사실인 동시에 전 세계의 평범한 골퍼들에게 일어난다. 이러한 발상은 인간이 매일의 삶에서 미개발된 잠재력을 가지고 있다는 것을 암시한다. 엄청난 양의 금괴가 매장되어 있는 광산이 알려지지 않은 것처럼, 사람들은 에너지, 경계성, 명확성 그리고 잠재력의 미개발된 매장량을 가지고 있다.

많은 심리학자들이 고객을 제대로 측정하고 안내하기 위해 평가와 중재 방법을 사용한다.

이들은 성격 테스트, IQ 테스트, 읽기 테스트를 제공한다-개인이 표준과 비교하여 어떠한지를 발견하기 위해. 사람들이 수용 가능한 순응적인 행동들에서 너무 많이 벗어날 때, 심리학계는 그들의 행동을 비정상적이거나, 일탈적이거나, 극단적이라고 부른다. 노력은 행동과 수행을 표준화하기 위해 이루어진다. 정상적인 것을 선호하는 것은 사회가 심리적으로 더욱 동질적이 되도록 도울 수 있지만, 예외주의를 자극할 만 한 건 아무 것도 없다. 오히려, 모든 사람에게 평균적인 기능과 성능을 갖도록 하는 것은 평범한 사람만을 조장할 뿐이다.

나는 비범한 사람들의 삶의 경로를 연구하는데 시간을 보냈기 때문에, 그들 삶의 다른 단계와 양상 동안에 자신의 길을 찾는 것을 직접 보았다. 게다가, **비범한 업적으로 알려진 사람들은 순탄한 길을 따르는 경우가 드물지만, 대신에 완전하고, 대담하게 그들 스스로 투쟁의 상처를 경험한다.** 애플 컴퓨터의 창립자인 스티브 잡스는 대학 중퇴자였다. 지그문트 프로이트는 정신분석 분야를 창조하기 전에 작가이자 의사였다. 알버트 아인슈타인(Albert Einstein)은 스위스 연방 폴리텍 연구소의 입학시험에 떨어졌고, 교수직을 구할 수 없어 특허 사무원으로 2년을 보냈다. PGA투어 우승자인 맷 쿠차와 윌 맥켄지(Will Mckenzie)는 20대 시절에 골프를 그만뒀고, 맷은 금융 일을 하고, 윌은 스노우 스키 동영상을 촬영하려고 했다. 이 모든 예외적인 인물들은 직관을 따르고, 자신의 삶을 살며, 그리고 개인적인 성장이 역경을 통해 그들을 인도하는 빛이 되도록 할 용기를 가지고 있었다.

몰입 기능을 달성한 골퍼들은 평범함을 넘어 지속적으로 기능한다; 그들은 종형 곡선의 맨 끝에 위치해 있다. 그들은 모든 잠재력을 발휘할 수 있도록 규범으로부터 벗어난다. 그들은 스스로 독특하고 흔치 않은 것들을 선호한다. 이와 같이, 몰입을 추구함에 있어서 사람은 본질적으로 자기 능력 범위에서 살아가길 선택하거나, 혹은 적어도 내부 잠재력을 파악하고 확장하기 위해 내면을 본다.

골프를 포함하여 인생에서 무엇이든 탁월하려면 스스로 몰입하게 해줌으로써 우리에게 개인적인 성장을 가능하게 하는 결정이 필요하다. 성장(깊이 있고, 의미 있으며, 심리적 측면을 뜻하는)을 원하는 사람들은 자아에 대한 시각을 여과함이 없이 자신을 정직하게 보아야 한다. 그들은 편해지기 위해 기꺼이 불편함을 감수해야 한다. **그들은 환상을 솔직함으로 바꾸고, 게으른 안락함을 어려운 도전으로 대체하며, 두려움을 피하기보단 맞서고, 가장 어려운 것을 사랑하며, 개인적인 약점을 인정하고, 위대한 노력에 따르는 불확실한 결과를 즐길 수 있어야 한다.** 몰입하기 위해 여러분은 구체적이며 특별한 방법으로 가능한 최선을 다해 사고방식을 조정하도록 결정해야 한다.

대다수 사람들은 결코 몰입하지 않는 방식으로 삶을 살아간다. 그들의 신념 체계-경험을 필터링하고 주관적으로 세상을 경험하는 방법에 영향을 미치는 심리적 메커니즘-는 몰입과 상반되는 마음 상태를 만든다. 그들은 현상의 관습에 얽매여 협소한 삶을 산다. 그들은 다른 사람들의 평가와 검증을 받는 포로들이다. 위험을 회피함으로써, 스스로 잠재력의 가장자리에 사는 삶의 기쁨을 느끼기 싫어한다. **그들은 절대 스스로를 발견하지 못하며, 더욱 슬프게도, 시도하는 것을 두려워한다.** 반대로, 5장에서 설명한 자기 목적적 성향은 자신의 마음을 채우는 적극적인 방식으로 세상에 참여한다. 그런 점에서 그들은 단어의 문자 그대로의 의미에서 인생을 성취한다: 그들의 마음은 세상의 기쁨으로 가득 차 있다. 모든 경우에, 몰입하는 능력은 믿음 체계에 달려있거나 또는 몰입을 허용하는 태도로 골프게임과 세상을 보는 방법에 달려 있다.

 적극적 변화 상태

모든 면에서 볼 때, 몰입은 단순한 감정 변화나 전통적인 사고에서 벗어나는 것 이상의 변화 상태이다. 몰입에서 벗어나는 길은 확실히 생각할 수 있을지 몰라도, 몰입으로 가는 길은 생각하기 어렵다. 하지만 여러분은 몰입이 발생하도록 하는 몇 가지 핵심 열쇠에 초점을 맞추도록 선택할 수 있다.

몰입 상태는 생물학자들이 묘사한 새로운 속성을 가지고 있는데, 몰입은 더 복잡한 행동들을 만들기 위해 함께 오는 단순한 실체들을 포함하는 의미가 있다. 새로운 속성의 예로 새 떼나 물고기 떼가 조직되는 방법이 포함된다. 여러분은 또한 토네이도와 허리케인을 생각할 수 있는데, 독특한 개별 속성들이 모여 스스로 조직되며, 더 크고 강력한 공생 형태를 만드는 이질적인 에너지이다.

우리 사고방식의 틀 안에서, 우리는 발달적 관점으로부터의 골프, 즉 라이프 사이클을 통해 골프를 경험하는 방법을 이해할 필요가 있다. 비록 우리의 뇌는 우리에게 매일매일 동일함과 일관성 있는 감각을 주도록 설계되었지만, 현실은 우리가 끊임없이, 영원하며, 영원한 변화의 상태에 있다는 것이다. 우리는 모두 성장을 통해 새로운 누군가가 되는 과정에 있다. 왜냐하면 아리스토텔레스에서 제임스, 피아제 그리고 오늘날 의사에 이르기까지 인간의 컨디션을 관찰하는 사람들은 모두 컨디션이 계속되는 생물학적, 심리적, 물리적 변화 중 하나임을 알고 있기 때문에, 그 사실을 받아들이고 즐기는 것이 우리에게 도움이 된다. **현실의 근본적인 특징에 저항하는 사람들은 종종 갇히게 된다-심리학적으로 갇히고, 감정적으로 갇히며, 편협한 사고를 가진 골퍼들의 특징인 틀에 박힌 생활에 갇혀 있다.**

2011년에 션 오헤어가 "내려놓고 신께 맡기자"고 한 결정은 그의 내면에서 나타나고 있는 발전으로 방향을 돌리고자 하는 그의 의지를 반영했다. 30세 되던 때, 그는 17살이던 때와 같은 골퍼가 아니었으며, 이 사실을 받아들였기 때문에 그가 더 나은 골프를 하는데 필요한 자유를 얻는 것이 가능했다. 이런 점에서, **나는 너무 많은 골퍼들이 고정된 상태를 유지하려는 것을 알게 되었다. 그들은 삶이 변화의 과정이라는 사실에 저항한다.** 이 사실을 받아들이고 수용함으로써, 우리는 어떻게 그리고 왜 골프에서의 운명을 지나치게 통제하려 노력하는 것을 포기해야 하고, 대신 삶의 모멘텀(추진력)을 가지고 플레이해야 하는지 더 잘 이해할 수 있다. 이렇게 할 때 그들의 골프는 복잡하고 예외적인 몰입 상태로 이어지는 요인들의 우연한 충돌을 가능하게 하는 새로운 속성을 가지기 시작한다.

아마도 발생과 공생의 가장 생생한 예는 삶 그 자체일 것이다. 과학자들은 무엇이 우리를 독특한 인간으로 만드는지를 물질적인 수준에서 알고 있다. 일반적으로, 여러분과 나, 어니엘스(Ernie Els) 그리고 지구에 사는 나머지 70억의 사람들의 인체는 대략 65%의 산소, 18%의 탄소, 10%의 수소, 3%의 질소, 1.5%의 칼슘, 그리고 극소량의 인산, 칼륨, 황, 염소, 나트륨, 마그네슘, 철분, 아연 그리고 요오드로 구성되어 있다. 이러한 지식으로 무장한 과학자들은 생명체를 창조하는 방법으로 이러한 요소들을 결합할 수 있어야 한다. 요소들을 결합하고, 그것들을 적당한 온도로 요리하며, 흔들어 마시며 삶을 창조하라! 쉽지 않은가?

하지만 이 레시피를 따르면, 과거의 과학자들이 그랬던 것처럼 이질적인 요소들이 섞인 수프 같은 혼합물만을 생산할 뿐이다. 생명을 창조하는 데 도움이 되는 환경에 놓일지라도, 이러한 요소들은 사람이 되지 못한다. 비록 과학자들이 생명의 기본 토대는 확인할 수 있지만, 생명을 창조할 수는 없다. 모든 의미에서 인생은 새로운 과정이다.

우리의 몸은 끊임없이 우리 자신을 새롭게 하고 있다. **분자 수준에서 인간의 몸은 매 7년마다 완전히 재생된다.** 치아(스스로 치유되지 않는)를 제외하고 여러분의 모든 장기나 세포는 7년 전에 가지고 있던 것과 완전히 다르다. 우리는 매 10일마다 새로운 혀의 미뢰를 만들고, 완전하게 새로운 피부는 한 달에 한 번, 그리고 3개월마다 새로운 뼈를 생성한다. 매 시간마다 몸 안에서 약 10억 개의 세포가 교체되어야 한다.

"흥미롭군," 여러분은 스스로 이렇게 말할 수도 있는데, "그런데 이게 골프와 어떤 관계가 있을까?" **골프게임은 사람이 하는 것으로, 사람들의 삶은 성장과 재생의 역동적인 과정인 것처럼, 골프는 우리의 관점, 신념, 그리고 자기감각에 대한 성장과 재생이 필요한 역동적인 게임이다.**

 게임 발전시키기

많은 골퍼들은 게임을 발전시키는 것보다는 정체된 상태를 유지하는 것을 더 선호하는 지점에 도달한다. 그들은 종종 플레이를 잘 할 때 이 지점에 도달한다. 그들의 자신의 게임에 대해 기분이 좋고, 스윙과 퍼팅이 자연스럽게 잘되며, 플레이가 잘 되는 지점에 머무르기를 원한다. 내 생각으론, 이렇게 고정되고 싶어 하는 경향은 정체된 상태를 초래하고 성장에 역효과를 낳는 실수를 하는 것이다. **신체적, 심리적으로 변화가 일어나고 있는 동안 같은 상태를 유지하려고 노력하는 것은 여러분이 현재 자신을 위해 구식 스윙과 사고방식을 사용하고 있다는 것을 의미한다.**

여러분은 수년 전에 입었던 옷이나 신발을 신고 놀거나, 게임을 처음 시작했을 때 사용했던 클럽이나 공을 사용하는 것, 혹은 처음 시작했던 코스 수준에서 플레이하는 것을 꿈꾸지는 않는다. 만약 여러분이 이 책을 읽는 성인이라면, 아마도 감사함과 인내심이 더 빨리 오게 하는 관점을 채택하면서, 10대 때 했던 것과 동일한 기질에 반응하지 않을 것이다.

골프는 그러한 진화를 필요로 한다. 우리의 몸이 변하는 것처럼, 우리의 믿음은 시간이 지남에 따라 진화하고, 인지 과정과 개인의 동기도 그렇다. 이와 같이, 만약 경쟁적인 골퍼가 되고 싶다면, 여러분은 게임과 함께 성장하고 진화하면서 게임이 발전하는 사고방식을 개발하는 것이 필요하다. 이렇게 몰입하는데 아주 중요한 사고방식은 말 그대로 여러분 자신의 성장, 발달, 그리고 변화와 함께 몰입하는 것이다.

스티브 스트리커는 진화의 필요성을 이해한다. 아마도 그의 이름은 이 책의 대다수 독자들에게 친숙할 것이다. 스티브는 PGA 투어에서 12차례 우승했고, 전 세계적으로 20차례의 프로시합 우승을 했으며, 라이더 컵 팀 멤버 3차례와 프레지던츠(Presidents) 컵 팀 멤버 4차례를 지냈다. 1994년 PGA 투어에 입단한 후 스티브는 익히 알려진 슬럼프에 깊이 빠진 지 7년여의 세월이 흘렀다. 이후 여러 해 동안 PGA 투어 현장에서 거의 사라졌던 그는 2006년에 스폰서 면제를 받았다. 그는 이러한 기회를 최대한 활용하여, 그 해에 7차례의 탑 10 피니시를 거두었다. 그는 2006년과 2007년 모두 올해의 PGA 투어 복귀 선수로 선정되었다.

그들의 진짜 재능을 드러내기 위해, 골퍼들은 종종 인내심을 갖고
스티브 스트리커가 그랬던 것처럼 그들의 게임이 진화하게끔 해야 한다.

    스티브가 레이더망에서 벗어나 있을 때, 현장 뒤편에서 일어났던 일은 교훈적이다. 그 암흑 같던 날들 중 그가 시인했다.

──── 확실치는 않은데, 신체적 부상은 없었지만 정신적 상처는 있었을지 모릅니다. 저는 분명히 자신감을 가지고 고군분투하고 있었고 여러분이 그렇게 잘하지 못할 때 일어나는 모든 일들도 그랬습니다. 단지 이번 겨울에 많은 시간을 들였습니다. 열심히 했어요.

    2006년에 그의 게임이 다시 활기를 띠기 시작했을 때, 그는 슬럼프에 대해 끊임없이 질문을 받았다. 그는 매번 질문을 받을 때마다, 그 과정에서 배웠던 일종의 교훈을 전해 주는 것처럼 보였다. 2006년 부즈 앨런 클래식(Booz Allen Classic)에서 스티브는 몇몇 통찰을 제공해주었다:

──── 저는 이번 겨울에 하던 일을 계속해서 연습했습니다. 그들은 클릭하기 시작했지요. 의미 있는 일입니다. 제가 무엇을 하건, 하지 않건 간에 제 스윙을 다시 이해하고 있습니다. 이건 거의 또 다른 단계와 같습니다. 제 말은, **우리는 어떤 선수도 될 수 있고, 여기서 일종의 단계를 거칩니다.** 친구 한 명이 지난주에 제게 말했는데, 우리 모두 그것에 대해 이야기하고 있었고, 저는 경력을 쌓기 시작했으며 어느 정도 성공했고, 발전했으며, 그 사이 몇 년 동안 바닥으로 내려가는 또 다른 단계로 접어들었습니다. 게임이 돌아오고, 저의 태도가 돌아오는 것처럼 느껴지기 시작합니다. 그것이 단지 저의 게임, 가족, 모든 것이 올바른 방향으로 가고 있다는 전체적인 느낌이나 인식이라고 생각합니다. 일종의 조합이죠.

    그의 게임이 탄력을 받기 시작했을 때, 그는 기자실에 앉아서 게임에 대한 시각이 어떻게 바뀌었는지, 자신의 스윙에 대해 무엇을 배웠는지, 그리고 한 번에 한 샷을 하는 것이 얼마나 중요한지, 그리고 얼어붙은 위스콘신 눈에서 트레일러 밖으로부터 공을 때린 느낌이 무엇이었는지 토론했다. 역경을 통해, 스티브는 기술적으로, 감정적으로, 그리고 지적으로 진화했다. 그는 게임 내내 기복이 심한 경기를 했다. 그의 동기는 게임에 대한 그의 사랑에서 나왔음을 인정했다.

내일을 위한 오늘 골프

인간으로서 우리의 발전은 시간을 통해 이루어진다. 비록 사람들이 정확한 시간특성에 대해 많은 견해를 가지고 있지만, 좀 더 인기 있는 것 중의 하나는 시간의 상대적 이론이라고 불리는 것과 관련한다. 이것은 사건들이 시간에 따라 발생하지 않고 오히려 그 반대라는 것을 암시한다. 시간은 발생하는 사건들의 순서에 따라 정의된다. 이와 같이, 삶은 시간이라기보다 존재의 주요 국면이 된다.

아인슈타인은 시간이 겉으로 보이는 것이 아니란 것을 알고 있었고, 이것이 그의 상대성 이론에서 시간이 상대적일 뿐만 아니라 가변적이고 유연하다는 것을 암시하는 이유가 된다. **시간에 대해 면밀히 연구한 과학자들은 시간은 단일 방향이 아니며, 적어도 수학적으로 시간은 느려질 수 있을 뿐더러 심지어 바뀔 수조차 있음을 확신한다.**

그러나 지금은 모든 게 이론적으로 남아있고, 이 책의 목적상 시간은 우리의 마음과 골프 게임이 함께 상호작용한다고 말할 수 있다. 또한 여기서 생각해볼 만한 것이 있다. 내가 지금껏 이 책에 바친 모든 공간에서, 지금과 같은 것은 없다. 추상적 개념 이상의 것은 지금 존재하지 않는데, 왜냐하면 순간을 생각하자마자 그 순간이 과거가 되었기 때문이다. 카이 크라우스(Kai Krause)의 말은 다음과 같다, **"모든 것은 순간의 기대와 추억에 관한 것이지, 그 순간이 아니다."**

나는 전직 스승이었던 프랭크 파자레스(Frank Pajares) 교수가 했던 강의를 기억하는데, 그는 내게 다음과 같이 비유했다: **NFL 쿼터백은 달려가고 있는 리시버에게 공을 던지지 않는다. 정확히는, 리시버가 어디에 위치할지 예측한다. 거기가 공을 던지는 지점이다.**

마찬가지로, 골퍼들은 스스로 새로운 특징을 가진 새로운 존재로 볼 필요가 있으며, **그들이 현재 기르고 있는 마음의 습관이 미래의 어느 시점에 나타날 것이라는 것을 깨달을 필요가 있다.** 오늘 정신 차린다면 여러분은 그 길에서 그런 효과를 느낄 것이다. 오늘 대충 연습하면 그 길에서 그런 습관이 나타날 것이다. 오늘 다른 사람들의 의견에 너무 많이 좌우되면, 앞으로 그들의 확인에 얽매이게 될 것이다.

그러한 깨달음은 정신적 도구상자에 형성감각을 통합시키는 최선의 방법이다. 지금에 집중하되, 우리가 만드는 습관-인내, 태도, 친절, 수용 그리고 유머-이 정말 중요하다는 것을 깨달아라. 왜냐하면 골프 코스에 있을 때 우리가 하는 일들이 길 위에 나타날 것이기 때문이다. 길 위에 올리버 웬델 홈즈(Oliver Wendell Homes)의 말을 인용하면, "세상에서 가장 위대한 것은 우리가 어디에 있는가가 아니라, 어느 쪽을 향해가고 있는가를 파악하는 것이다."

part 02 몰입 도구상자

CHAPTER 08

역경을 극복하는 회복탄력성

특히 숙달 지향 골퍼와 자아 지향 골퍼들 간의 차이가 분명한 부분은 좌절과 역경을 다루는 방식이다. 왜냐하면 우리가 6장에서 논의했듯, 다른 사람들로부터 받은 이미지와 확증은 자아 지향 골퍼를 위한 성공 지표이기 때문에 그들은 나쁜 스코어를 나쁜 골프라고 해석하는 경향이 있다. 그들이 플레이를 잘하지 못할 때나, 스코어가 좋지 못할 때 자아 지향 골퍼들은 대개 당황하고, 좌절하며, 화를 낸다. 그들은 결과가 완벽하지 않을 때마다 작은 장례식을 치른다. 그들의 부정적인 반응은 정신에 침투하여 화학적인 누출이 지하수를 오염시킬 수 있는 것과 마찬가지로 삶의 다른 영역으로 스며든다. 이러한 순환들은 종종 자기 불신으로 전이되며, 그들은 가장 최근의 실패뿐만 아니라 지금까지 해왔던 모든 것들을 재해석하기 시작한다. 그들의 실패는 과거 성공이 시야를 벗어나 멀어질수록 더 엄습해오기 시작한다. 그들이 하는 자기비판은 골프 게임에 대한 비난으로부터 정체성에 대한 비난까지 박차를 가한다. 도리어 말보다는, "못 쳤어.", "나는 형편없는 골퍼야"라고 하는데, 그렇게 말할수록, 더욱 자기충족적 예언이 된다. 태도는 변하고, 스트레스 수준은 높아지면서, 동기는 감소하며, 여러분은 그것을 알기도 전에 스스로를 슬럼프에 빠트린 것이자, 그동안 스스로 만들어낸 상황에 대해 어떠한 책임도 지지 않았다.

반대로, **숙달 지향 골퍼들에게 스코어는 성공의 지표가 아니다.** 그들은 게임을 장기적인 개선 측면으로 보기 때문에 스코어를 개선의 척도로 사용하지만, 개선의 유일한 척도는 아니다. **불안정은 자아 지향 골프의 마음에 있는 반면, 배움과 성장은 숙달 지향 골프의 핵심이다.** 숙달 지향 골퍼들은 라운드에서 한 샷이 어떤 스코어를 기록했는지에 의해 그들이 라운드를 통해 배운 것만큼 수행을 측정한다. 숙달 지향 골퍼들은 만약 학습에 초점을 맞춘다면, 다음번에는 이러한 레슨을 적용하고 매일, 매주 그리고 매년 더욱 좋은 골퍼가 될 수 있다는 것을 알고 있다.

숙달 지향 골퍼들은 종종 호기심으로 나쁜 스코어에 반응한다. 그들의 동기는 계속된 학습과 개선에 달려 있기 때문에, 자신의 수행을 반영하고 무엇이 잘못되었는지 확인하며, 더 강한 투지로 다음 라운드에 임한다. 그들은 도전에 대한 사랑으로 나아가기 때문에, 게임이 주는 도전을 하기 위해 노력한다. **자아 지향 골퍼들은 고통, 당혹, 의심 그리고 좌절 속에 뒤얽혀 심사숙고한다.**

이렇게 숙달 지향 골퍼들은 좋은 라운드를 끝낸 후 보통 자랑하거나, 흡족해하거나, 허세부리지 않는다. 나쁜 라운드를 끝낸 후에 그들은 화를 내거나, 자신이나 다른 사람들을 비난하거나, 마음속의 모든 나쁜 샷을 재생하지 않는다. 좋은 스코어나 나쁜 스코어의 경우, 숙달 지향 골퍼들은 그들이 경험했던 학습 가능성을 초기화하고 앞으로 더 잘하기 위해 그들이 학습한 것을 어떻게 적용할 수 있는지 궁금해 한다. 그들은 삶의 진부한 표현들 중 하나에 따라 살아간다: 여러분이 그러한 실수로부터 배우는 한 실수를 하는 것은 괜찮다. 이 격언은 골프에서도 실재하며 삶의 다른 영역과 같다.

내 경험에 의하면, 골프 게임은 실수로부터 배우는 이러한 접근 방식을 보상한다. 내가 골퍼들과 함께 해낸 많은 성공들은 그들을 실수로부터 멀어지게 하기 때문이 아니라, 그들이 저지르는 실수로부터 올바른 교훈을 배우는 방법을 가르치기 때문이다. 이런 식으로 내 골퍼들은 시간이 지나면서 개선된다. 이러한 믿음은 그들의 마음가짐에서 비롯되기 때문에, 그들은 골프 게임에 따르는 감정적 부담을 떨쳐버리고 게임에 대해 비교적 긍정적이고, 행복하며, 균형 잡힌 채 동기를 유지한다.

심리적 스펙트럼은 그 어디에도 숙달 지향 골프와 자아 지향 골프 간의 격차만큼 광대한 지식이나 행동 사이의 거리가 없다. 대부분의 골퍼들은 숙달 지향 골프를 하는 것에 대해 격앙된 감정으로 내 두려움 없는 골프 아카데미를 떠난다. 종종 그들은 짧은 시간에 훨씬 더 좋은 골프를 하기 위해 나간다. 그렇긴 하지만, **그들은 또한 자아 지향 골프로부터 젊은 시절에 즐겼던 숙달 지향 골프로 돌아가려고 애쓰고 있는 것을 인정한다.**

이런 난관은 저명한 자기개념 연구자인 허버트 마쉬(Herbert Marsh, 1994)가 "중요해지는 것의 중요성(The Importance of Being Important)"이라는 제목의 기사에서 강조했던 단순한 이유로 이해할 수 있다. 마쉬와 다른 자기개념 연구들에서 우리는 모두 자랑스러워할 만한 타고난 자기개념을 개발할 필요가 있다고 주장해왔다. 분명, 좋은 골프를 치는 것은 우리로 하여금 친구와 동료들 앞에서 좋은 위치에 있게 한다. 그러나 우리 자신을 자랑스럽게 여기는 사람은 내적 갈등과 숙달 지향 골프에 대한 저항의 장을 마련한다. 이 싸움에서 승리할 수 있는 사람들은 자유롭게 플레이하며 좀 더 두려움 없는 골프를 하는 경향이 있다. 그들의 골프 스코어에 자신의 정체성을 두는 사람들은 종종 그 정체성을 손상시키는 두려움을 가진 채 플레이한다.

실제로는 모든 사람들이 자기 안에서 다양한 정도로 숙달 지향과 자아 지향이 되어 있다는 것이다. 중요한 것은 여러분이 언젠가 다른 사람들보다 더 나아질 것이라는 것과 순전한 숙달 지향을 성취하지 못한 날에 스스로 과하게 질책하지 않는다는 것을 알고, 자신을 위해 일하는 건강한 균형을 찾는 것이다.

두 골퍼의 이야기

나는 종종 일부 골퍼들이 "그것"을 가지고 있고 일부는 그렇지 않다는 사실을 단순히 믿지 않는 이유에 대해 질문을 받곤 한다. 또 골프에서 재능이 과대평가된다는 내 의견에 자주 도전한다. 이러한 의심들을 풀기 위해, 나는 그들에게 다음 예시에 대해 곰곰이 생각해보라고 당부한다. 역경에 맞서 스스로 면역력을 가질 수 있음을 납득시킬 수 있는지 알아보자.

10살 된 두 명의 골퍼가 평행우주에 산다고 가정한다. 골퍼 A는 일일 다섯 번의 긍정 경험을 한다. 다시 말해, 하루 종일 그 골퍼는 시간을 내어 감사를 실천하고, 긍정적인 생각을 확인하며, 작은 목표와 함께 마음에 활기를 불어넣고, 격려를 통해 자신의 삶에 사람들을 동참시킨다. 결국, 골퍼 A는 그 날을 복습하고 자신이 배웠던 것들을 확인하는 시간을 갖는다.

이제 골퍼 B가 하루에 다섯 번의 부정적 경험을 한다고 상상해 보라. 골퍼 B는 불평하면서 하루를 시작하고, 아침이나 점심식사를 비판하며, 전날의 나쁜 샷을 재생한다. 앞으로 나아갈 수 있는 어떤 것을 배우는 대신, 골퍼 B는 정신적으로 체크아웃을 해서 TV를 마주하며 수동적으로 하루를 뭉갠다.

긍정적인 학습 경험은 학습 영역을 차단하는 것으로 분류할 수 있다. 내 골퍼들에게 말하곤 하는데, 우리가 배우고 개선되는 한 어떻게, 무엇을 배우고 개선하는지는 중요하지 않다. 결국 우리의 교훈이 모아지고, 더 나아지게 될 것이다. 이와 같이 일상적으로 운동하는 동안, 나는 골프에 대해, 육아에 대해, 신체적, 정신적 건강에 대해 그들이 무엇을 배웠는지 물어본다—삶의 긍정적인 모멘텀을 유지하기 위한 어떤 것도.

한 해 동안, 골퍼 A는 1,825번의 긍정적이고 성장증진 경험을 할 것이다. 골퍼 B는 1,825번의 부정적이고 억압적인 경험을 할 것이고, 결과적으로 3,650번의 경험 차이가 난다. 이러한 사건들을 5년 이상 추론해 보면, 유용하고, 독려하는 교훈을 배우는 것과, 도움이 되지 않거나 고무적이지 않은 교훈을 배우는 것 사이의 불균형은 더욱 심각해진다: **골퍼 A를 위한 9,125번의 긍정 경험과 골퍼 B를 위한 9,125번의 부정 경험, 18,250번의 경험의 차이.**

더 읽기 전에, 이 불균형의 영향에 대해 잠시 생각해 보자. 이렇게 하면, 왜 위대한 골퍼들이 태어나지 않았는지, 그리고 왜 맷 쿠차와 같은 골퍼가 어떻게 골프의 상위계층에 들어갈 방법을 생각했는지 더 잘 이해할 수 있을 것이다. 여러분은 자신의 관점, 골프 게임, 삶을 바꿀 준비가 되어 있는지 생각해 보라.

영원한 시간대에서, 적절한 사고방식을 갖는 것은 골프에 재능이 있는 것보다 더욱 중요한 경향이 있다. **크기, 재능, 힘과 같은 선천적인 특성들은 게임의 초반에 두드러지는 경향이 있는 반면, 자신의 경력과 관련한 골퍼들의 철학적인 접근은 시간이 지남에 따라 밀로부터 왕겨를 가려내는(좋고 나쁨을 분간하는) 경향이 있다.**

게임이라는 도전에 직면하기

이러한 점에서, 내가 말한 모든 PGA 투어 골퍼들은 재능은 가득하지만 길을 잃었던 주니어 골퍼의 스토리를 가지고 있다. 게임이 쉬운 재능 있는 주니어 골퍼들은 효과적으로 보상하고, 역경을 흡수하며, 약점(아직 이들의 약점이 노출되지 않았기 때문에)을 관리하는 방법을 결코 배우지 못한다. 게임의 장애물을 넘을 수 있는 골퍼들은 장기적인 학습이라는 사고방식으로 골프에 접근하는 법을 배운다. **그들은 스스로 당황하지 않도록 훈련하는데, 기술적으로 가장 정통한 골프 스윙조차 당황스러움으로 인해 혼란을 반복할 수 있음이 투어에 널리 알려져 있기 때문이다.** 투어 선수들은 좀처럼 화를 내지 않는데, 화가 나면 뇌의 학습 능력이 차단되며 나아지기 위해 필요한 적응 능력이 왜곡되기 때문이다. 그들은 좌절을 기회로 보고 나쁜 스코어를 그들이 탐험하고, 개선하고, 수정하며, 개선하는 영역을 보여주는 게임으로 해석한다. 또한 그들은 항상 게임을 주의 깊게 들으며 지속적인 성장과 개선을 위한 기회를 찾는다.

삶도 그렇듯, 골프에서 역경은 위대함으로 이어지는 성장과 발전을 촉발할 수 있다. 스콧 버플랭크의 경력은 회복력의 영감을 주는 사례이다.

내 골퍼들에게 가르치는 대부분의 숙달 지향 철학은 결국 좌절과 실패에 효과적으로 대처하는 법을 배울 필요가 있을 거라 예상한다. 일반적으로 숙달된 선수, 특히 숙달된 골퍼들은 게임이 그들의 한계를 시험하기 위해 계속해서 위험을 감수할 것을 요구한다는 걸 깨닫는다. 한계치를 실패지점까지 밀어붙이는 것 자체가 끝이 되기 때문에 실패는 성공 방정식의 핵심 변수이다. 좀 더 정확하게는, 실패를 감수하고 그 결과는 무엇보다 중요하면서 가치 있는 교훈을 배운다.

골퍼들은 때때로 일상의 도전을 넘어 어려움에 직면한다. 스콧 버플랭크(Scott Verplank)가 대표적이다. 오클라호마(Oklahoma) 주립대학의 아마추어 시절, 스콧은 1985년 웨스턴 오픈에서 우승했다(투어 대회에서 30년 만에 최초로 아마추어 우승자가 됨). 그는 PGA 투어에서 5차례 우승했고, 월드 랭킹에서 톱 20위 안에 들었으며, 2차례 라이더 컵 팀으로 활약했고, PGA 투어에서 2700만 달러 이상을 벌었다.

그의 인상적인 이력서에 두 가지 항목이 종종 간과된다. 1998년에 그는 올해의 PGA 투어 컴백 선수상을 받았으며, 2002년에 벤 호건 상을 수상했는데, 이것은 "신체적 핸디캡이나 심각한 병에도 불구하고 계속 골프로 활동 중인" 선수에게 수여된다.

스콧은 프로 골프와 관련한 일상적인 도전-골프 스윙, 퍼팅 스트로크, 육체적 아픔과 통증, 자기 의심-에 직면할 뿐만 아니라 경력의 대부분을 차지했던 심각한 허리 부상을 견뎌냈다. 그 뿐 아니라, 그는 왼쪽 손목 부상과 싸웠고, 이로 인해 2010년과 2011년 시즌의 대부분을 출전하지 못했다. 그리고 그는 평생 심각한 당뇨와의 싸움을 벌여왔다.

다음에 나오는 역경에 정면으로 맞선 다른 PGA 투어 골퍼들의 이야기를 생각해 보자:

——— 3학년 때 스콧 맥카론(Scott McCarron) 은 UCLA 골프팀에서 쫓겨나 장학금을 못 받고, 이듬 해 입스(yips)를 치료하기 위해 왼손으로 퍼팅을 하며 1회 자격으로 복귀했다. 졸업 후 그는 아버지와 함께 그 둘 모두를 파산시킨 실패한 벤처사업에 뛰어들었다. 8천 달러의 대출을 받은 후, 그는 그 다음 2년 동안 퀄리파잉 스쿨(Qualifying School) 자격을 통과하는데 실패했다. 1996년, 2천 달러를 빚지고 파산하기 직전에, 그는 뉴올리언스(New Orleans)에서 열린 대회에서 우승했다(그리고 27만 달러의 상금). 2001년 중반까지, 그는 PGA 투어에서 500만 달러 이상을 벌었고, 3승을 거두었으며, 몇몇 골프 메이저 대회에서 경쟁했다.

몰입 도구상자

—— 밥 존스가 오거스타(Augusta) 12번 홀에서 니클라우스의 플레이를 보기 위해 처음 나왔을 때, 시원스러우면서도 차분한 잭은 무릎을 지나 머리 위로 샷을 했다. 그는 마스터스에서 6승을 했고 PGA 통산 70승을 거두었다.

—— 아마추어 골퍼로서 남아프리카에서 번개를 맞은 후, 레티프 구센(Retief Goosen)은 계속되는 건강상의 위험들을 극복해야 했다. 그걸로도 모자라, 그는 1999년 골프 시즌에 앞서 스위스에서 스키 사고로 왼쪽 팔이 부러졌다(그가 월드 매치플레이 챔피언십에서 세르히오 가르시아(Sergio Garcia)를 이긴 해에, 던힐(Dunhill) 컵에서 11연승, 노보텔 페리에르 오픈(Novotel Perrier Open)에서 우승했다). 레티프는 2001년 US오픈에서 우승했고 PGA 통산 4승을 거두었다.

—— 2005년 LPGA 선수 줄리에타 그라나다(Julieta Granada)가 프로 전향 여부를 결정할 때, 차가 고장이 나서 그녀의 계좌에 들어있던 돈보다 600달러의 수리비가 더 컸다. 그녀는 매일 택시를 타고 골프 코스에 가야 했다. 그녀가 그 주에 충분히 벌지 못했다면, 돈도 없고 차도 없이 작은 마을에 갇혀 있었을 것이다. 그녀는 2위로 끝마쳤고, 6,500 달러를 벌었다(그리고 차를 수리했다).

—— 프로로서 타이거 우즈의 첫 번째 대회인 밀워키(Milwaukee) 오픈에서 그는 숨 쉴 수 없을 정도로 무서웠던 기억을 떠올렸다. 그는 이후의 홀을 파 세이브 하여 40위에 그친 뒤, 4년 간 메이저 6승을 거두었고(총 14승), PGA 최다승 기록을 경신했다. 현재 타이거는 PGA 통산 74승을 기록하고 있다.

—— 1979년 대학 2학년 때, 프레드 커플스(Fred Couples)는 US오픈에서 컷 통과를 했고, 토요일에 세계 최고의 선수인 리 트레비노(Lee Trevino)와 짝을 이뤘다. 그 경험에 대해 그는 "저는 너무 긴장해서 첫 티에서 제 공조차 볼 수 없었어요."라고 말했다. 프레드는 그날 80타를 쳤지만, 이후 마스터스 2차례를 포함해 PGA 토너먼트에서 14차례 우승했다.

—— 마스터스에서 우승했던 찬란한 1994년 시즌 이후, 호세 마리아 올라사발(Jose Maria Olazabal)은 류마티스성 다관절염 진단을 받고 나서 극심한 발 통증으로 인해 라이더 컵을 포기하게 되었다. 그는 18개월 동안 걸을 때마다 극심한 고통에 시달렸고 1996년 골프 시즌 전체를 포기하게 되었다. 몇 달간의 치료와 요법 끝에, 호세는 1999년 마스터즈 우승으로 돌아왔고 통산 5차례 PGA에서 우승했다.

———— 골프에서 가장 촉망받는 스타 중 한 명으로 떠오른 후, 할 서튼(Hal Sutton)은 1986년 이후 8년 간 무승을 기록했고, 포인트가 낮아진 1992년에 그의 수익이 39,324 달러로 떨어졌다. 그 후 그는 1997년과 2001년 사이에 6차례의 토너먼트에서 우승했고 14차례의 PGA 우승을 차지했다.

———— 밥 메이(Bob May)의 골프 생활은 7차례나 PGA 투어 자격 획득에 실패한 채 투어에서 투어를 전전하며 불운하게 시작되었다. 그는 아시아로 가서 호건(Hogan) 투어를 뛰었고, 투어카드를 얻었으나 다시 잃었으며, 아시아로 되돌아간 이후 유로피안 투어에서 3년을 보냈다. 그는 계속해서 갈고 닦고, 연습하고, 경쟁하고, 마침내 2000년에 발할라(Valhalla)에서 열린 PGA 챔피언십에서 메이저 골프 역사상 가장 위대한 피니시 중 하나인 타이거 우즈를 상대로 경기했다.

훌륭한 경쟁자로서 여러분의 성장과 발전은 웨이트트레이닝을 할 때 근육의 성장과 발달 과정을 본질적으로 반영한다. 성장하기 위해 근육은 실패하도록 몰아붙여야 한다. 삶과 마찬가지로 스포츠에서 개인의 한계로 몰아붙이는 자연스런 결과는 여러분이 달성하고자 하는 것에 미치지 못할 위험도 있다. 하지만 우리는 부족함에 의해 한계 범위를 벗어나고자 요구되는 방법, 전략, 기술들을 배우게 된다. 좌절, 실패, 그리고 부진함이 궁극적인 탁월함의 핵심 요소라는 진보적인 이해가 잭 니클라우스로 하여금 소위 실패라는 용어를 만들도록 유도했다.

실패에 관한 최고의 자기 평가 중 하나는 마이클 조던(Michael Jordan, Goldman & Papson(골드만 & 팍슨), 1998, 49페이지)에 있다:

———— **나는 선수 생활 동안 9천 개가 넘는 슛을 놓쳤다. 나는 거의 300번의 게임에서 패했다. 26차례나, 나는 게임에서 결정적인 슛을 책임졌지만 놓쳤다. 나는 살면서 실패를 반복했다. 이것이 내가 성공한 이유이다.**

나는 골프를 지속적인 배움의 게임으로 보는 것의 중요성을 아무리 강조해도 지나치지 않으며, 따라서 실패를 "소위 실패"라고 단정하고 궁극적으로 가치 있는 반면교사로서 받아들인다. 나쁜 골프는 여러분을 괴롭히는 골프 신들이 아니다. 나쁜 골프는 악취가 나는 것도 아니다. 또 나쁜 골프로 나쁜 사람이 되는 것도 아니다. 그리고 나쁜 골프는 좌절하지 말아야 한다. 일반적으로 골프가 나쁘거나 엉성하다고 여겨지는 것은 골프가 대개 객관적인 피드백을 주는 게임이기 때문이다. "이봐, 당신은 여기서 제대로 하고 있지 않아. 당신만의 게임을 반영하고 해결해." 이러한 반영을 통해 성장이 일어난다. 결국, 골프는 최고로 공정한 게임이다. 그것은 여러분이 잘못했을 때 벌을 주고, 제대로 했을 때 보상을 해준다. **비록 골프는 삶의 모든 노력과 마찬가지로 어느 정도 운이 좋기는 하지만(여기에 바운스, 저기에 바람, 종종 디보트(devot) 위에 있는 공), 결국에는 공정하다.**

이따금씩 나는 골퍼들에게 "게임은 여러분이 개선해야 할 것을 정확하게 줍니다."고 말한다. 이 부분은 보통 그들이 부진한 라운드를 했거나 혹은 다른 방식으로 게임을 경험했을 때 나타나는데, 그들을 좌절하게 만든다. 내 관심사는 골퍼들을 나아지게 만드는 최고 잠재력을 가진 정확한 경험으로부터 그들이 얼마나 변하는가 하는 것이다. 이 아이디어는 여러분이 듣기에 매우 중요하며, 다른 방식으로 얘기하면: 종종 골퍼들은 자신을 더 좋게 만들 수 있는 바로 그 경험을 적극 회피한다. 대신에, 그들은 쉽고, 분명하며, 편리한 장소에서 답을 찾길 선호한다. 일례로서, 2010년에 나는 인내심이 없는 골퍼를 만났다. 자기평가에서 그는 인내심이 없거나 혹은 성숙한 골프 라운드를 할 수 있다고 생각하지 않는다는 사실을 말했다. 그는 "올해에는 다른 것 안하고 골프 코스에서 더욱 인내심을 갖게 된다면, 좋은 한 해가 될 것 같아요,"라고 말했다.

비록 그는 인내심이 부족하다는 것을 인정했지만, 웨지 플레이가 악화되기 시작했을 때 다른 게임패턴을 보여주었다. 특히, 몇 시간의 연습에도 불구하고, 그는 토너먼트에서 웨지를 가까이 붙이지 못하고 있었다. 자신의 게임에 대해 "어려운" 부분을 잘 할 수 있는 수준으로 재정비하는 골퍼가 있다고 상상해 보자. 그는 드라이브 공을 직선으로 멀리 보낼 수 있고, 롱 아이언을 핀 가까이 붙일 수 있으며, 다른 날씨 조건에서 공을 다양한 궤적으로 만들 수 있다. 하지만 50야드(45m) 거리의 기본 웨지 샷에 맞닥뜨렸을 때, 그는 아무리 노력해도 가깝게 치지 못하는 것 같다. 골프 라운드 후, 그는 자신의 초라한 웨지 플레이를 한탄하고, 결국 더 이상 참을 수 없을 때, 마지막으로 인내심을 잃는다.

이제 인내심을 잃었으니 그는 웨지를 연습할 것이기 때문에 골퍼에게 매우 중요하지만, 그는 절박함과 필사적인 심정으로 그것을 할 것이다. 그는 신속하고 긴장감 있게 연습할 것이다-인내와는 정반대로. 이 골퍼는 웨지의 약점이 실패했

던 게임의 다른 부분을 개선시킬 수 있는 기회라는 것을 깨닫지 못하고 성급하게 자신의 웨지를 개선하려고 노력한다-그의 인내심. 이 골프 선수가 깨닫지 못하는 것은 웨지 게임의 문제점들이 분명 인내심을 향상시킬 수 있는 기회라는 것이다. 그가 그것을 그런 식으로 본다면 말이다.

우리가 처음 대화하면서, 그 골퍼는 참을성이 없다고 말했다. 몇 번의 통화 후, 그는 자신의 취약한 웨지 플레이를 성급하게 매도하면서, 열을 올리며 나를 불렀다. "모르겠어요." 내가 물었다, "그 게임이 당신이 개선해야 할 것을 정확하게 제공하잖아요. 그 게임은 친절하게도 당신의 인내심을 시험하는 무언가를 주는 겁니다. 개선할 수 있는 좋은 기회입니다!" 그는 그 말을 들으려 하지 않았다. "그래서," 그가 직설적으로 물었다, "제 웨지를 더 가까이 붙일 방법을 말해주세요." 내가 대답했다, "<u>웨지로 더 까이 붙이려면, 가깝게 붙이려고 하지 않는게 더 좋겠습니다. 인내심을 가지고 역경에 대처해야 합니다. 인정해야 합니다.</u>"

나는 결국 골프 게임이 그를 코너로 몰아붙여 투어카드를 잃어버릴 뻔했던 6개월 동안 이 골퍼의 소식을 다시 듣지 못했다. 마침내 그가 역경에 대해 한탄하기보다 가치 있는 것이라는 생각을 하게 되었을 때, 그의 게임은 거의 즉각적으로 바뀌기 시작했다. 그래서 그것이 골프 게임이다.

피드백으로 좌절 보기

좌절(내 골퍼들에게 게임으로부터의 피드백으로 해석해주길 부탁)은 개선방안의 핵심 요소이다. 비록 결과가 중요한 건 의심의 여지가 없지만, 지속적인 학습과 개선 과정은 골퍼들의 발전에 필수적인 부분으로 여겨져야 한다.

결과에 지나치게 집중하면 이 과정을 방해한다. 결과에 너무 초점을 맞추면 골퍼들은 단기적인 해결책을 위해 장기적인 개선과 교환해야 하는데, 이것은 즉각적인 결과를 얻을 수 있지만 장기적인 재난으로 이어질 수 있다. 실험과정과 스스로 한계까지 밀어붙이는 것은 분명 일부분 나쁜 결과를 초래할 것이다. 우리가 그렇게 나쁜 결과를 만드는 것은 결국 중요하다. 훌륭한 선수들은, 모두 뛰어난 전문가들처럼, 그들의 한계를 밀어붙이고, 넘어지고, 흔들리며, 실수에 머물기보다는 실수로부터 배운다. "실패는 우리의 장의사가 아니라 우리의 선생님이 되어야 한다"고 데니스 웨이틀리(Denis Waitley)가 말했다. **"실패는 패배가 아니라 지연이다. 그것은 우회하는 길이지, 막다른 길이 아니다. 실패는 아무 것도 말하지 않고, 아무 것도 하지 않으며, 아무 것도 없음으로써 우리가 피할 수 있는 것이다."**

숙달 지향 선수들은 종종 교사들에게 개선 가능한 부분에 대해 조언을 받는 게 도움이 될 거라 믿는다. 조던은 그것이 그의 경력에 중요한 핵심이라 생각했다(골드먼(Goldman)과 팝슨(Papson), 1998):

―― 정신기술은 스미스(Smith) 코치에게 배웠거나 제가 참여했던 코칭스텝 과정에서 배운 게임 교육과 함께 이루어졌습니다. 텍스 윈터(Tex Winter)가 가장 도움이 된 이유는 아마도 그가 제 게임을 그 누구보다 더 비판할 사람이었기 때문이며, 제게는 그것이 강력한 힘이자 원동력입니다.

학생을 비평하는 것은 훌륭한 교사들에게 필수적인 과업이다. 나디아 불랑거(Nadia Boulanger)는 몇몇 미국 심포니(symphony) 오케스트라를 지휘한 최초의 여성으로, 아론 코프랜드(Aaron Copeland), 퀸시 존스(Quincy Jones), 엘리엇 카터(Elliot Carter)와 같은 위대한 사람들에게 주요한 영향을 끼쳤다. 교사-학생의 관계에 대해 물었을 때, 그녀는 사람들의 탁월성 발전에 대해 내가 가장 좋아하는 인용구 중 하나를 들었다: "아이를 사랑하는 것은 아이의 모든 변덕을 받아주는 걸 의미하지 않습니다; 아이를 사랑하는 것은 아이에게 최선을 다하도록 만들고 어려운 것을 사랑하도록 가르쳐 주는 것입니다."

여러분은 이중 브레이크 내리막 퍼트에서 짜증내는 게 아닌 즐거운 도전으로서 다가갈 수 있다. 여러분은 다양한 기상 조건에서 자신을 시험할 수 있는 기회로서 비와 바람의 상황에 접근할 수 있다. 한 달 동안의 저조한 스코어에 대해 게임에서 여러분의 약점에 대한 피드백을 제공받는 방식으로 해석하도록 선택할 수 있고, 그런 약점을 확인하고 교정하기 위한 재미있는 도전으로 볼 수 있다. 요점은 골프가 끝없는 도전으로 가득 찬 게임이며, 여러분은 이러한 도전들에 어떻게 접근하고 싶은지 결정할 수 있다.

그 도전들 중에서 일부는 명백하고 일부는 그렇지 않다. 우리는 아이언들이 가파르기 때문에 저조한 플레이를 펼친다. 우리는 원인을 알고 있고, 기계적으로

그것을 바로잡는다. 종종 우리는 게임을 제대로 하지 못하며 무엇이 불규칙한 드라이브, 일관성 없는 아이언 혹은 오프라인 퍼팅을 야기하는지 알지 못한다. 그 시간들은 분명 좌절감을 줄 수 있지만, 한편으로는 게임과 우리 내부의 숨겨진 세부 사항과의 미묘한 차이를 배우는 원동력을 제공할 수 있다. 일부 냉소주의자들이 생각하는 것과는 반대로, 그 게임은 비록 감정은 이해하지만 사람들을 괴롭히지는 않는다. 부분적으로 운에 의해 결정되는 게임에서, 우리는 종종 유리한 결과를 얻지 못하고, 항상 바람을 맞으며, 또는 항상 불리한 입장에 있는 것처럼 보일 수 있다. **게임의 무작위성에서 오는 좌절은 상대 선수의 공이 나무 위에서 튀어 나와 페어웨이 한가운데 떨어지는 것을 본다거나 그의 잘못 친 드라이브가 어떻게든 경계 내에 머물러 있는 것을 볼 때 더 악화될 수 있다. 사실 골프는 공정한 게임이고 아무도 프리패스(무료입장권)를 얻지 못한다.**

패턴을 내려놓기

다음은 2011시즌에 내가 어느 골퍼에게 보낸 이메일이다. 그것은 숙달 지향 골프가 어떻게 현실화되었는지, 우리가 역경을 어떻게 받아들이는지, 그리고 우리의 정신적 도구를 날카롭고 기능적으로 유지하기 위해 어떤 종류의 일을 지속적으로 해야 하는지 묘사하고 있다.

── 제가 항상 당신에게 "좋은 패턴을 유지하라" 혹은 "당신이 유지하는 패턴에 주목하라"고 말합니다. 제가 그 말을 했을 때 어떤 의미인지 정확히 알지 못할 수 있기에, 그래서 제가 바로 설명해주고자 합니다.

── 심리학에서 어떠한 효과에 대해 인기 있는 속담은 "행동은 행동을 유발한다"이다. 이 의미는 인간의 행동이 자체로 반복되는 경향이 있으며, 그것을 하는데 어떠한 도움도 필요하지 않다는 것이다. 이것은 특히 골프의 관점에서 생각해 볼 때 흥미롭다. 다음 내용을 생각해 보자: 좋은 사람들은 일반적이고 지속적으로 친절하다. "좋음"이 자체로서 반복된다. 성질이 급한 사람들은 하나같이 성질이 급한 경향이 있다. 프로이트(Freud)는 실제로 이런 행동과 삶의 패턴의 반복을 묘사하기 위해 "반복 강박(repetition compulsion)"이라는 용어를 만들었다. 스티브 스

> 트리커가 클럽을 던지기 시작했다면, 맷 쿠차가 험악해지기 시작했다면, 샤킬 오닐(Shaquille O'Neal)이 자유투를 성공한다면, 혹은 정치인들이 좋은 결정을 하게 된다면, 여러분은 분명 놀랄 것이다. 왜 그럴까? 행동은 같은 종류의 행동을 더 많이 초래하기 때문에, 우리가 발달시키는 습관은 관심을 기울이는 데 중요하다. 대체로, 그것들은 반복될 것이다.
>
> —— 그렇기 때문에(특히 년 초에) 결과를 무시하고 "게임을 보는" 방법에 주의를 기울이는 것이 중요합니다(당신이 항상 제게 듣는 또 다른 말). 만약 당신이 처음 한 달 동안 일상의 리듬에 대해, 얼마나 자유로워질 수 있는지, 부정적이지 않도록 보낸다면, 당신은 얼마나 시즌이 더 좋아지고, 좋아질 수 있는지 알 수 있습니다. 그게 우리 계획입니다―**당신이 처음 몇 년 동안 투어 생활을 했던 바로 그 올바른 곳으로 돌아가기 위한. 되돌아가세요 (1) 당신의 느낌을 찾고, (2) 자유로움을 느끼며(스코어를 잊고), (3) 기대치를 낮추기 위해 진정 열심히 하고, (4) 자신을 용서하는 것.**
>
> —— 당신과 다시 볼 수 있어서 매우 기쁩니다…

미국의 위대한 작가 고어 비달(Gore Vidal)은 장기간의 타임라인을 통해 "시간만 충분하다면 모든 건 누구에게나 일어난다."는 것을 관찰했다. 따라서 골프에서도 충분한 시간이 주어지면, 모든 사람들은 게임이 제공할 수 있는 모든 경험을 하게 된다: 좋고 나쁜 것들, 기복들. 어떤 라운드에서는 모든 바운스와 브레이크를 겪으며, 또 다른 라운드에서는 어떤 브레이크도 겪지 못한다. 때때로 우리는 68타를 74타로 바꾸고, 또 다른 때에는 74타를 68타로 바꾼다. 많은 골퍼들에게 중요한 터닝 포인트는 게임을 쉽게 가려는 방법을 찾는 걸 멈추고 대신 게임의 난관을 더 잘 관리하는 방법을 배우는 것으로 관심을 전환했을 때 온다. 그런 점에서, 아무도 여러분을 위해 경기를 쉽게 만들 책임(나도, 스윙코치도, 클럽의 경기 위원도 아니다)은 없다.

나 또는 어떤 선생님이라도 할 수 있는 최선은 골프가 변덕스럽고, 예측 불가능하며, 어렵다는 사실로부터 당신을 편안하게 만드는 것이며, 그 다음 가변성을 통해 자신과 게임을 관리할 수 있는 전략을 제공하는 것이다. 하지만 게임이 불

안정한 만큼, 그것은 또한 정직하고, 공정하며, 보상이 존재한다. 끊임없는 타임라인에서, 골프는 나쁜 생각을 벌하는 것만큼 좋은 생각으로 보상해 줄 것이다. 그리고 만약 여러분이 상위 수준의 골프에서 특이하고, 예측불가능하며, 요구가 많은 특성으로부터 편해질 수 있다면, 여러분은 스스로 몰입할 수 있는 중요한 첫 발을 내딛게 될 것이다.

CHAPTER 09

지속적 성공을 위한 자신감

운동선수의 심리적 무기에서 가장 중요한 도구는 자신감 또는 오늘날 심리학자들이 자기효능감이라 부르는 것일 수 있다. 선수에 있어서 자신감의 중요성은 운동 영역에서 너무나 받아들여져서 진부한 주제에 가깝다. 요즘 스포츠 중계방송에서 아나운서가 결정적인 시점에 패배한 팀이나 선수에게 "자신감을 잃은 것 같다" 혹은 다시 활력을 찾은 선수에게 "자신감을 되찾았다"는 식으로 얘기하는 것을 들은 적이 있는가?

그러한 상투적인 표현에도 불구하고, 스포츠에 대한 자신감은 성공에 필수적이다. 보스턴 셀틱스(Boston Celtics)의 수석 코치인 닥 리버(Doc River)는 팀의 자신감을 지속적으로 키우고 강화시키는 것의 중요성에 대해 호소력 있게 말해왔는데, 이는 그의 지도 아래 셀틱스가 6차례의 디비전 타이틀과 2008년 NBA 챔피언십에서 우승하는데 기여했던 확실한 전술이다. 2009년까지 NCAA 역사상 우승확률이 가장 높았던 대학 축구 코치인 어반 마이어(Urban Meyer)는 빠른 공격방법을 지지해왔다. 그가 쿼터백인 팀 티보(Tim Tebow)에게 지휘를 맡기며 공격을 늦추는 이유를 물었을 때, 자신감은 팀에 전염되기 때문에 그의 선수들이 가능한 한 티보와 오랫동안 웅크려 있게 하는 것이 중요하다고 말했다.

농구와 축구에서 자신감이 중요하듯, 나는 골프 게임에서 자신감이 증폭된다고 믿는다. 여기에 잭 니클라우스가 했던 방법이 있다:

―― 제가 알고 있는 건 개인 능력에 대한 내면의 확신은 골퍼의 기본 무기이며, 그것이 선수가 승리할 수 있는 위치에 있을 때 게임이 가하는 거대한 압박에 대해 가장 강력한 방어 수단이기 때문입니다. 골프의 신사적인 규약은 언제나 자기 확신을 매우 조심스럽게 숨기도록 요구합니다. 하지만 숨기든 말든, 절대로 그것 없이는 아주 멀리 가지 못할 겁니다.

비록 스포츠에서 자신감의 중요성은 항상 인정받아 왔지만, 심리학자들이 자신감을 향상시키는 구체적인 경험뿐만 아니라, 성과를 향상시키는 특정한 경로를 체계화하기 전까지는 그렇지 않았다. 이러한 돌파구로 인해, 우리는 더 이상 단지 자신감이 중요하다고 분명하게 말하는 것에만 국한되지 않는다. 이제는 그것이 왜 중요한지 구체화할 수 있다. 더 좋은 것은, 자신감이 어떻게 발달되고, 어떻게 그것이 길러지며 유지될 수 있는지 설명할 수 있다는 것이다. 심리학 분야에서 이러한 정신적 분별을 파악하는 데 시간을 보내는 연구자들에 의해 엄청난 도약이 이루어졌다.

인간은 다양한 성격적 특성과 기질을 가지고 태어나지만, 자기효능감은 인생의 과제와 활동을 헤쳐나감으로써 얻는 부분이다. **우리가 어떤 것, 특히 어려운 것을 성공했을 때, 성공에 따르는 느낌은 자연스럽게 우리가 그것을 다시 할 수 있다는 믿음이 함께 동반되며, 아마도 속도가 빨라지면서 노력을 덜해도 가능해지게 된다.** 결국, 처음 그것을 하면서 필요한 기술을 배웠고, 우리는 이제 그 지식을 이용하여 과정을 빠르게 할 수 있다. 또한 우리는 좀 더 어려운 것을 할 수 있다고 믿는데, 우리가 습득한 기술을 개선하거나 심지어 새로운 기술을 배우는 것이 필요하다.

골퍼들에게 중요한 형태인 자기효능감은 우리가 발전할 때 일어나는 특정 유형의 경험(예: 성공과 실패)과 그러한 경험에 대한 우리의 해석에서 비롯된다. 우리가 경험을 가장 잘 이해하기 위해 적극적으로 시간을 투자할 정도로, 우리는 여러분이 생각하는 것보다 자신감을 훨씬 더 통제할 수 있다.

계속되는 경험과 해석

자기효능감에 대한 신념을 만들고 육성하는 데 도움을 주는 첫 번째이자 가장 중요한 유형의 경험은 우리가 특정한 노력을 통해 거둔 성공이다. 간단히 말해 성공은 자신감을 낳고 실패는 자신감을 감소시킨다. 더 많이 이길수록 자신감은 커진다. 여러분이 5피트(1.5미터)가 넘는 거리의 퍼트를 위해 서 있는 동안, 여러분의 마음은 어느 시점에서 무의식적으로 "내가 이 퍼트를 성공할 수 있을까?"라고 자문해 볼 것이다. 그런 다음 경험 자료와 정신 일지를 뒤돌아보고, 그 때 펼친 일지가 어떤 페이지든지 간에 질문에 답한다. 만약 여러분이 5피트짜리 퍼트를 많이 성공시켰다면, 대답은 "이 퍼트를 성공시킬 수 있어."이며, 여러분의 뇌는 몸에 무엇을 어떻게 해야 하는지 말해주는 일상 업무를 수행한다. 만약 여러분의 몸이 그 과제와 부합된다면, 그에 따라 반응하며, 모든 것이 동일하다면, 퍼트를 성공시킬 가능성이 있다. 자기효능감을 분별하기 위한 경험 일지를 꺼내는 마음의 과정은 아담 스콧, 필 미켈슨, 애니카 소렌스탐(Annika Sörenstam)이 똑같듯이, 여러분과 나도 같다. 여기에 타이거 우즈가 하는 방법이 있다:

―― 압박감이 있을 때마다 제게 일어나는 일은, 제 스스로 매우 중요한 말을 할 수 있습니다. **"이봐, 전에도 이랬어."**라고 말할 수 있습니다. 정말 안심이 됩니다. 여러분은 그걸로 강해집니다. 이것은 여러분이 한계에 다다를 때마다 자신에게 말할 수 있는 강력한 표현이고, 여러분은 전에 해봤던 것을 이길 수 있는 기회입니다.

이전의 성공을 바탕으로 짐 퓨릭은 자기효능감을 확립하게 되었으며, 2006년 PGA 투어 상금 순위에서 2위에 올라가게 되었다. US 오픈에서 우승할 수 있다고 자신 있게 느끼는 이유에 대해 퓨릭이 말했다,

―― 글쎄, 제 생각엔 자신감이 확실히 구축된 거 같아요. **그건 제가 토너먼트에서 승리할 수 있는 능력을 가졌다는 생각과 그 능력을 가진 것을 아는 것 간의 차이입니다.** 저는 항상 제 자신과 능력에 대해 많은 자신감을 가지고 있었지만, 이미 한 번을 이기면 차이가 생깁니다.

하지만 자신감은 단순히 여러분의 실패를 제외한 성공들의 합계나 수학적 평균으로 나타나는 것은 아니다. 많은 것들이 방정식을 복잡하게 한다. 첫째, 자기 효능감을 높이는 것은 성공 그 자체가 아니다. 오히려, 그것은 성공에 대한 여러분의 해석이다. 생각해 보자. 성공적이거나 성공적이지 않은 게 무엇인지에 대한 실제적인 객관적 지표는 없다. 우리가 성공으로 간주할 수 있는 믿음은 그 행동에서 갖게 된 기대에 달려있다. 그리고 이러한 기대는 사람마다 다르다. PGA 투어 골퍼와 핸디캡 25의 주말골퍼는 멋진 날 70타가 기준인 코스에서 90타를 기록한 것에 대한 해석이 분명 다를 것이다. 투어 골퍼는 그런 스코어로 인해 자신감에 상처를 입을 것인 반면, 주말 골퍼는 곧 거물에 합류할 준비가 되었다고 생각할 것이다.

자신감은 긍정적인 마음가짐뿐 아니라 긍정적인 경험에서 온다. 짐 퓨릭(Jim Furyk)의 투어 성공은 자신감을 향상시켰지만, 자신과 긍정적 마음가짐에 대한 믿음이 그러한 성공을 이끌었다.

기대는 또한 같은 사람도 시간에 따라 다를 수 있다. 골퍼가 향상되면 성공적 플레이의 의미로 해석되는 스코어도 비슷하게 바뀔 것이다. 몰입의 달성에 대한 기대가 커짐에 따른 결과는 강력한데, 나중에 책에서 보게 될 것이다. 자기효능감의 성공과 실패 방정식의 또 다른 복잡성은 초반의 실패 또는 심지어 반복적인 실패가 자신감 저하로 이어질 필요가 없다는 것이다. 자신감을 형성하는 데 성공과 실패가 하는 역할은 우리가 각각의 경험에 얼마나 많은 무게를 주는가와 많은 관련이 있으며, 이 가중치는 종종 복잡한 방법으로 결정된다. 가끔 발생하는 실패가 아무리 심각하다고 해도, 만약 그 믿음이 시간과 경험을 통해 강력하게 길러진다면 우리의 능력에 대한 믿음은 약화되지 않는 경향이 있다. 예를 들어, 저조한 라운드와 특정 토너먼트에서의 오랜 결승은 어떤 코스에서 어떤 토너먼트건 우승할 수 있다는 확신에서 잭 니클라우스에게 충격을 줄 수 없었다. 강인하고 흔들리지 않는 똑같은 자기효능감은 오늘날 타이거 우즈에서 명백하게 드러난다.

 ## 편도체를 탓하다

인간은 성공을 통해 신장되기보다는 실패로 인해 자신감이 약화되는 경향이 더 높다. 성공에 수반되는 느낌들은 좌절할 정도로 순식간인 반면, 실패, 특히 공적인 실패에 따르는 자기 심문과 분노는 오랫동안 우리의 자신감을 손상시킬 수 있다-주로 평생 동안. 그 이유는 뇌 안에 편도체라 불리는 아몬드 모양의 모듈과 관련이 있다. 퍼팅 실수나 아웃오브 바운드 또는 물속에 빠지는 경우와 같은 부정 경험에서 편도체는 호르몬과 신경전달물질을 활용하여 그 경험을 강조한다. 학생들이 문서의 중요 부분을 강조하기 위해 노란색 형광펜을 사용하는 것처럼, **뇌는 부정적이거나 고통스러운 기억을 강조하기 위해 신경화학물질을 활용한다** (그래서 이별, 사랑하는 사람의 죽음, 또는 어린 시절의 트라우마를 잊고 극복하기가 너무나도 힘들 수 있다). 이 강조 과정은 외상 후 스트레스 장애의 핵심이다. 이 현상은 대회 3주 후에 72번째 홀에서 3피트(약 1m)를 놓쳤다는 질문을 받았을 때 그 이유를 설명해주는데, 부 위클리(Boo Weekley)는 "오늘까지도 여전히, 그 3피트짜리 그 퍼트는 약간의 두려움을 줍니다."고 말했다.

골프 역사는 트라우마 손상으로 인해 자신감에 영구히 타격을 입은 뛰어난 선수

들의 사례들로 넘쳐난다. 토니 재클린(Tony Jacklin)은 1972년 브리티시 오픈의 71번째 홀에서 리 트레비노(Lee Trevino)의 믿기 힘든 칩인에 뒤이어 그에게 챔피언십의 대가를 치르게 한 18피트(5.5m) 거리의 쓰리 퍼팅이 결코 같지 않음을 인정했다. 아놀드 파머(Arnold Palmer)는 1966년 US 오픈 마지막 9홀에서 최종 우승자인 빌리 캐스퍼(Billy Casper)에게 7타 차 뒤쳐진 후 몹시 흔들렸다. 그렉 노먼(Greg Norman)은 1996년 마스터스 최종 라운드에서 6타 차 선두가 뒤집힌 이후 다시 메이저 챔피언십에 출전하지 못했다.

연구들에 따르면, 우리가 종종 긍정적인 경험을 일반적인 감각으로 기억하는 반면, **우리는 부정적인 경험을 더욱 풍부하고 복잡한 세부적인 것으로, 그리고 더 오랜 시간 동안 기억한다.** 따라서, 골퍼가 기억하는 부정적인 경험이 더 많을수록, 또는 단 한 번의 나쁜 경험조차 더 강하고 감정적으로 기억할수록, 골퍼의 자기 효능감에 더 큰 영향을 미친다. 마음의 일기는 고통에 대한 좋은 기억력을 가지고 있다.

 ## 실패를 부추기지 말라

인생의 초점을 경쟁적인 골프로 지내온 엘리트 수준의 아마추어 골퍼가 어느 날 나를 찾아왔다. 그는 2년 전 부담스런 티샷으로 시작하는 파 5에 도착했을 때가 토너먼트 최종일에서 경쟁 중이었다고 내게 설명했다. 그는 전날 페어웨이를 놓쳤는데, 그것은 토너먼트의 마지막 날 그의 마음이었다. 전날 했던 것처럼 드라이브 샷을 오른쪽으로 하지 않으려고 애쓰던 그는 전날처럼 오른쪽으로 드라이브 샷을 했다. 아웃오브 바운드였다. 그는 훨씬 더 긴장감을 느끼기 시작했고, 그래서 또 다른 공으로 티업을 했다. 그는 그 문제를 올바로 인식하고 다시 한 번 오른쪽으로 치지 않으려고 애썼다. 그는 오픈 스탠스로 왼쪽을 겨냥했고, 슬라이스로 다시 오른쪽으로 아웃오브 바운드가 났다. 그는 성급하게 또 다른 공을 티에 놓고 왼쪽으로 끌어당기며 가파른 스윙을 했다. 아웃오브 바운드였다. 그다음 그는 5번 아이언으로 페어웨이에 보내고 나서 14타를 기록한 후 홀 아웃을 했다. 그는 다음 홀에서도 9타를 기록했다. 그 경험 이후 그는 경쟁적인 골프 라운드를 할 수 없었다. 그 당시 그는 USGA 1의 핸디캡 수준이었지만, 그 이후로 80타를 깨지 못했다.

그가 그 운명적인 토너먼트에서 경험했던 모든 성공에도 불구하고, 단 한 번의 경험이 그가 분명하게 칠 수 있는 스스로의 자신감과 샷 능력을 손상시켰다. 만약 우리의 성공 경험이 자기효능감을 구축할 수 있는 토대로 여겨질 수 있다면, 우리가 그러한 경험들뿐 아니라 우리가 그것들을 저장한 기억들로 이루어진 해석은 우리가 습득한 벽돌로 자신감을 구축하는 데 필요한 모르타르(결합재)로서 여겨질 수 있다.

성공적인 경험은 우리가 그것들을 기억하고 생생하게 기억을 유지할 수 있는 경우에만 자신감을 향상시키고 구축할 수 있다. 결국, 골퍼들이 자신감에 대해 가지는 통제의 척도는 양성을 수반하는 두 가지 정신적 전략과 직접적인 관련이 있다. **첫 번째는 그들이 얼마나 헌신적으로 성공 기억을 생생하게 유지하며 정신적 삶의 최전선에 있도록 하는가에 있다. 두 번째는 그들이 얼마나 효과적으로 지각된 실패와 실망을 정리하고 기억할 만한 기능을 행사하지 못하도록 하는가에 있다.** 또 설명하겠지만, 이 두 가지 전략은 골퍼들이 얼마나 효과적으로 몰입 상태를 발생시킬 수 있는지와 직접적인 관련이 있다.

트라우마에 빠져 나를 보러 온 아마추어 골퍼는 문제 있는 마음의 틀을 가진 전형적인 사람이다. 내가 그에게 질문했을 때, 그가 게임에서 자아 지향이라는 것을 알게 되었고, 플레이 자체보다 다른 사람들이 그의 플레이를 어떻게 보느냐에 더 관심 있었다. 그는 골프 코스에서 스스로 만들어가지 않았으며, 자신의 루틴을 따르지 않았다; 나중에 그는 며칠 동안 자신을 질책하고 계속 마음속에서 실패의 기억을 떠올렸다. 그는 근본적으로 부정 경험을 했고 그것을 부추겨서 야생적이고 파괴적이 되었다. 오래지 않아 그의 마음 정원에는 잡초가 무성해졌다. 그 결과, 그는 정원을 가꿀 수 없게 되었다. 대부분의 골퍼들은 자신의 경험으로부터 만회하지만, 교훈은 확실하다: 여러분이 부정 경험을 허락한다면 자기효능감에 타격을 받는다.

뇌를 훈련하라

　이 골퍼는 무엇을 했어야만 하는가? 자기효능감은 지각된 성공을 근간으로 하며, 지각된 성공은 성공했던 기억들을 근간으로 하기 때문에, 첫 번째 교훈은 선택적 기억을 통해 골프에서의 좌절과 실망스러운 경험을 어떻게 관리하는지 배우는 것이다. 타이거 우즈는 2007 도이치 뱅크 토너먼트의 마지막 세 홀 중 두 홀에서 쓰리퍼트의 불운을 겪었다. 타이거는 리포터로부터 마지막으로 한 일을 기억할 수 있느냐는 질문을 받았을 때, "아니요, 그리고 기억하고 싶지 않아요." 라고 대답했다. 타이거는 그의 실수와 잘못된 조치로부터 배운 후에 실패를 기억해봤자 이득이 없음을 잘 이해하고 있다.

　실패의 피해를 최소화하기 위해, 우리는 또한 성공으로부터 가능한 최대한의 이익을 얻어야 한다. 골프에서 마음을 활용하는 방법은 모든 굿 샷을 기억하기 위해 열심히 노력하는 것이다. **뇌는 부정적인 면이 각인되도록 연결되어 있기 때문에, 여러분은 주도적으로 굿 샷들과 긍정 경험들을 각인시키려 노력해야 한다.** 샷을 할 시간이 되어 뇌가 자신의 정신 일지를 돌아볼 때, 모든 챔피언 골퍼들은 비슷한 상황에서 굿 샷을 할 수 있는 시기에 대한 사항들을 팝업으로 알려주는 방식으로 기억을 잘 활용한다.

　경기에서 5번 아이언을 치기 전에 무슨 생각을 하는지 설명해달라는 질문에 프레드 커플스는 그가 지금까지 쳤던 최고의 5번 아이언 샷을 기억하려 한다고 주장했다. 이와 유사하게 전설적인 퍼터인 브래드 팩슨(Brad Faxon)은 **경기에서 마치 1000번 연속 같은 퍼트를 성공시킨 것처럼 매 퍼트에 임한다고 말했다.** 이런 의미에서 시각화는 엄청난 자산이다. 여러분이 제 아무리 우수한 골퍼라도, 멋진 샷과 긍정적인 기억을 재현한 골프 라운드 후에 보내는 시간이 미래에 더 좋은 샷으로 보답할 것이다. 그 날에 멋진 샷을 하지 않았을 경우에도, 선수들은 여전히 과거에 했던 굿 샷을 시각화할 수 있거나 혹은 미래의 멋진 골프 라운드가 어떻게 보이고 느껴질지 그려볼 수 있다.

　강조하고 싶은 것은 모든 샷이 나쁘게 느껴졌던 저조한 골프 라운드에서조차 성공을 재현할 수 있다는 것이다. 사실, 성공 재현은 형편없는 라운드를 한 후에 특히 도움이 된다.

이때는 찾기 위해 열심히 일하고 밝은 부분에 집중하는 것이 중요하다: 굿 퍼트, 부드러운 칩 샷, 열정적 드라이브 샷 또는 완벽하게 친 7번 아이언. **좋은 샷은 심지어 최악의 라운드에서도 일어나며, 우리는 그것들로부터 많은 것을 배우고 기억한다.** 나쁜 라운드를 충분히 보더라도, 여러분은 그 안에 몇 가지 밝은 부분이 있다는 것을 알게 될 것이다! 또한 밝은 곳을 찾기 어려운 경우에는 여러분의 미래를 바라보고 창조하라—그렇다, 창조하라—상상력을 활용해 탁월성을 그려 봄으로써 여러분의 운명을.

일화적 기억 창조하기

나와 상의하는 PGA투어 골퍼들과 자주 하는 운동은 자신감을 높이기 위해 계획된 것이다. 나는 그들에게 한 주간 그들이 쳤던 베스트 샷을 보여주는 이메일을 보내달라고 부탁한다. 그들의 일주일이 어땠는가와 상관없이, 나는 그들에게 정확한 세부사항으로 10개 정도의 베스트 샷을 기억하라고 요청한다. 다음은 2005년 혼다 클래식에서 한 골퍼의 예이다:

1. 동서풍이 부는 목요일 17번 홀 259야드 지점에서, 나는 3번 우드를 집어 들고 스탠스를 좁히며 깃발 왼쪽을 바로 겨냥했다. 나는 바람을 가로지르는 순수한 플랫 페이드 샷을 했고, 똑바로 나갔으며, 홀 뒤로 약 6피트 지점에 부드럽게 떨어졌다. 나는 페이스에 매우 강하게 맞힌 것을 조금 느꼈다.

2. 동서풍이 부는 토요일 16번 홀에서 나는 티를 꽂고 드라이버를 치려는데, 벙커를 흐릿하게 하려고 페어웨이를 지나 나무를 겨냥했다. 나는 공을 조금 더 앞에 놓고 페이스를 벗어나 공의 궤적을 선명하게 포착했으며 벙커의 오른쪽 끝에서 시작해서 페어웨이를 통해 내 목표물로 돌아간다. 나는 정확히 원하는 곳에 힘들이지 않고 순수한 티샷을 날렸다. 일요일에도 같은 바람이 불었고, 단지 공의 탄도를 좀 더 높여 같은 샷을 했다.

3. 서동풍이 부는 목요일 2번 홀 티오프에서 나는 3번 우드로 왼쪽 벙커 오른쪽 상단 모서리의 오른쪽인 페어웨이 좌측 중앙을 향해 약간 드로우로 샷을 하려고 했다. 나는 서두르지 않고 부드럽게 스윙을 해서 정확히 타깃을 향해 약간의 드로우가 걸렸다. 매우 견고하다.

4. 토요일 2번 홀에서 나는 그 홀에서 12피트 정도 오른쪽에 있었다. 나는 훌륭한 루틴을 했고, 라인을 분명히 그렸으며, 생각한 대로 정확하게 홀의 중심으로 빨려 들어가는 매우 본능적인 스트로크를 했다. 그것은 확실했다.

5. 바람이 도움이 된 토요일 2번 홀 147야드에서, 홀 중앙 뒤쪽으로 보내기 위해 조금 긴장하며 피칭 웨지 샷을 했다. 이틀 전에 나는 서둘러 스윙하다 뒤쪽으로 넘겨버려서, 그 생각을 없애고 홀보다 약간 짧으면서 7~8피트 정도 오른쪽에 있는 깃대의 그림자에 초점을 맞췄다. 나는 90퍼센트 정도 혼잣말을 했고 단지 그 위치에서 4피트 정도 오른쪽으로 갔을 뿐 내가 원하는 대로 정확히 샷을 했다.

6. 일요일 14번 홀 후방 왼쪽에 홀과 바람이 있어서 약간 오른쪽으로 보내야 하는 2020야드에서, 나는 바람에 맞서 페이드를 치지 않기로 했다. 만약 내가 긴장해서 낮게 치면 그린 중앙으로 똑바로 가서 바람을 타고 홀 쪽으로 가도록 더 자유롭게 스윙을 하기로 결심했다. 나는 부드러우면서 공격적인 스윙을 했고, 그것은 정확하게 내 타깃에서 시작되어 홀 오른쪽으로 약 6피트 정도 짧게 떨어졌다.

7. 일요일 11번 홀에서 나는 좋지 않은 4번 아이언 샷으로 왼쪽 벙커에 빠뜨려 15피트 정도 되는 무난한 벙커샷을 했다. 나는 스스로에게 최근에 해보지 않았던 퍼트라 말했고, 그래서 홀 위의 내 위치에 집중하고 있는 내 몸의 모든 세포에 전념했다. 나는 완벽한 속도로 순전히 퍼트했고 성공시켰다.

8. 금요일 12번 홀 왼쪽 벙커 앞에서 나는 내 위치로부터 약 35야드 떨어진 곳에 있는 그린의 깃대로부터 깃대 뒤 약 12피트 떨어진 그린에 떨어뜨리려 했다. 나는 공격적으로 스윙을 해서 세게 쳤다. 그것은 완벽하게 떨어졌고 그리고 나서 스핀이 걸려 홀 뒤 약 6피트 정도 거리에 안착했다.

9. 동서풍이 교차한 토요일 14번 홀에서 긴장한 채 3번 우드로 첫 번째 오른쪽 벙커의 왼쪽 가장자리로 바람을 고려하지 않고 플랫한 드로우 샷을 했다. 그것은 페어웨이 중심부로 흘러가서 작은 굴곡의 정상부근에 있는 완벽한 지점에 안착했다. 그것은 본능적이고, 자유로운 스윙이었으며, 쉽게 느껴졌다.

10. 후방 오른쪽 홀 위치이며 바람이 오른쪽에서 약하게 내 얼굴로 불어오던 일요일 15번 홀에서, 나는 홀 왼쪽으로 10피트 떨어진 내 타깃의 왼쪽으로 약 3피트 떨어진 곳에 약간의 페이드 샷을 하기 위해 6번 아이언으로 컨트롤 샷을 했다. 그것은 완벽한 거리였고 조금도 서두르지 않고 부드러웠다.

이 골퍼는 경험했을 당시에 샷뿐만 아니라 샷의 상황도 기억했다는 점에 주목하라. 이 점이 중요한 이유는 **뇌가 우리 삶을 구성하는 사건, 또는 일화들에 대한 기억이라고 부르는 것을 만들어내기 때문이다. 그러한 기억들은 자기효능감을 구축하는데 중요하다.** 이러한 일화적 기억들을 적극적으로 상기시키고, 기록하고, 재생함으로써, 이 특별한 골퍼는 그의 자기효능감을 향상시키고 있다. 이 경우에, 그는 혼다 클래식에서 좋은 성적을 거두었을 뿐만 아니라 봄과 여름 내내 계속되는 좋은 플레이의 상향 사이클을 시작했는데, 주로 그가 마음과 자신감을 통제했기 때문이다.

잭슨(Jackson)과 그녀의 동료들은 높은 자기효능감(예: 높은 자신감)이 몰입 상태를 촉진하는 데 중요한 요소라는 것을 발견했다. 그들이 실험한 모든 심리학적 변수들 중에서, 자기 효능감은 몰입과 가장 강력한 관계가 있었다. 자신의 역량을 믿는 선수들은 스포츠에서 높은 수준의 도전들에 놓여 있을 때조차, 도전과 기술 사이의 균형감을 경험할 가능성이 더 높다. 어려운 과제의 도전뿐만 아니라 그러한 도전들을 극복할 능력이 있다고 믿는 골퍼들은 최선을 다하는 경향이 있다. 그들의 신념 체계는 몰입 상태에서 최적의 기능을 하는 심리적 온상(사육장)을 제공한다.

탄탄한 자기효능감 없이는 몰입 생성이 불가능하다. 자기효능감, 또는 자신감은 기본적으로 결과를 달성하는 능력에 대한 여러분의 믿음이라는 것을 기억하라. 좋은 소식으로서 이 장에 요약된 특정 기술을 지속적으로 적용하면 시간이 지나면서 자신감을 강화하고 수행과 몰입 경험 능력을 현저하게 향상시킬 수 있다는 것을 과학이 입증하였다.

　나는 PGA 투어에서 몰입을 처음 목격했던 때를 결코 잊지 못할 것이다. 2002년 시즌 동안, 데이비스 러브 3세(Davis Love III)와 나는 꽤 좋은 친구가 되었다. 2003년에 접어들면서 우리는 골프의 다양한 측면에 대해, 특히 그들이 게임의 정신적인 면과 관련 있기 때문에, 정기적으로 이야기해 왔다. 우승이 없었던 2002년과 4년 간 오직 1승만을 거둔 후 데이비스는 분명 새로운 관점과 아이디어를 열 수 있었다. 타이거 우즈 현상이 본격화되면서 데이비스는 스코어, 필드, 적수보다는 숙달 지향 골퍼와 골프 코스 플레이라는 생각에 사로잡혔다. 3월에 플레이어스(Players) 챔피언십 최종 라운드에 출전하면서, 그는 자신을 위해 많은 일들을 했다. 그는 캘리포니아(California)에서 시즌 초반 우승을 거두었고, 그의 자신감은 높았으며, 그는 우리가 논의해왔던 원리를 적용하는데 깊이 전념했다.

　나는 그 가랑비 내리는 일요일에 데이비스와 함께 걸으며, 처음으로 PGA 투어에서 몰입을 목격했다. 그 기억은 뇌 속에 또렷하게 새겨져 있고, 나는 결코 그것을 잊지 않을 것이라 확신한다. 라운드가 펼쳐지면서 데이비스는 보통 때와는 다르게 걷기 시작했다. 그의 일요일 라운드를 특징짓는 예민한 기운은 사라졌다. 그 곳에서 예민한 기운은 철저히 해소되었고 차분한 집중을 보였다. 비록 그가 좋은 친구인 프레드 커플스와 플레이하고 있었지만, 데이비스의 관심은 다른 곳에 있는 것처럼 보였다. 그날 나의 메모에는 그를 "내적, 외적 모두 동시에"라고 묘사했다.

　그리고 난 후, TPC 소그래스(Sawgrass)의 파 5인 7번 홀에서 전환이 펼쳐지면서, 데이비스는 버디를 만들었다. 그는 버디를 축하하지는 않았지만 홀에서 공을 부드럽게 꺼냈다. 그는 침착하게 8, 9, 10, 11, 12번 홀에 버디를 추가해 6연속 버디를 낚았다. 그는 몇 홀 후에 이글을 추가하여 최종 라운드 64타를 기록했는데, 이는 그날의 평균 스코어보다 10타 적은 기록이었다.

　이후 기자회견에서 데이비스는 "제가 지난 몇 달 동안 쌓아온 것이기 때문에 이 골프 라운드를 평생토록 기억할 겁니다."라고 말했다. **데이비스는 숙달 지향 골프를 하고, 리더보드를 보지 않으며, 한 번에 한 샷을 하고자 하는 그의 진보적 시도를 언급하고 있었다.** 우리 모두 그렇듯, 그는 내부적으로 기대와 결과를 무시하려고 애썼지만, 결국 싸움에서 이겨서 성과를 거두었다.

03 PGA 투어에서의 몰입

―― 저는 스코어보드를 보지 않으려고 최대한 노력하고 있었습니다... 정말 스코어 생각을 멀리 했어요... 매 샷을 하고, 스코어를 걱정하지 않고 타깃을 잡으면서 제가 하고 있는 일에 집중하려 노력했습니다.

내가 이 책에서 말했듯이, 몰입은 다차원적인 경험으로 선수들의 게임에서 여러 가지 측면의 정점이 함께 하는 것이다. 데이비스의 64타는 내가 처음으로 신체적, 기술적 탁월함이 모여서 몰입으로 작용하여 자기효능감과 숙달 지향 골프를 목격할 수 있었던 순간이었다.

그 마법 같은 라운드 이후, 나는 몰입의 구조에 매료되었고, 지난 10년 동안 다행스럽게도 그것을 여러 차례 목격할 수 있었다. 이러한 몰입 상태는 내가 함께 일한 선수들이 수차례 만들어 냈으며, 적절한 시기와 장소에서 행복한 우연의 일치처럼 마주하게 되었다. 때로는 몰입 상태가 몇 개의 홀을 지속하기도 하고, 때로는 골프의 전체 라운드 간 지속되기도 한다. 내가 한 가지 확신하는 것은 몰입은 실제이고, 여러분은 그것을 보면 알게 된다.

이어지는 내용은 지난 몇 년간 몰입 상태를 묘사한 이야기들과 골퍼들이 몰입 발생을 가능하게 하는 정신적 준비에 대해 배운 것들이다. 각각의 이야기는 하나의 중요한 몰입 차원을 강조한다. 이 이야기들을 통해 나는 여러분이 계속 골퍼로서 스스로 성장하고, 개선하고, 발전하며, 여러분이 몰입해서 골프를 칠 수 있는 기회를 늘리는데 도움이 될 교훈들을 배우고 자신을 조금이나마 보게 되길 바란다.

part 03 PGA 투어에서의 몰입

CHAPTER 10

맷 쿠차
게임을 사랑하기

맷 쿠차(Matt Kuchar)는 2009년에 시카고에서 있었던 BMW 챔피언십의 최종 라운드에서 최종 그룹에 합류했고 토너먼트에서 이길 정당한 기회를 가졌다. PGA 투어 플레이오프의 첫 시즌 동안 판돈은 컸다: 잘 하면, 다음 주 애틀랜타(Atlanta)에서 열리는 투어 챔피언십 출전권을 확보한다; 형편없이 경기하면 탈락한다.

투어 챔피언십에서의 플레이 가능성에 대한 모든 것이 맷을 흥분시켰다. 조지아 공대 졸업생이자 애틀랜타 거주자인 맷은 가족, 친구, 이웃들 앞에서 홈 게임을 하는 장면을 열망했다. 애틀랜타에 있는 동안, 그가 그 코스를 좋아한다는 것을 알 정도로 자주 이스트 레이크(East Lake)에서 플레이를 했다. 거기서 겪었던 경험이 자신에게 유리할 것이라 믿었다. 마침내, 맷은 최근 그의 경력에 따른 추세를 뒤바꿨다. 2009년이 될 때까지 그는 한 해를 힘차게 시작하는 패턴을 설정했지만 6월 이후 시들해졌다. 2009년에 그는 마침내 그가 찾고 있던 일관성을 찾게 되었다; 그는 늦여름까지 잘했으며 계속 유지키질 원했다.

이 모든 기대감으로 인해 토너먼트에서 1위였던 맷은 최종 라운드 75타를 쳐서 10위로 떨어졌고 투어 챔피언십 출전권이 상실되었다. 상상하는 것처럼, 맷은 처음에 실망했다. 이런 경험을 겪을 때, 모든 골퍼는 선택권을 가지고 있다. 사실, 현실이 있으면 그 현실로부터 여러분이 하는 것이 있다. 맷은 선택의 여지가 있었다.

이 같은 시기에 많은 골퍼들은 나쁜 라운드의 감정적인 허탈감에 초점을 맞춘다. **그들은 기분이 나쁘고, 너무 많이 자책하여 계속 기분 나쁜 채로 있다. 그들은 상처받길 원한다. 많은 경우에, 그들은 개인적인 공격을 함으로써 자기 파괴적인 태도를 증가시킬 수도 있다.** 단지 감정에 집중하기 보다는, 그들은 경기력을 공격하는 것에서 자신의 특성을 공격하는 개념적 도약을 한다: **"너는 승리하기에 부족해. 넌 패배자야. 너는 필요한 것을 가지고 있지 않아."**

나는 재능 있는 골퍼들이 이러는 것을 자주 본다. 분명히, 그들은 잘하지 못했기 때문에 화가 났고 앞으로 더 잘하기를 바라고 있다. 하지만 자신을 파괴하는 것은 좋은 수행에 반하는 것이기 때문에, 나는 항상 이 사람들이 실제로 더 좋아지는 것에 대해 얼마나 관심을 가지는지 궁금했다. 그들은 나아지고 싶다고 말하지만, 만약 그들이 진정으로 나아지기를 원한다면, 감정을 더 잘 다스려야 할 것이다. 적어도 그것이 내가 보기엔 화를 내고 그것을 개선하려는 자기주장의 강한 욕망을 드러내는 골퍼들이 있다.

비록 이 골퍼들이 자기 연민에 빠져 있고 자기 학대에 있지만, 위대한 챔피언들은 일찌감치 더 잘 되는 쪽으로 관심을 돌렸다. 챔피언들은 계속해서 향상을 위해 진전하는데 집중한다.

이 잣대로 따지면, 맷 쿠차는 위대한 챔피언이다.

맷은 2009년에 할 수 있는 한 상황을 정리하고 모든 부정을 긍정으로 바꾸기로 결정했다. 맷은 천성적으로 긍정적인 사람이기 때문에 이 일은 어렵지 않았다. 구체적으로, 맷은 세 가지에 초점을 맞춤으로써 부정적인 면을 긍정적인 것으로 바꿨다: 그가 잘한 것, 그가 구축할 수 있는 것, 그리고 가장 중요한 것은 그가 경험으로부터 배울 수 있는 것들이다.

그게 사랑과 무슨 상관이지?

긍정 이상으로서, 맷은 대체적으로 경쟁과 특히 골프 게임에 대한 깊은 애정을 가지고 있다. 이 애정 덕분에 그는 지난 몇 년이 지나도록 투어에서 가장 꾸준한 선수 중 한 명이 되었다.

여러분은 경쟁과 골프에 대한 맷 쿠차의 사랑이 몰입과 위대한 골프와 무슨 관계가 있는지 질문할 수 있다. 바로 그게 투어에서 몰입에 빠지고 잘 할 수 있는 그의 능력과 모든 관련이 있다는 것이 답이다!

몰입 상태의 가장 정의적이면서 지속적인 특성 중 하나는 사람들이 좋아하는 일을 할 때 거의 항상 발생한다는 것이다—그들이 좋아서 애정을 가지고 하는 것들.

사람들은 보통 정원 가꾸기, 요리, 스포츠 즐기기, 수영, 보트, 그림 그리기, 비디오 게임, 심지어 매력적인 대화를 하거나 장거리 자동차 여행을 할 때 몰입을 경험한다. 활동이 무언가 긍정적인 감정을 유발하는 한, 객관적인 일은 반드시 필요한 부분은 아니다. 생각해 보자. 여러분은 두려운 일을 하면서 몰입해 본 적

이 있습니까? 아마도 대답은 "아니다"일 것이다. 우리의 생각을 산산조각 내거나 모든 관심을 사로잡지 못하는 활동이나 경험은 몰입과 정반대되는 분열되고 위축된 마음의 상태를 만들어낸다. 이것은 존 듀이(John Dewey)의 유명한 관찰과 일치한다. "효과적인 사고에 있어서 흥미가 멀어지는 것보다 더 큰 적은 없다." 과제가 무엇이든 간에, 그것은 여러분의 관심을 사로잡고 긍정적인 느낌을 불러와야 한다.

내가 자주 몰입에 빠지는 골퍼의 흔한 예로 맷 쿠차를 들었을 때, 대체로 반응은 다음과 같다: "글쎄요, 골프를 사랑하는 것이 그렇게 어려울 수 있을까요-특히 매주 수백만 달러를 위해 플레이한다면?" 이 대답은 요점을 완전히 놓치고, 외적 보상으로 인한 동기와 수행의 감소 효과를 보여주는 풍부한 연구결과에 편승한다. 사실 맷의 플레이 수준에서 성공하려면 너무 많은 시간, 전념, 희생, 헌신이 필요하기 때문에, 게임 자체에 대한 애정이 없이 외적 보상만으론 맷이 매주 간 PGA 투어에서 이룬 골프 유형을 결코 만들지 못할 것이다.

게임에 대해 더 잘 알게 될수록 여러분은 많은 사람들에게 얼마나 좌절감을 줄 수 있는지 더 많이 알게 된다. 골프는 종종 사람과 게임 사이의 연애처럼 시작된다. 우리 중에서 얼마나 많은 사람들이 황혼녘이나 어두워질 때까지 골프코스 혹은 드라이빙 레인지에 머물며, 종종 밤의 어둠 속으로 공을 때리고 손전등을 비추며 찾아다닐까? 내가 10대 초반이었을 때 친구들과 나는 밤에 골프를 하며 많은 저녁시간을 보냈다. 우리는 공을 치고 "그건 푸시처럼 느껴졌어."라고 말했다. 우리는 손전등을 들고 공을 찾으러 가고, 해질녘에 우리가 코스 밖으로 나가지 않을 것이라 예상하여 가방을 미리 싸두었다. 나는 어린 나이에 게임에 열중했고 충분히 얻지 못했던 많은 골퍼들을 알고 있다.

이 연애 사건은 결국 우리가 어떤 향상이 보이지 않은 채 고된 노력의 시기에 접어들면서 달콤 쓸쓸해진다(게임은 때때로 우리의 모든 걸 바꿔놓는다). **우리는 종종 골프를 다시 하겠다는 생각을 순간적으로 증오하게 되는 무서운 슬럼프에 스스로 빠진다. 골퍼들이 이 발달 단계에 어떻게 대응하느냐가 그들의 향후 발전을 강하게 형성한다.** 이런 점에서 그 게임에 대한 철학적인 접근이 도움이 될 수 있다.

스티브 스트리커는 2003년 슬럼프의 한복판에 빠져 있을 때 "경기가 매우 변덕스럽습니다. 현재 티에서 다음 티까지 찾거나 또는 현재 티에서 다른 티까지 잃을 수 있으므로, 계속해서 꾸준히 유지하고 임해야 합니다."라고 말했다. 게임이 진전되고 플레이가 더 잘되기 시작하면서 그는 "그것이 게임의 본성이라고 생각하고, 그것이 제가 깨닫게 된 점입니다."라고 피력했다.

더 좋고 더 나쁘게

내가 수 년 넘게 골퍼들과 함께 일하면서, 그들이 골프 클럽을 부수고, 그들의 클럽을 호수에 던지고, 게임을 완전히 포기하겠다고 맹세했던 이야기들을 많이 들었다.

좌절은 경기의 일부이다. 사실 여러분이 게임을 향상시키기 위해 끊임없이 노력할 수 있지만, 게임은 예측 가능하고 꾸준한 속도로 진행되지 않을뿐더러, 또한 여러분은 게임을 완전히 지배하지 못하며 출전할 때마다 완벽한 수행이 불가능할 것이다.

주말 골퍼를 괴롭히는 좌절감은 세계 최고의 선수들에게도 예외는 아니다. 우리가 8장에서 논의한 것처럼, 아마도 최고의 선수들은 결코 플레이가 저조하거나 좌절하지 않았기 때문이 아니라, 다른 사람들보다 그러한 경험을 더 잘 흡수하기 때문에 가능했을 것이다. 퍼트를 미스하거나 드라이브 샷이 아웃오브 바운드가 난 후 어떤 느낌일지 생각해보자. 이제 이런 느낌을 수천 번, 매주에 걸쳐 갖는다고 상상해 보라. **매 주마다 공항, 렌터카, 호텔, 선두 빼앗김, 컷 탈락, 숨막힘, 비난, 슬럼프 등이 혼합된다. 모두 말해, 프로 골퍼의 삶은 피곤하고, 따분하며, 지칠 수 있다.**

하지만 일부 선수들은 끝까지 버티고, 게임의 기복을 포용하여, 커다란 성공을 만끽한다.

맷 쿠차의 사고방식은 부정적인 태도가 커지는 것을 방지한다. 2010년에 맷은 게임에 대해 자신이 어떻게 생각하는지 어느 정도 이해하게 되었:

―― 저는 게임을 사랑합니다. 저는 골프를 사랑합니다. 저는 연습을 사랑합니다. 저는 그 모든 걸 사랑합니다. 저는 기회를 사랑합니다. 그리고 설령 기회가 오지 않더라도, 그것이 여러분을 더 강인하고 튼튼하게 만든다고 생각합니다. 만약 여러분이 그것에 굴복당하지 않는다면, 만약 여러분이 계속해서 앞으로 나아가고, 구사일생 한다면, 그것들은 여러분이 미래에 더 좋은 기회를 만들 수 있도록 해줄 겁니다. 재밌죠. 저는 여기서 좋은 시간을 보냅니다. 저는 가족 여행을 합니다. 저에게는 소중한 가족이 있습니다. 저는 프로 골퍼로서의 삶을 즐깁니다. 훌륭한 인생이라고 생각해요. 생계를 유지하는 훌륭한 방법이죠. 정말 운이 좋은 것 같습니다.

여기서 중요한 건 맷이 잘하고 있을 때만 골프를 사랑하는 것이 아니다. **그는 게임의 모든 것-최고와 최저, 도전과 성공을 사랑한다.** 맷의 말을 균형 잡힌 시각으로 보면, 그는 실망스러운 마무리를 한 후 그것을 해냈다는 것을 알 수 있다.

또한 그는 2002년 PGA 투어 대회에서 우승했고 그 즉시 장기간의 슬럼프에 빠진 것에 주목해보자. 이 슬럼프 기간 동안 그는 골프 스윙과 태도 모두 바꾸기로 결정했다.

사람들이 연간 백만 달러를 번다면 골프를 매우 사랑할 거라고 말하는 사람들은 역의 인과 관계에 대해서는 유죄나 다름없다. **맷은 골프에서 돈을 벌기 때문에 골프를 사랑하지 않는다. 맷은 골프를 사랑하기 때문에 돈을 번다.** 그는 힘들 때도 골프를 사랑했고, 그것이 그가 출전권을 상실한 때로부터 2010년에 PGA 투어에서 가장 낮은 평균 스코어를 기록한 사람에게 주어지는 바이런 넬슨 상을 받게 해주었다.

박사과정 중에 나는 인간 성취에 관한 강좌를 들었다. 지도교수는 나에게 운동뿐만 아니라 성취 영역을 넘어 탁월성의 근본적 패턴을 탐색하는 과제를 주었다. "최고 중의 최고를 연구해 보게, 지오."라고 지도교수가 말했다. "그리고 패턴을 찾아보게. 그들 모두 공통점이 무엇일까?" 그 질문은 지난 15년 간 내 작업의 초석이 되어 왔다.

일반 수준에서 패턴은 흔하고 잘 알려져 있다: 훈련, 직업윤리, 연습, 지능, 평정, 그리고 전념. 여러분은 서점의 자기계발 코너를 둘러볼 수 있고 더 나은 삶을 사는 것에 대한 조언이 부족하지 않은 걸 발견할 수 있다. 하지만 흥미, 참여, 열정, 그리고 여러분이 하고 있는 일에 대한 사랑과 같은 무형의 변수들도 있다! 일반적으로 사람들이 가장 좋아하는 활동을 할 때 몰입한다는 것은 잘 알려져 있으며, 따라서 게임에 대한 열정을 계속 유지하는 것은 몰입을 위한 땅을 비옥하게 해준다.

그것을 실제로 유지하기

예를 들어, 작가 크리스토퍼 맥도걸(Christopher McDougall)은 2009년에 자신의 책 "달리기 위해 태어나다(Born to Run)"에서, 전통적인 26마일(42km) 마라톤을 단거리 경주처럼 보이게 하는 장거리 선수들의 근대적 현상을 연대순으로 서술한다. 이 울트라 마라톤 선수들은 42마일(68km)을 정상적인 거리로 생각하는 경향이 있으며, 때로는 한 번에 75마일(120km) 이상 달린다. 이 독특한 하위집단을 탐색하는 동안, 맥도걸은 타라후마라(Tarahumara)라고 불리는 멕시코의 시에라 마드레(Sierra Madre) 산맥에 사는 토착 부족의 삶을 발견했는데, 지구에서 가장 먼 거리를 달리는 사람들로 널리 알려져 있다. 타라후마라 부족은 초인적인 거리를 달릴 뿐만 아니라 주로 옥수수 가루와 맥주를 기본으로 한 식이요법을 하며, 값비싼 운동화 대신 간단한 가죽 랩을 발에 두르고 있다. 더 놀라운 것은 타라후마라 부족이 피로, 질병 또는 부상에 대한 보고가 거의 없다는 점이다.

이 부족의 고성능 달리기 능력에 대해서는 많은 설명이 제시되었지만, 심리적 특성에서 미국 선수들과 뚜렷한 대조를 보이는 것보다 더 설득력 있는 주장은 없다. 타라후마라 부족이 거리를 증가시키고 시간을 줄이는 동안, 미국의 최고 장거리 선수들은 정반대의 행동을 하고 있었다. **가죽 끈으로 달리고 맥주를 마시는 사람들은 향상되고 있는 반면, 에너지 바를 먹고 기술적으로 최첨단 운동화를 신고 달리는 사람들은 점점 더 나빠지고 있었다.** 맥도걸에 따르면,

> 80년대 초까지 위대한 보스턴 육상 클럽은 6명의 남자 선수가 마라톤에서 2시간 12분을 뛸 수 있었다. 그 6명은 하나의 도시에 있는 하나의 클럽에 있다. 20년 후 당신은 그 나라 어디에서도 2시 12분에 달리는 마라톤 선수를 한 명도 찾을 수 없었다... 어떻게 된 걸까? 어떻게 우리가 선두의 대열에서 패배하고 사라졌을까?

―― 미국의 접근은... 너무 인위적이고 이기적이다. 바로 얻으려고 하는 것은 지나치다. 그것은 예술이 아니었다; 그것은 비즈니스였고 냉철한 보상이었다. 그도 그럴 것이 많은 사람들이 달리기를 싫어한다; 만약 그것이 끝내기 위한 수단일 뿐이라고 생각했다면, 여러분이 충분히 보상을 얻지 못했다면 왜 달리기를 고수하겠는가?

맥도걸은 미국 달리기의 쇠퇴를 더 깊이 탐구하고, 그렇게 함으로써 골프 게임에 적용될 수 있는 많은 도발적인 질문들을 던진다:

―― 현대 과학의 모든 연구와 과학기술이 어떻게 달리기의 발전을 감소시켰는가? 어떻게 타라후마라 부족이 최신 운동화를 착용하지 않고도 부상이 적을 수 있을까? 어떻게 옥수수 가루가 오늘날 우리의 에너지 바와 단백질 쉐이크보다 더 좋은가?

맥도걸의 단순하고도 직접적인 결론은 맷 쿠차가 조용히 골프계의 정상에 오를 수 있었던 이유를 정확하게 설명해 준다. **"타라후마라 부족의 진정한 비밀: 그들은 달리기를 좋아하는 기분이 어떤 건지 결코 잊지 않았다"**.

맥도걸이 제시하는 요점은 심리학 연구와 일치한다. 달리기에서 보상제도의 도입이 스포츠를 해치고 미국 선수들의 발전을 지연시켰다는 그의 주장은 새롭지 않다. 내적 동기와 외적 동기의 차이와 동기가 골퍼의 경험과 몰입 능력에 미치는 영향에 대한 우리의 논의를 기억하라(6장).

심리학 연구자들은 동기의 차이가 수행에 깊게 영향을 미친다는 것을 보여주었다. 예를 들어, 독서를 즐기기 때문에 책을 읽는 학생들은 보상을 받고 책을 읽는 학생들보다 읽은 내용을 더 잘 기억하고, 더 자주 읽으며, 읽기시험을 더 잘 치르는 경향이 있다. "해야만" 하기 때문에 책을 읽는 아이들은 시험에 합격할 수 있을지는 모르지만, 연구는 독서를 더 이상 요구하지 않을 때 읽는 것 외에 다른 활동을 선택한다는 것을 보여준다. 반면에, 독서를 좋아하도록 칭찬받은 아이들은 표준화된 성취시험을 더 잘 하며, 자신의 자유의지로 자연스럽게 책을 집어들 가능성이 더 높다. 타라후마라 부족이나 본질적으로 동기화 된 골퍼들처럼, 이 아이들은 그렇게 하는 것을 즐기기 때문에 그들의 삶의 궤도 전반에 걸쳐 그들의 기술을 계속 연마할 것이다.

마찬가지로, 미국의 학생들에 대한 연구는 학생들의 학업에 대한 흥미와 3학년 후에 배우는 즐거움이 급격히 감소함을 보여준다. 다시 말해, 미국 학생들은 대체로 3학년 때까지 배우고 통학하는 걸 좋아한다. 그 시점에서, 그들의 동기와 즐거움이 감소하기 시작한다. 연구자들은 이러한 동기의 변화는 성적이 교과과정에 도입됨에 따라 일어난다고 지적한다. 초반에는 학습, 사회화, 그리고 협력을 위한 학습에 초점을 맞춘다. 그 후에는 성적을 올리고, 교사들에게 깊은 인상을 주며, 동료 학생들과 경쟁하는 것으로 초점이 옮겨진다.

아마도 연구자들에게 가장 혼란스러운 것은 호기심, 배우려는 욕구가 선천적이고 본질적인 특성이라는 것이다. 많은 이론가들은 모든 프로그램들과 외적인 보상이 제공되는 학교들이 자연스런 호기심을 방해하고 그들이 적극 홍보한 바로 그 학습을 저해한다고 주장한다.

골퍼들을 위한 이 모든 연구들이 주는 메시지는, 좋은 골프는 자기강화에 더하여, 주의를 산만하게 하고 지장을 줄 수 있는 보상을 야기한다. 이러한 보상이 주목받는 것, 돈, 사회적 집단에서의 지위 형태를 취하든, 아니면 단지 개인 최고 스코어를 받든, 골프의 모든 수준에서 외적인 보상은 존재한다. 이런 보상에 의해 사고방식에 지장을 받을 수 있는 골퍼들 또한 불평을 한다거나 마음이 어수선해진다-초점을 맞추고 조용히 유지하는 능력에 침투하는 불평의 형태로. 골퍼들은 보상으로 하여금 골프 게임에 대한 그들의 본질적인 관심과 열정을 대신하지 않도록 조심하는 한 이러한 보상을 확실하게 즐길 수 있다. **게임과 함께 오는 보상을 즐기는 동시에 게임을 자체적인 조건으로 즐기는 것은 전적으로 가능하다**; 핵심은 동기에 관한 관점을 유지하는 것이다.

궁극적으로, 심리학 연구인 타라후마라, 그리고 맷 쿠차로부터 배워야 할 교훈은 계속해서 골프를 사랑하는 것이다. 여러분은 한 사람으로서 계속해서 성장하고, 발전하며, 변화할 것이고, 그렇게 하면 여러분의 골프는 진화할 것이다. 각 발달 단계를 즐기는 것으로 여러분은 게임에 대한 해결책을 더 빠르고 효과적으로 볼 수 있고, 더 좋은 시각을 유지하며, 스트레스를 더 잘 관리하고, 아마도 언젠가 바이런 넬슨 상을 받을지도 모른다! 맷의 경우, 그의 골프 사랑은 실망스러운 일요일을 부정 경험이기 보다는 배움의 경험으로 여기게 해주었다. 그는 두려움 없는 모든 골퍼들이 "이 경험을 통해 무엇을 배울 수 있을까요?"라고 묻는 간단한 질문에 대답하는 데 에너지를 쏟았다. 그 질문을 통해 맷은 선두에 가까웠던 일요일에 너무 보수적으로 플레이하는 경향이 있음을 깨달았다. 그는 자신의 교훈을 배우고, 과정을 다듬으며, 다음 일요일에 좀 더 공격적인 마음가짐을 가졌다. 그 결과 터닝스톤(Turning Stone)에서 최종 라운드 69타를 기록했고, 우승이었다.

part 03 PGA 투어에서의 몰입

CHAPTER 11

저스틴 로즈
자신의 동기를 이해하기

화요일 플로리다 주 폰테 베드라에서 열린 2010년 플레이어스 챔피언십에서 내가 드라이빙 레인지를 가로질러 걷고 있었을 때, 내 친구이자 동료로서 유명한 스윙 교습가 션 폴리(Sean Foley)로부터 전화를 받았다. 세계 최고 50위(션 오헤어, 저스틴 로즈, 헌터 메이헌(Hunter Mahan), 스티븐 에임스(Steven Ames), 그리고 타이거 우즈) 중 4명이 포함된 안정적인 골퍼들과 함께, 션은 가장 인기 있는 PGA 투어 코치 중 한 명이 되었다. 또한 그는 지금까지 만난 코치들 중 가장 정통하고, 박식하며, 역동적인 코치들 중 한 명이다. 그는 골프 스윙과 골프의 더 큰 맥락 내에서 그것의 역할에 대한 굉장한 이해를 가지고 있다.

"지오," 그가 말했다. "당신을 위한 프로젝트가 있을 거 같습니다." 밝혀진 대로, 그가 언급했던 프로젝트는 션과 함께 약 1년간 일해 왔던 그의 고객 저스틴 로즈였다. 2010년 플레이어스 챔피언십이 시작될 무렵, 저스틴의 메커니즘과 기술은 최상이었다; 그는 클럽으로 션이 원했던 바로 그 스윙을 하고 있었다.

션: 웜 업은 믿기 어려울 정도예요, 지오. 흠잡을 데가 없어요! 이보다 더 좋은 건 본 적이 없습니다!
지오: 그런데요?
션: 그렇지만, 우리는 결과를 얻지 못하고 있어요. 그의 연습 세션은 아름다움에 불과하기 때문에 정신적인 부분이라고 생각해요.
지오: 이 이야기를 전에 들어본 적이 있어요-**훌륭한 메커니즘, 나쁜 결과.** 계속 소식을 전해주시고 제가 개입해서 도움을 드릴 수 있는지 알려주세요.

다음 며칠이 지나고, 로즈의 좋은 웜 업 패턴은 약간의 차이가 있긴 했지만, 잇따라 좋지 않은 결과들이 반복되었다. 저스틴은 단순히 좋은 웜 업이 아닌 경외심을 불러일으키는 일련의 훌륭한 웜 업을 가졌다. "평생 그가 쳤던 것 중에 좋았어요"라고 코치인 폴리가 내게 말했다. 저스틴이 드라이빙 레인지에서 쳤던 모든 샷은 화려했다: 웨지, 롱 아이언, 그리고 드라이버.

아마추어 골퍼들과 마찬가지로, 훌륭한 웜 업을 하는 프로들도 좋은 플레이에 많은 기대를 하는 경향이 있다. 그들은 이러한 기대에 많이 부응하지만, 항상 그런 건 아니다. 골프는 너무 변덕스럽고 복잡해서 그러한 직접적인 상관관계를 허용하지 않는다. 나는 20년 동안 골프를 더 면밀히 연구해왔고, **훌륭한 라운드를 초래하는 좋지 못한 웜 업과 좋지 못한 라운드를 초래하는 훌륭한 웜 업을 목격했다.**

훌륭한 준비운동은 훌륭한 라운드를 이끈다-그리고 다른 모든 유형의 라운드에 대해, 내 추측으론 잭 니클라우스가 예리하게 관찰한 이유가 **"연습 라운드와 웜 업은 여러분의 자신감을 위해 할 수 있는 것 이상의 의미가 없다."이기 때문이다.** 이 사실을 받아들이는 것은 기대를 억제하는 효과적인 방법인데, 이것은 니클라우스가 73차례의 PGA 투어 대회와 18차례의 메이저에서 우승하는데 도움이 되었을 것이다.

저스틴의 경우, 플레이어스 챔피언십에서 일주일간의 이례적인 웜 업의 결과는 실망스럽게도 72타였는데, 이는 컷 탈락이 예상되는 저조한 기록이었다. 이렇게 저스틴의 이력, 재능, 코칭, 그리고 기술의 일부에 대한 능력 이하의 실망스러운 성취 패턴이 계속되었다.

그가 컷 탈락한 다음 주에, 저스틴과 나는 처음으로 함께 거한 아침식사를 했다. 나는 그에게 경쟁, 골프, 뛰어난 골프 플레이를 하는 것, 그리고 그가 게임을 밀접하게 이해하는 데 도움이 되는 다른 기본적인 질문들에 대한 그의 생각과 신념에 관련하여 몇몇 간단한 질문을 하는 것으로 시작했다. 특히 한 가지 문제에 대한 그의 반응은 두드러졌다.

내가 그에게 왜 골프를 하냐고 물었을 때, 그는 명확한 대답을 하지 못했다. 그는 스스로에게 그 질문을 할 생각은 전혀 없었다. 그는 어렸을 때부터 골프를 해왔기 때문에 골프는 그냥 습관이었다. 어떤 면에서, 골프는 단지 그의 습관이었다. 나는 더 자세히 조사했다. **"골프 게임을 연습하기 위해 지난 10년 동안 매일 침대에서 일어났는데, 그 때 당신은 정말로 왜 그렇게 하는지 자문해 본 적이 없나요?"** 그는 이 관찰이 나만큼이나 유머러스하다는 것을 알았다. "그건," 내가 그에게 말했다. "컷 탈락을 이해하기 시작하는 좋은 계기가 될 겁니다."

 ## 마음을 바꾸고, 게임을 바꿔라

심리적인 측면에서 일하는 것에 대한 흥미로운 점은 여러분이 수행 변화를 보기 전에 사람들의 질적인 변화를 볼 수 있다는 것이다. 사람이 바뀌게 되면 게임

은 시작된다. 사람들의 사고방식과 신념 체계를 바꾸는 것은 독특하고 보람 있는 일이며, 그것은 결코 가볍게 받아들여지거나, 골퍼가 인정하는 100퍼센트보다 덜 한 노력으로 시도되어서는 안 된다.

이 과정은 어느 정도 예상한 대로 전개된다.

1. 간단한 아이디어와 심리 구조를 가르치는 것으로 시작한다.
2. 그 다음, 그 사람은 아이디어를 내면화하고 자신의 경험에 맞게 아이디어를 보관한다.
3. 골퍼는 현재와 미래의 경험에 비추어 아이디어를 테스트하며, 이 단계에서 아이디어가 확고해지는 "아하~"의 순간을 맞이한다.
4. 마지막으로, 얼마 동안 아이디어를 고려한 후, 골퍼는 그것들을 자신의 신념 체계로 통합시킨다. 그 아이디어는 골퍼가 세상을 보고, 경험을 해석하며, 게임에 참여하는 새로운 렌즈 역할을 한다.

그 노력은 저스틴과 함께 진행되었다. 그가 골프하는 이유를 탐구하기 시작했을 때, 나는 그에게 성취목표의 개념을 소개했다. 성취 골프이론을 통해, 그는 자신의 숙달 지향과 자아 지향을 알아보기 시작했다. 결과적으로, 그는 근본적인 동기와 의도를 이해하기 시작했고, 그래서 자신의 사고방식과 신념 체계에 어떤 구조를 두었다. 숙달 지향 골퍼가 되고자 노력하면서, 그는 마음속의 갈등과 혼란을 풀기 시작했다. 왜 그럴까? 왜냐하면 골퍼들이 플레이하는 목적이 명확해지면, 그들의 반응, 집중, 그리고 정신적 명료성은 그 동기와 일치하기 때문이다. 나는 그들의 동기와 생각, 느낌 그리고 수행 간의 관계를 이해하는 사람들이 거의 없다는 것을 알고 있다. 내가 선수들에게 숙달과 자아 지향의 차이를 설명할 때, 이러한 관계는 종종 더 잘 초점이 맞춰진다. 다음의 사례를 논평해보자:

만약 여러분이 플레이하는 이유가

동반하는 사람들에게 칭송받기 위해서라면, 여러분이 어떻게 인식되고 있다고 생각하는가에 의해 좌우될 것이다.

여러분의 골프 게임으로 사람들을 감동시키기 위해서라면, 여러분의 스코어에 좌우될 것이다.

특정 골퍼를 이기기 위해서라면, 여러분의 정신적 명료성은 그들이 플레이하는 방식과 비교하여 여러분이 어떻게 플레이하는지에 따라 달라지는 경향이 있다(불확실하다).

돈을 벌기 위해서라면, 여러분은 얼마나 많은 돈을 벌고 있는지를 인식하는 것에 따라 정신 집중과 강도가 달라질 것이다.

자아에 대한 위협으로부터 자신을 보호하기 위해서라면(즉, 자기 이미지), 자아가 위협받거나 의심될 때 위험을 무릅쓰고서라도 긴장하거나 화를 낸다.

―― **하지만, 만일 여러분의 동기가**
호기심 때문이라면, 계속 그 일에 참여하게 될 것이다.
선수로서 성장하고 발전하기 위해서라면, 여러분의 경험은 완전히 수용되고 자유로워질 것이다.
하루 종일 라운드를 통해 스스로 즐기기 위해서라면, 여러분을 정신적으로 자유롭게 해주는 골프 코스에서 일종의 즐거움을 추구하게 될 것이다.

따라서 여러분도 알다시피, 골퍼의 동기는 종종 마음가짐의 핵심에 있다. 하지만 동기의 양만 중요한 것은 아니다; 동기부여의 질 또한 중요하다. "왜 골프를 치세요?"라는 기본적인 질문에 답하면, 저스틴과 마찬가지로 변혁적인 골프에 필요한 믿음의 변화유형을 시도할 수 있다. 거기에서, 여러분은 마음을 진정시키는 건설적인 대화를 시작할 수도 있거나, 더 정확하게는 여러분의 마음 자체를 진정시키고 몰입을 수용하는 조화로운 방식으로 기능할 수 있다.

그 다음 주에, 다시 새롭게 등장한 숙달 지향 골퍼로서, 저스틴은 영국 웬트워스(Wentworth)에서 열린 BMW 챔피언십에서 10위로 대회를 마쳤다. 그 다음 주, 역사적인 콜로니얼(Colonial) 컨트리클럽에서, 우리는 내가 선수들에게 가르쳐주는 숙달 지향 골프 루틴을 목표로 일하기 시작했다. 프리 샷과 포스트 샷 루틴을 통해 저스틴은 단순히 숙달 지향 골퍼처럼 생각만 하던 것에서 골프 코스에서 생각하고 행동하는 것으로 진보했다. 이 순간은 골퍼들과 함께 하는 내 과정에서 매우 중요하다. 저스틴에게 가장 중요한 건 골프를 스코어와 지속적인 배움의 과정 둘 다로 보기 시작하면서 형편없는 샷을 받아들이고 맑은 정신으로 계속 할 수 있는 능력이었다.

그는 그 주에 자신의 과정에 집중하면서, 컷 통과(71위)를 한 선수들과 함께 필드에서 마지막까지 경기를 마쳤다.

2009년 맷 쿠차가 경험한 것과 마찬가지로, 저스틴의 BMW 챔피언십에서 상대적으로 저조한 결과는 중요한 전환점이 되었는데, 왜냐하면 그것은 그에게 결과로 말해지는 것을 피할 수 있는 기회를 제공했고, 대신에 숙달 지향 골프 습관을 연습할 기회를 주었기 때문이며, 즉, 골프에 반응하기보다는 경험으로 배우는 데 몰두했다.

저조한 수행에 따라 여러분이 직면하게 되는 선택은 명확하다: 여러분은 결과에 초점을 두고 실망하는가, 아니면 교훈을 배우고 그 교훈을 장기적인 개선에 초점을 두고 적용하는가? 닥 리버스(Doc Rivers)가 농구에 관해 말한 것처럼, "무언가를 얻기 위해서는 무언가를 겪어야 한다." 저스틴은 숙달 지향 골프를 원한다고 말했고, 그는 형편없는 수행 경험을 겪었다. 그는 이득을 볼 준비가 되었는가?

숙딜지향 골프는 좋은 결과와 나쁜 결과 모두 확실한 방법으로 다루어야 한다. 내가 저스틴에게 말했다, "이 게임은 당신이 말하는 것이 진심인지를 시험하는 것입니다. 그것은 여러분이 실제로 교훈을 배웠는지 그리고 그것들을 내면화한 정도를 시험하는 것입니다."

그러고 나서 놀라운 일이 일어났다. 10대 이후 처음으로 저스틴은 자아 지향 골퍼가 아닌 숙달 지향 골퍼의 마음가짐으로 형편없는 결과에 반응했다. 그는 형편없는 결과로 인해 당황하고, 화가 나거나 좌절하기보다는, 다음 주 메모리얼(Memorial)에서 힘을 얻고, 흥분하며, 숙달 지향의 마음가짐으로 플레이하기를 열망하는 모습을 보였다. 저스틴은 왜 그렇게 침착했는지 설명했다:

───— 생각해봤는데요. 현실적으로, 단지 제가 이 게임에서 얼마나 잘할 수 있는지 알고 싶습니다. 저는 그 질문에 대한 답을 원해요. 제가 얼마나 잘할 수 있을까요? 그 질문은 일주일, 심지어 2주 안에도 답이 나오지 않겠죠. 그래서 저는 일주일 넘도록 당황하지 않을 겁니다. 그것은 기나긴 과정입니다.

이번 주에 저스틴은 일부 핵심 원칙을 채택했다. 우리는 니클라우스의 지혜가 담긴 책에서 페이지를 펼치며 그에게 강조했다. "당신은 목요일 골프 토너먼트에서 이기지 못할 겁니다. 하지만 목요일에 대해서는 잃어버릴 수 있어요. 따라서 처음 세 홀은 스코어에 관한 것이 아니에요. 보수적 전략으로 당신의 루틴 리듬을 확립하는 것입니다." 처음 이틀 동안 그 전략을 사용함으로써 저스틴은 주말까지 가는 것에 대해 논쟁할 수 있었는데, 이것은 그가 전례 상으로 잘 처리하지 못하던 상황이었다. 사실, 그는 토너먼트에서 좋은 리드를 구축한 전례가 있지만,

주말에 그 리드를 잃고 말았다.

예상대로 저스틴은 토요일 (투어 기준) 70타로 미미한 샷을 했다. 그는 리더보드에 몇 개의 포인트를 올려서 일요일까지 4타 차 지고 있었다. 저스틴은 실망에 빠져있기보다는, 그가 선두와 불과 4타였으며 그의 게임은 좋은 상태였다는 사실에 초점을 맞추었다. 그는 과정을 재천명하고 숙달 지향 골프 전략을 채택했다. 이러한 수행 결과를 벗어나 과정에 전념하는 것, 즉 자아 지향에서 숙달 지향으로의 전환은 골퍼들을 몰입하게 만드는 부분이다.

 훌륭한 기대들

저스틴이 메모리얼에서 느꼈던 급박함을 이해하려면, 그의 과거를 이해해야 한다. 저스틴 로즈가 2001년 PGA 투어에 합류했을 때, 이미 그에게 엄청난 기대를 걸고 있었다. 1998년 17세의 나이로, 그는 브리티시 오픈에서 4위를 차지하며 거의 우승할 뻔했다. 그 후 몇 년이 지나면서, 그는 연속 21차례나 컷 탈락을 하며 심각한 슬럼프에 빠졌다. 그는 결국 경기력을 회복했지만 PGA 투어에서 9년의 대부분을 낙오자로 보냈으며, 몇 차례 기회가 있었지만 결코 벗어나지 못했.

극도로 높은 기대치의 압력은 숨이 막힐 수 있고, 우승 없이 더 많은 시간을 보낼수록, 골퍼들은 만성적이고도 강렬하게 더 많은 압박감을 느낄 수 있다. 경쟁하는 동안, 이러한 기대들은 샷을 실행하려는 것처럼 뇌의 중심부에 뛰어들어 그들의 사고 흐름을 방해할 수 있다. 이런 현상은 투어 선수들에게 특별한 건 아니지만, 이해관계가 더 클수록, 골퍼들이 압박감과 신경성으로 느끼는 기대감에서 중압감은 더욱 무거워진다.

그렇게 모든 압박에 처하면, 골퍼들은 종종 그들이 원하는 승리와 결과를 강요하려고 한다. 이렇게 접근하면 대부분 비참하게 실패한다. **억지로 결과를 얻으려 하면, 반대 결과를 얻기 마련이다. 언더 스코어를 강요하려고 하면, 종종 더 높은 스코어가 나온다.** 만일 여러분이 승리만을 강요하려고 한다면, 일어나기 어렵다. 전략적 골퍼들은 적절한 샷을 하면서 백분율에 의해 플레이하는 것을 알고 있다.

많은 골퍼들에게 그런 일이 일어날 때, 저스틴의 본능은 자신에게 일요일에 가서 처음부터 공격적이 되라고 말했다. 골퍼마다 세부 사항은 다양하지만, 철학은 다음과 같이 진행되는 카우보이 골프 버전이다: "모든 깃대를 공략하고, 파5 홀에서는 두 번 만에 그린에 가며, 모든 퍼트를 공격적으로 하고, 모든 전략, 인내, 그리고 공을 바람에 맡기라."

나는 저스틴에게 반대로 하자고 했고 그의 루틴 리듬을 확립하기 위해 초반 몇 개의 홀을 이용함으로써 인내와 규율이 라운드에 드러나도록 했다. **나는 그에게 리더보드보다는 골프 코스에서 플레이하라고 충고했다. "선두를 뒤쫓지 마세요," 나는 충고했다. "골프 코스가 제시하는 것과 관련해서 자신만의 게임을 하세요. 세 홀이 끝난 후 공을 어떻게 때리고 있는지 알게 되면, 얼마나 공격적이 되고 싶은지 조절할 수 있어요."** 이 조언은 사이클 선수 선발제도에 대한 골프 버전이다-선두가 하는 것을 볼 때까지 서성거리지만 항상 자신의 게임 계획에 집중한다. 이것은 대부분의 골퍼들에게 현명한 전략이다. 직관에 반하여, 나는 종종 골퍼들에게 억지로 기회를 잡는 것이 아니라, 심지어 지고 있을 때에도 기회를 기다리라고 충고한다-특히 지고 있는 경우에!

저스틴은 9번 홀까지 기다렸다가 기회를 이용해 4타에서 2타까지 타수를 좁혔다. 다시 말해, 그는 상황을 무시하고, 자신의 게임에 집중하며, 모든 홀에서 적절한 샷을 구사함으로써 선두를 따라잡았다. 15번 홀에서, 저스틴은 공동 선두가 되었다. 18번 홀에서 그는 2타 차로 리드했다. 그는 PGA 투어 첫 우승을 그 토너먼트에서 했고, 자신의 루틴을 깨뜨리거나 위험을 무릅쓰지 않으면서 현명하고 전략적인 골프를 통해 그것을 해냈다. 최종 라운드 66타를 친 후, 저스틴은 자신의 승리를 이끈 침착하고 끈기 있는 접근법에 대해 이야기했다.

―― 저는 정말로 숫자에 집중하지 않았어요. 단지 저의 게임 계획에 매우 집중했습니다. 목요일에 이 문제에 대해 여러분께 말씀드린 것 같은데, 그냥 한 번에 한 샷씩 플레이하려 했고, 집중을 유지했으며, 스스로 앞서가지 않았어요. 저는 분명히 리그 안팎에서 오랫동안 여러분과 함께 이러한 상황에 있었습니다. 분명히, 이것은 첫 우승입니다. 그것은 아마도 제가 최고로 참을성 있었고, 최고로 내면화되었으며, 가장 침착했던 한 주였기 때문일 겁니다.

성공은 상대적이고, 실패는 기회의 학습이다

저스틴 로즈가 메모리얼 미러에서 우승하면서 얻은 교훈은 이 책에 기술된 몇 가지 원리이다. 첫째, 골퍼는 항상 자신의 게임과 관련된 골프 코스에서 플레이하는 것이 최선의 방법이다. 그 사실은 **골퍼가 선두에 있는지 아니면 몇 타 차이로 뒤져 있는지의 여부에 따라 변하지 않는다. 그것은 1명, 100명, 1000명의 사람들이 보고 있기 때문에 변하지 않는다. 그것은 5달러, 500달러, 5천 달러, 5백만 달러의 내기 여부에 따라 변하지 않는다. 또한 골퍼가 곰 아저씨 푸우(Winnie the Pooh), 로리 매킬로이, 혹은 미국의 대통령과 동반하는지의 여부에 따라 바뀌지 않는다.** 골프는 항상 특정 골프 코스와 관련하여 자신의 게임을 평가할 때 최상의 플레이를 하는 게임이다. 그들은 상황에 관계없이 게임 계획을 제시하고 실행해야 한다.

PGA 투어의 골퍼들에게 실패는 독특한 역할을 한다. PGA 투어의 대다수 전문가들은 실패를 골프 게임의 중심이 되는 것으로 이해한다. 여러 측면에서, 골프는 대부분의 골퍼들이 우승 없이 몇 년을 버틸 수 있다는 점에서 실패의 게임이다. 40차례의 토너먼트 중에서 한 번의 우승은 잘했던 해로 간주될 것이며, 한 시즌에 3차례의 우승은 누구라도 올해의 선수상을 받을 수 있다. 2005년 세계 랭킹 21위 선수들의 종합 기록을 살펴보면 우승하지 못한 516개 대회를 제외한 22승이었다. 이 통계는 상위 2명의 골퍼가 22승 중 10승을 차지한 것이고, 나머지 3위부터 21위 골퍼들이 12승을 나눠가진 사실을 깨달을 때 더욱 확연해진다.

승리에 인색하게끔 세팅된 스포츠에서 성공은 상대적인 기업이 된다. 게다가, 게임의 정교한 특성 때문에, 부분적인 실수로 인해 우승과 우승하지 못하는 것, 혹은 직장을 얻는 것과 실직 간의 차이를 나타내는 경우가 많다. **세계 랭킹 7위 선수와 126위 선수 간의 스트로크 평균 차이는 한 타라는 점을 감안하라.**

2005년에 세계랭킹 7위 선수는 라운드별 평균 70.7타를 기록했고, 350만 달러가 넘게 벌었으며, 그 다음 해의 시드권을 확보했다. 126위 선수는 71.73타였다. 랭킹 126위 선수(PGA 투어골퍼가 다음 해의 플레이 시드권을 잃는 수준)는 3백만 달러보다 적게 벌었고 라운드별 한 타 차이로 인해 시드권을 잃었다. 제멋대로인 바운스와 브레이크가 공의 비행을 날려버릴 수 있는 갑작스러운 돌풍과 상

호작용하는 게임에서, 무엇이 성공을 일구어내는가?

골프의 독특성 때문에, 매 승리마다 최대한 많은 마일리지(이득)를 얻고 가능한 한 많은 교훈을 배우려고 노력하는 것이 중요하다. 비록 모든 골프 토너먼트는 흥미롭지만, 다음 두 경기는 좋은 생각과 승리하는 골프 사이의 직접 관계를 설명해주기 때문에 특히 흥미롭다. 코네티컷(Connecticut)주 하트포드(Hartford)에서 열린 트래블러스(Travelers) 챔피언십에서 저스틴은 기념비적인 우승을 거두고 있었다. 자신의 루틴을 고수함으로써 저스틴은 대부분이 꿈만 꾸는 유형의 골프를 할 수 있었다. 첫 세 라운드의 64타, 62타, 그리고 68타는 분명히 몰입의 상태였고 2010년에 16차례 토너먼트 중 14번 연속 선두에 설 수 있었던 골프의 하이라이트였다.

골퍼가 뭔가 중요한 것을 얻을 때마다, 우승과 함께 많은 관심을 받는다. 지역 클럽에서의 지위 여부, 친구들 간의 존중, 또는 PGA 투어와 같은 전 세계적인 관심, 이러한 관중 효과는 심리학자들이 언급하는 것처럼 대처가 힘들 수 있다. 새롭게 시작한 숙달 지향 골퍼조차 갑작스런 관심을 막는 데 어려움을 겪을 수 있다.

이제 저스틴이 다시 대중의 관심을 받자, 그의 숙달 지향 사고방식과 두려움 없는 루틴으로 스포트라이트를 받기에 충분한 것으로 증명되었다. 일요일이 되자, 저스틴은 골프 코스에서 눈에 띄게 과민하고 초조해 했다. 샷을 할 때마다 목표물을 약간 빗나갔다; 이전 주의 퍼트가 홀컵 바닥에 눈이 있는 것처럼 보였던 것에서 이제는 홀 옆으로 미끄러져 가고 있었다. 그가 변화를 시도했을 때는, 이미 선두를 잃고 있었다. 그는 최종 라운드 75타를 쳐서 9위로 경기를 끝냈다.

나는 그의 경기력에 흥미로웠다고 그에게 말했다. 그는 내가 제 정신이 아니라고 생각한 것 같다. 어느 누구라도 리드를 날려버리는 것에 흥미로울 수 있을까? 나는 팀 전체에게 재빨리 메시지를 보냈다:

"이것은 장례식도 아니고 기분나빠할 이유도 아닙니다. 배울 수 있는 기회입니다. 배우고 더욱 좋아질 겁니다." 내 메시지의 요점은 이렇다: **실수하지 않고는 개선할 방법이 없다! 다시 말해, 배울 수 있는 경험이 없는 한 우리는 배울 수 없다!** 그래서 나는 일요일 75타가 정확히 우리에게 일어나야 하는 일이며 그가 75타를 배움의 경험으로 해석한다면 더 좋은 골퍼가 될 것이라고 주장했다.

월요일에 우리는 평소보다 더 오래 대화를 나누었고, 통상적인 과정을 따르기보다는 내 아이디어를 직접 표현했다. 나는 그가 다음 주에 AT&T에서 시작할 "일요일 마무리 가이드(Sunday Guide for Close)"를 만들었는데, 골프 토너먼트를 마무리하는 데 있어서 중요한 정신적 측면을 설명하는 지침이었다.

경쟁 분야에서 효과적으로 기능하는 핵심 원칙은 6장에서 논의했던 **카이첸의 원칙**이다.

비록 카이첸은 문자 그대로 원조 일본어로부터 "개선"이라고 번역하지만, **그것은 자신을 무한히 개선할 수 있는 역동적인 생명체로 보는 전체적인 믿음 체계를 상징하고 있다.** 항상 더 좋아질 수 있다는 믿음은 우리에게 부단한 도전, 성장, 그리고 배움의 과정에 스스로 몰두시킬 것을 요구한다. 그리고 배움은 골프에 대한 모든 것이다.

나는 골프 선수들에게 지난주에 배운 것들을 말해달라고 요구하는 것으로 내 골퍼들과의 주간 미팅을 끝낸다. 나는 그들에게 지난주에 있었던 그들의 감정적 반응은 제쳐놓기를 요청한다-기분나빠하지 않고, 과민 반응하지 않으며, 심리적 폐허에서도 길을 잃지 않고, 어떻게 무마했는지, 무얼 할 수 있었는지, 잃은 비용은 어느 정도인지를 끊임없이 상기시킨다-그 대신에 즉각 어떤 교훈을 얻을 수 있는지 확인하는 숙달 지향적 사고방식에 돌입한다.

저스틴은 필라델피아에서 열린 AT&T 클래식에 출전했다. 이 전설적인 골프 코스는 어렵게 설계되었고, 저스틴은 이 코스가 US 오픈 격으로 간주되고 있다고 말해왔다. 이번 주에 있었던 또 다른 예외적인 일은 저스틴이 토너먼트에 이르기까지 언론을 다루는 방법이었다. 하트포드에서 "숨막힘""(내 말이 아니라 언론 용어)을 경험한 후 저스틴은 언론 앞에 앉아 인내심 있게 질문에 답했다. 그러나 그는 자아 지향 골퍼의 사고방식이 아니라 숙달 지향 골퍼의 사고방식으로 질문에 답했다. 그는 경기력에 당황하지 않았다. 오히려, 그는 귀중한 교훈을 배웠기 때문에 용기를 얻었다. 그는 "지난주의 토너먼트가 저를 더 좋은 골퍼로 만들어주었다고 확신합니다,"라고 말했다. 저스틴은 개인적으로 내게 말했다, "그거 아세요? 저는 그걸 배우기 위해 주된 걸 망치기보다는 현재 리듬과 긴장 그리고 템포에 대한 교훈을 배우고 싶습니다. 저는 이것을 좋은 것으로 봅니다. 학습 경험으로요."

　나는 미소를 지었다. 그 단어들은 숙달 지향 골퍼의 말이다. AT&T에서의 금요일에 있었던 다음의 발췌문은 약간 길지만, 그것은 실제 생활에서 숙달 지향 골프가 얼마나 발휘되는지를 완벽하게 보여준다. 그것은 골퍼들이 실패를 학습 경험으로 바꾸고 그러한 경험을 적용한다면 역경을 통해 얼마나 더 나아질 수 있는지 설명한다. 이것을 정신적으로 부정성을 떨쳐버리는 골퍼라고 생각해 보라.

―― **질문**: 일요일 같은 경험을 통해 배운 것을 말로 표현할 수 있습니까?
　저스틴 로즈: 네, 저는 이렇게 생각합니다: 골프 토너먼트를 마무리하는 것은 어렵습니다. 무언가를 배우고, 정말 배웠는지의 여부를 위해 스스로 또 다른 상황을 줄 때까지 얼마나 오래 걸리는가에 달려있어요-무언가를 배울 때는 자연스럽도록 연습해야 합니다. 그렇죠? 그래서 만약 여러분이 그렇게 많이 논쟁하지 않는다면, 교훈을 배우거나 여러분이 배웠던 교훈을 발휘하기는 매우 어렵습니다. 그래서 이번 주에 저는 거기에 출전하여 제 자신을 시험하고 지난주에 배웠던 것을 발휘할 기회를 갖게 되어 매우 기쁩니다. 일요일에는 매우 잘 생각해서 경기에 나갔다고 생각했어요. 그 관점에서 볼 때 모든 것이 같았습니다. 제 게임 계획은 바뀌지 않았고, 저의 전략도 바뀌지 않았으며, 제 전념도 바뀌지 않았습니다. 제 생각엔, 단지 조금 더 타이트해진 느낌이었고, 그게 인간인 것 같아요. 무슨 뜻인지 아시겠어요?
　하지만 오늘 분명히-트래블러스에서 제게는 분명 쉽지 않은 일들이 있었습니다-트래블러스에서 제게 일어나지 않을 때는 쉽죠. 그저 한 두 개의 좋은 샷을 치고 약간의 리듬감이 있었다면 그날은 매우 달랐을 거라고 생각합니다. 하지만 그게 바로 힘겨웠던 부분이었어요-제 리듬입니다. 모든 게 좀 빨라진 것 같아요. 제가 말했듯이, 그것은 압박 하에서 일어나는 자연스러운 일이죠.

―― **질문**: 메모리얼에서 우승한 것이 지난주부터 정신적으로 더 쉽게 회복하도록 만들었나요?
―― **저스틴 로즈**: 네, 물론이죠. 저는 월요일 아침에 여기 왔는데, 배우기 때문에 마치 제가 일요일보다 더 나은 선수인 것처럼 느껴졌습니다. 제 게임은 밤사이 사라지지 않습니다. 그런 경험이 있으시다면, 스스로 적절한 질문을 하고, 제대로 대처한다면, 더 좋아질 겁니다. 그것이 학습의 전부이고, 그것이 성장하고 개선하는 전부입니다.

―― **질문**: 이 질문에 대해 반 정도는 답변했지만, 하트포드에서 일어난 일을 극복하는 데 얼마나 빨리 아니면 얼마나 오래 걸렸습니까? 그리고 두 번째로, 당신은 무엇을 배웠나요?-그 위치에 있을 때 그런 일이 다시 발생하지 않도록 하려면 어떻게 해야 합니까?

—— **저스틴 로즈**: 다시는 그런 해프닝이 일어나지 않도록 막을 수는 없어요. 저는 그걸 가장 먼저 받아들여야 한다고 생각합니다. 그 해프닝을 또다시 두려워할 수는 없죠. 그냥 그 위치에 머무르며, 파고들며 최선을 다하세요. 제 말 뜻 아시겠어요? 하지만 아무리 적절한 클럽들을 가지고 나가도, 골프는 일이 생깁니다. **내가 트래블러스에서 5오버를 기록한 건 그렇게 잘못한 건 아닙니다. 잘못한 건 별로 없어요. 그냥 골프예요.**
우선, 여러분이 그것을 받아들인다면, 거기에 가서 플레이하는 것이 훨씬 쉽지만, 여러분이 할 수 있는 것들이 있습니다. 그리고 경험이죠: 타이거, 필, 이런 사람들은 많은 논쟁을 펼칠 것이고, 그래서 더 수월해지며, 그들이 맞닥뜨리는 감정들을 다루기가 더 쉬워집니다. 그래서 이번 주말은 지난 주말보다 더 쉬울 것이고, 분명히 스스로 점점 더 많은 논쟁을 할수록 더 쉽게 앞으로 나아갈 겁니다.

이 진술에는 여러 핵심 원칙들이 내포되어 있다. 저스틴은 배움, 과거를 뒤로하기, 열심히 파고들어 최선을 다하는 것, 그리고 가장 중요한 건 그다지 잘못 없이도 나쁜 결과를 가져올 수 있다는 골프의 본질을 인식하는 것에 대해 이야기하고 있다. 이것은 효과적인 사고방식이다. **저스틴은 곱씹거나 너무 많이 생각하거나 공황에 빠지지 않았다. 그는 게임에 내재된 가변성과 무작위성을 그냥 받아들이고 자유와 열정을 계속 추구하기로 결정했다.** 저스틴은 자신만의 방식에서 벗어남으로써 좋은 플레이를 계속하게 되었다. 운수 사납게도, 그는 다시 한 번 논쟁에 들어갔고 일요일 최종라운드에서 선두를 질주했고, 그는 3주 만에 두 번째 우승으로 경기를 마무리했다. 라운드와 우승 후 저스틴은 말했다,

—— 오늘은 저에게 중요한 날이었습니다. 분명히, 저는 금요일에 여기에서 선수로서 더 나아지기를 원한다고 얘기했고, 그것은 궁극적으로 사실이지만, 지난주에 그렇게 하지 않았다는 것을 알고 있었는데, 오늘 스스로 그렇게 하는 것이 중요하다는 걸 알았습니다. 저는 하트포드에서 배웠던 교훈을 정말로 실천하는 것 같았습니다. 저는 훨씬 더 천천히 플레이했으며, 정말로 침착했어요. 주말 내내 신경이 예민해져 있는 느낌이 들지 않아서 더 잘했어요. 너무 재미있었습니다. 제 감정을 잘 통제할 수 있다고 느꼈고, 길었던 한 주가 지나갔지만, 우승과 함께 지금의 위치에 오게 되어 매우 기쁩니다.

CHAPTER 12

스튜어트 애플비
감사하는 마음 갖기

PGA 투어에서의 몰입

프로 선수들의 진로에 관한 연구는 기술, 능력, 그리고 동기에 관한 흥미로운 결과들을 만들어낸다. 아마도 가장 주목할 만한 것은 계획되지 않고, 예측 불가능한, 예기치 못한 상황에서 프로 선수들이 겪고 대처해야 하는 일들이다. 부상, 슬럼프, 결혼과 관계 문제, 개인적 위기, 가족 혼란, 그리고 질병은 종종 프로 선수들의 삶과 그들의 발전을 방해한다.

발달 심리학은 출생부터 죽음까지 삶의 경로를 연구하는 심리학 분과이며, 삶의 과정 동안 일어나는 패턴과 변화를 발견하는 것을 목표로 한다.

발달 심리학자는 청소년 행동의 독특한 특징, 개인의 정체성 형성, 중년의 위기에 작용하는 요소들, 삶의 과정에서 행복과 우울의 변화, 그리고 심지어 연령에 따른 기억과 인지 변화와 같은 부분들까지 연구한다. 발달 심리학은 분명히 스포츠 세계에 적용되고 있다. 운동선수들은 일반 대중들이 직면하는 것과 같거나 훨씬 더 많은 도전에 직면해 있다. 예를 들어, 수 년 간 선수생활을 하다보면, 항상 선수들 모두 "얼마나 오래 하고 싶은가? 희생할 만한 가치가 있는가? 다음에는 어떻게 할 것인가?"라는 문제에 직면한다. 다행히도, 경험적이고 역사적인 증거는 선수들이 직면하는 도전에 대처하는 데 있어 모든 수준의 선수들에게 도움을 줄 수 있는 기술과 전략을 양산해냈다.

2010년 5월 39세가 되었을 때, 스튜어트 애플비(stuart Appleby)는 비극을 맛보았고 대부분의 사람들이 살면서 경험하는 것보다 더 심각하게 예기치 못한 역경을 경험했다. 사랑하는 사람의 갑작스러운 죽음과 같은 허를 찔린 참담한 결과는 깊은 상처를 가하고 기능을 손상시킬 수 있지만, 그 또한 사람들을 강화시키고 앞으로 나아가게 하는 전환적인 사건일 수도 있다. 스튜어트의 경우는 후자였다.

1997년부터 2007년까지 좋았던 10년 동안, 스튜어트 애플비는 지구상에서 가장 꾸준하고 경쟁적인 골퍼 중 한 명이었다. 그 기간 동안 그는 40개의 메이저 대회 모두 출전 자격을 얻었다. 그는 하와이 카팔루아(Kapalua)에서 열린 메르세데스(Mercedes) 챔피언십에서 3연승을 포함해 PGA 투어에서 8차례나 우승했다. 그는 5회 연속 프레지던츠컵에 출전했고 세계 랭킹 20위 안에 들었다. 객관적인 기준으로 보아도, 스튜어트 애플비는 멋진 10년을 보냈다. 그 이전과 그 기간 동안 직면했던 도전들을 고려하면, 그의 경기력은 뛰어났다.

발달심리학은 슬럼프 혹은 급등하는 골퍼를 이해하려고 할 때, 이전 행동양식

을 배경으로 경기력에 대한 맥락을 살펴보는 것이 항상 중요하다고 말할 것이다. 이와 같이, 우리는 특정 순간 골퍼에게 무슨 일이 일어나고 있는지 뿐만 아니라, 전체 경력이라는 더 큰 범위 내에서 골퍼의 최근 경험까지 알아볼 필요가 있다. 골퍼들이 어떤 변화가 있을 때, 항상 인과적 요소나 이유가 존재하기 때문에, 그 사람의 생애사에 익숙해지는 것이 중요하다. 의사들도 환자의 의료 기록을 조사할 때 동일한 문제 해결 과정을 활용한다.

 골퍼의 절친 두 명

골프 게임은 골퍼의 두 가지 기본 심리적 특성을 시험하는 경향이 있다: 자신감과 동기. 내가 말한 모든 골프선수들은 대개 자신감 또는 동기 둘 다 동시에 잃을 위험에 직면해 있는데, 왜냐하면 자신감과 동기가 동반되기 때문이다. **게임이 골퍼들을 이길 때, 그들은 일반적으로 더 나아지기 위해 연습하고 시간을 투자하려는 동기가 덜하다. 이러한 연습 부족은 플레이를 악화시키고 그들의 자신감을 꺾는다. 낮은 자신감은 수행에 부정적인 영향을 미치며, 이는 다시 연습 동기를 감소시키며, 무언가 결국 무너지거나 순환을 중단시킬 때까지 순환을 지속한다.** 중요한 것은 이것이다: 끊임없는 일정으로부터 모든 골퍼들이 이 과정을 거친다.

어떤 이유든, 2008년 즈음에 스튜어트 애플비는 어렸을 때 했던 것처럼 확실한 게임을 볼 수 없었다. 비록 그는 좋은 한 해를 보냈지만, 내적으로 활기 없는 느낌이었다. 이러한 동기 침체에 따른 결과 2009년이 그의 프로 경력 중 최악의 시즌이 되었다.

여러분은 이 책에 두 가지 강력한 주제가 내재되어 있는 것을 알아차렸을 수 있다. 첫 번째 주제는 골프가 골퍼들의 강점과 약점을 명확히 반영해주는 거울이라는 것이다. 두 번째 주제로 골퍼들이 발전하기 위해 가장 중요한 교훈은 그들이 역경에 처하고 저조한 기간 동안 배우는 교훈이라는 것이다. 이 두 번째 테마는 영감을 주는 훈계를 의미하거나 골퍼들이 그들의 저조한 골프에 대해 더 좋게 느끼도록 하는 것이 아니다; 그것은 사실이며, 게임 주변에서 일생을 보내는 것이 얼마나 진실한지를 깨닫도록 나에게 가르쳐주었다. 결론은, 골프 게임에서, 올바른 교훈을 배우고 그 결점을 효과적으로 고칠 수 있다면, 여러분은 향상될 것이다.

2008년 후반부터 2009년까지, 스튜어트의 명백한 목표는 골퍼로서 정신적으로 더 자유로워지는 것이었다. **10년간의 훌륭한 결과들은 그를 너무 결과에만 집착하게 했으며, 좀 더 엄격해지고 있었다. 10년간의 세계 랭킹은 그를 랭킹에 과민하게 만들었다. 그는 자신의 과정에서 벗어나 결과만을 향해 움직였다.**

사람들이 목표를 향해 아무런 조치를 취하지 않으면서 오로지 해결할 필요성만 인식하는 것처럼, 골퍼들은 때때로 사고방식을 바꿀 필요를 인식하지만, 어떻게 하는지 제대로 알지 못한다. 사람들이 체육관에서 적절한 운동을 하기 위해 개인 트레이너가 필요한 것처럼, 골퍼들은 종종 전략을 개발하고 목표를 향해 나아가도록 어느 정도 도움이 필요하다. 스튜어트가 자신의 상황을 이해하고 되돌아가기 위해서는 약간의 지도가 필요했다.

다른 골퍼들과 마찬가지로, 내가 스튜어트에게 우선적으로 했던 일은 그가 왜 골프를 하는지 알아내고 그가 생각하는 골프 심리학의 본질에 대해 조사하는 것이었다. 숙달 지향 혹은 자아 지향인지? 다시 말해 심리적, 궁극적으로 경기방식을 만드는 본질적으로 다른 두 가지 동기를 위해 경기했는지의 여부로서, 그는 열정을 위해 혹은 찬사를 받기 위해 경기를 했는가?

성공의 위험

맥도걸이 "본 투 런(Born to Run)"에서 썼던 마라톤 기록의 하락을 상기해보면, 그는 육상 스포츠에서 돈이나 계약과 같은 외적인 보상이 도입되었기 때문으로 보았다. 그 선수들처럼, 큰 성공을 거두기 위해 열심히 일했던 골퍼들도 그 성공에 의해 과정에 방해가 되고 산만해질 수 있다.

이 과정은 종종 고등학교에서 유니폼과 무료 골프공으로 시작한다; 학생 선수의 신분과 함께 제공되는 장학금, 가방, 그리고 위신과 특전을 주는 대학에서의 혜택; 그리고 장비, 돈, 자동차, 그리고 스폰서십을 포함한 특전이 주어지는 PGA 투어에 완전히 빠져든다. 그렇다고 해서 2009년 스튜어트의 저조한 수행의 배경에는 돈이 이유였다고 말하는 것은 아니다. 많은 골퍼들은 경력을 쌓아가는 동안에 지나치게 결과에 집착한다. 그들은 일정 수준의 수행을 보일 것으로 기대하며, 10년 동안 스튜어트는 큰 어려움 없이 좋은 결과를 낼 수 있었다.

프로 골프에서 우승하는 것은 단순한 상금보다 더 큰 부분을 대변한다. 이것은 잘 해오고 있는 골퍼들을 괴롭힐 수 있는 기대 유형을 나타낸다. 좋은 결과는 더 좋은 결과에 대한 기대를 만드는 경향이 있다. 높은 기대가 좋을 때도 있지만, 일련의 성공에 수반되는 기대는 종종 사람들이 특권의식을 가지게 할 수도 있다. 다시 말해, <u>그들이 주목받고 골프 토너먼트에서 우승할 수 있었기 때문에, 어떤 수준에서는 그들이 우승하기 위해 해야 할 모든 것으로 믿게 된다. 아! 그 때문에 골프는 너무나도 게임만을 요구한다.</u>

나는 이 부분들에 대해 전에도 말했다. 그리고 나와 시간을 보낸 골퍼들은 의심할 여지없이 한 번 이상 내 말을 들었다: 게임은 여러분이 더 잘하는데 필요한 경험을 정확하게 제공해 준다. 대충 또는 모호한 의미로, 부모가 아이들에게 역경이 성격을 형성한다고 말하는 방식으로 말한 것은 아니다(자주 그럴지라도). 나는 그것을 문자 그대로 그리고 정확하게 말한다. 골프 게임은 언제나 여러분이 개선해야 할 정확한 경험을 제공한다.

예를 들어, 만약 여러분이 계속해서 드라이버를 실수하는 골퍼라면, 게임은 여러분에게 게임의 일부 개선사항을 찾도록 알려줄 것이다. 만약 여러분이 계속해서 부담스런 퍼트를 놓쳤다면, 게임의 일부를 개선하기 위해 무슨 일이 일어나고 있는지 찾아내야 한다. 만약 여러분이 오랜 슬럼프에 빠져있다면, 그것이 불쾌할지라도, 그 게임은 여러분이 잘못된 장비를 가지고 있거나 기술적이나 정신적 게임에서 무엇인가 계속 나쁜 것을 한다는 분명한 메시지를 주고 있다. <u>슬라이스 공, 미스 퍼트, 막힌 드라이브 샷, 형편없는 스코어를 전해줌으로써, 게임은 "이것 또는 특정한 것을 개선할 필요가 있다."고 말한다. 플레이를 잘할 때도 마찬가지이다. 게임은 "매우 잘하고 있다."고 말하면서 여러분에게 정확하고 정밀한 피드백을 준다.</u> 그 경험이 바로 그 때 여러분에게 필요한 것이다.

2007년 영화 에반 올마이티(Evan Almighty)에서 모건 프리맨(Morgan Freeman)의 대사는 완벽한 비유가 된다:

———물어볼게 있어요. 만약 누군가가 인내심을 위해 기도한다면, 신은 그들에게 인내심을 준다고 생각하나요? 아니면 인내할 기회를 주는 걸까요? 그가 용기를 달라고 기도했다면, 신은 그에게 용기를 주나요, 아니면 그가 용감해질 기회를 주는 걸까요? 만약 누군가가 가족과 더 가까워지기를 기도한다면, 당신은 신이 따뜻한 솜털 같은 느낌으로 그들을 어루만진다고 생각하나요, 아니면 그들에게 서로 사랑할 기회를 준다고 생각하나요?

이것이 바로 골프 게임이 골퍼들과 소통하는 방식이다. **그들이 인내심을 길러야 할 필요가 있을 때, 골프는 종종 그들에게 바로 그 특성을 발전시킬 수 있는 더블 보기를 제공한다.** 흥미로운 것은, 골퍼들이 인내를 배우면, 더블 보기를 더 적게 한다.

 내부와 외부 복구

스튜어트 애플비의 경우, 게임은 그에게 많은 좌절과 저조한 결과를 주고 있었다. 잠시 동안 불쾌했지만, 그 경험은 분명 스튜어트가 필요로 했던 것이었다. 골프 스윙을 재건하기 위해, 스튜어트는 동기와 목적을 탐구하고 자신의 결의를 게임에 다시 반영하기 시작했다. 스튜어트가 골퍼로서 최고로 성장한 때가 이 형편없는 스코어를 기록한 기간이었다. 많은 골퍼들과 함께 하면서, 나는 스튜어트에게 실망과 같이 명백하면서 충동적인 반응을 피하는 대신 게임을 통해 배울 수도 있는 더 큰 교훈을 찾아보라고 부탁했다

이 어려운 시기에, 그는 왜 그렇게 나쁜 스코어를 기록했는지 탐구해야 했다. 그가 내린 결론 중 하나는 자신의 긴장 정도에 대한 통제력이 없다는 것이었다. 나쁜 골프에서 오는 스트레스 유형은 몸의 긴장을 증가시킨다. 이러한 긴장은 PGA 투어에서 그와 스티브 밴(Steve Bann)이 끈질기게 최고의 스윙 중 하나로 공들였던 골프 스윙의 효과적 실행을 방해했다. **긴장되고, 스트레스를 받으며, 화난**

<u>골프는 생리적이고 화학적인 효과를 가지고 있는데, 거의 모든 것들이 몰입된 골프 플레이를 불가능하게 만든다. 심리적으로, 부정은 우리 생각의 원활한 전환을 악화시킨다. 신체적으로, 스트레스 호르몬은 골프선수들의 몰입을 특징짓는 부드럽고 리드미컬한 움직임을 막는다.</u> 스튜어트가 그의 골프 게임을 변화시키기 전에, 자신의 기본 감정부터 초월해야 했다.

그래서 그린브리어(Greenbrier)가 있기 몇 주 전에 스튜어트는 긴장 정도를 낮추기 시작했다. <u>스윙을 생각하기보다는 리듬과 긴장 정도에만 집중했다.</u> 갑자기, 그는 백스윙이 적절한 자리로 쉽게 들어가는 것을 깨닫기 시작했다. 그의 수행이 향상되기 시작했다. 그는 US 오픈에서 공동 29위, 트래블러스 챔피언십에서 공동 27위, 리노(Reno)에서 공동 18위를 했으며, 모든 것이 합쳐진 그린비어에서 일요일에 기록적인 59타를 기록하며 우승했다.

특히 무엇이 59타를 가능하게 했는가? 그가 슬럼프를 겪는 동안 배운 정확한 교훈은 다음과 같다: "여러분의 긴장 정도를 관찰하세요. 그립의 악력을 부드럽게 하세요." 일요일에 스트레칭을 해줌으로써 그의 손과 팔뚝은 계속 부드러웠고, 스윙이 올바르게 작용하는 것이 가능했다. 그는 PGA 투어 역사상 가장 낮은 스코어를 기록했다.

이러한 사건의 전환은 심리학자들이 상호 인과관계라고 부르는 것을 반증한다. 골프에서 몰입은 조용한 마음, 단순한 사고, 낮은 긴장과 부드러운 리듬을 만들어 낸다. 하지만 골프 선수가 잠시 슬럼프에 빠졌을 때, 단순한 태도 변화가 반드시 몰입을 이끌어 낼 수 있다는 생각은 이치에 맞지 않는다. 그래서 우리는 그 증상들에 초점을 맞추고, 단순한 사고, 낮은 긴장, 부드러운 리듬을 수용하는 것이 몰입 상태를 유도하는 데 도움이 된다.

더욱이, 스튜어트는 시작부터 저조한 플레이와 긴장을 초래한 요인들을 조사해야만 했다. 오랜 성공으로 인한 여파를 검토하면서, 스튜어트는 때로는 의무적으로 플레이하는 기분을 느꼈음을 깨달았다. 사실, 이런 태도는 우리가 골프(혹은 삶의 다른 것)를 당연하게 여길 때 비롯된다.

스튜어트의 슬럼프는 어디선가 플레이해야 하는 것에서 어디선가 플레이를 하기 위한 것으로 그의 관점을 바꾸어 놓았다. 슬럼프는 그에게 너무 많은 감사함을 주었으며, 그는 기회가 있을 때마다 경기를 했다! 토너먼트에 출전하는 것이 더 이상 보장되지 않았을 때, 그는 골프를 다시 사랑하고 그러한 기회에 감사함을 느끼기 시작했다. 7주 연속 경기를 한 후에, 그는 8주째 경기할 기회를 감사히 여겼다. 8주 연속 경기를 한 후에, 그는 9주째 경기할 기회를 감사해 했다. 9주 연속 경기를 한 후에, 그는 10주째 경기할 기회를 감사해 했다(대다수 골퍼들은 3주 연속 경기 후 힘들어 한다!). 10주 연속 경기를 한 후에, 그는 11주째 경기할 기회를 감사해 했다. 그리고 11주 만에 그는 우승했다!

여러분은 스튜어트 애플비가 59타를 치고 3년 만에 처음으로 우승한 후에 게임으로부터 휴식하길 원하고, 마치 어깨에 있던 부담을 던 것처럼 스스로 안도감을 느꼈을 수도 있다고 생각할지 모른다. 하지만 그의 새로운 관점이 뿌리를 내렸고, 그는 단지 다르게 얘기하는 것이 아니었다. 그는 달랐다. 59타를 기록한 후 그는 무엇을 했을까? 그는 다음 2주 연속 경기를 뛰었다.

그는 마침내 전설적인 교습가인 하비 페닉(Harvey Penick)으로부터 교훈을 배웠다: 당신은 결코 골프를 해야 할 필요가 없다. 골프는 특권이다. 골프를 얻어라. 스튜어트가 오래도록 투쟁을 겪지 않았다면 이 교훈을 배우지 못했을 것이다. 그가 관점을 되찾기 시작한 후 감사함을 더했다. 그가 감사함을 키운 후 게임에 다시 복귀할 수 있었다. 거기에 우리 모두를 위한 교훈이 있다.

CHAPTER 13

카밀로 비에가스
기복 간에 관점 유지하기

바비 존스(Bobby Jones)는 **"제가 우승했던 토너먼트에서는 하나도 배운 게 없습니다."**라는 유명한 말을 남겼다. 물론, 그의 말은 내가 이 책을 통해 반복해 온 주제에 관한 것으로, 다시 말해 나쁜 골프는 여러분의 입에 신맛을 남길 수 있지만, 나아지는 과정에서 매우 유용하다는 암묵적 교훈을 얻는다. 작가 다니엘 코일(Daniel Coyle)의 말에 따르면, 기술 개발의 학습 속도를 가속화하려면 우리가 배우는 과정의 일부로서 실패를 받아들여야 한다: "투쟁은 선택사항이 아닙니다—신경학적으로 필요합니다: 기술 회로가 최상으로 작동하려면 회로를 최적으로 점화해야 합니다; 여러분은 실수해야 하고 그러한 실수에 유의해야 합니다." (코일 2009, 43페이지).

이런 관점에서 내 고객이자 친구인 카밀로 비에가스의 경력을 연구하는 것은 매우 유익할 수 있다. 그렇게 함으로써, 여러분은 최고의 골퍼들이 자신의 게임을 날카롭게 유지하기 위해 사용하는 과정을 이해할 것이고, 오랜 기간에 걸쳐 여러분의 게임이 높은 수준으로 기능하는 것에 감사할 것이며, 스스로 학습 속도를 향상시키고 게임을 개선하는데 도움이 되는 관점을 배울 것이다.

골퍼들의 경력 추이에 대해 연구한 사람이라면 누구나 골프가 고저 기복을 가진 게임이라는 것을 안다. 20~30년 경력의 과정이 넘도록, 모든 골퍼들은 다양한 단계를 거치는 것을 기대할 수 있다. 잭 니클라우스, 마크 오메라(Mark O'Meara), 어니 엘스, 비제이 싱(Vijay Singh), 레티프 구센(Retief Goosen)과 같은 주요 챔피언들조차 경기 변동을 경험한다. 경력에서 이러한 썰물과 밀물이 존재하는 이유는 대개 복잡하다. 동기적, 기술적, 부상 관련, 장비 관련, 혹은 단지 장시간 동안 기술을 개선할 때 발생하는 자연스런 가변 기능일 수 있다. 구체적 원인에 상관없이, 골퍼의 경력 추이는 불가피하게 오르내린다.

경기력의 변동은 골프에만 국한되지 않는다. 영화 '레팅 고(Letting Go)'에 나온 것처럼, 11차례 서핑 세계 챔피언인 켈리 슬레이터(Kelly Slater)는 알려진 경력에서 여러 번의 기복을 경험했다. 1992년부터 1997년까지, 그의 우승은 해마다 늘어났는데: 6년 동안 28승, 년 평균 4.7승이었다. 그의 전성기는 그가 9번이나 우승했던 1996년이었다. 이후 5년 간(1998년부터 2002년까지) 3차례나 우승했다. 생각해 보자: 1996년에 9승, 1997년에 7승, 1998년과 2000년에 무승, 그리고 1999년, 2001년, 2002년에 각각 1승만 거두었다. 하지만 그의 경력은 끝난 것인가? 전혀 그렇지 않다. 5년간의 슬럼프를 딛고 슬레이터는 2003년에 다시 정규리그 우승을 했으며 2008년에는 6승을 거뒀다. 슬레이터의 우승을 그래프로 나타내면, 패턴은 대부분의 훌륭한 운동선수들, 특히 골퍼들에게 기대되는 것과 유사하다(그림 13.1).

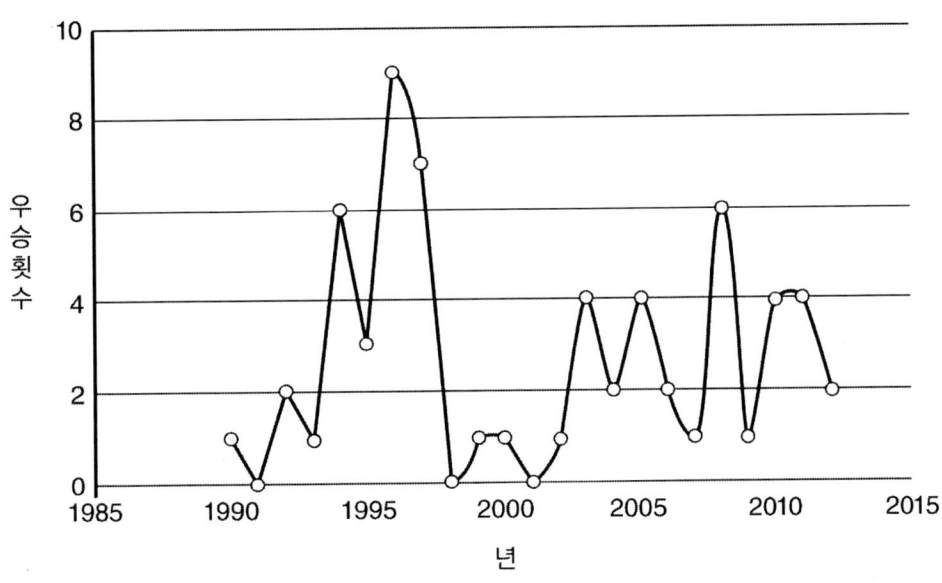

그림 13.1. 1992년부터 2012년까지 켈리 슬레이터(Kelly Slater)의 기복치

스키 세계 챔피언 보데 밀러(Bode Miller)의 말에 따르면, 프로 스포츠는 "구축하는 해"와 "성공하는 해"를 동반한다(밀러 2005). 구축하는 해는 모든 것이 스코어 보드 위에 나타날 때 성공하는 해가 되기 위해 게임에서의 잘못된 점을 보완하는 때이다. 이처럼 사소한 슬럼프, 좌절, 그리고 구축하는 해를 피하기보다는, 선수들이 이러한 기복들을 겪고 자신감을 온전하게 유지하도록 준비하는 것이 보통 더 현명하다.

대부분의 아마추어들이 알지 못하는 최고 수준의 골프 특성 중 한 가지는, 골퍼들이 실제로 얼마나 자주 A-게임들을 가지고 있는지 그리고 그들의 잠재력을 풀기 위한 열쇠를 찾는데 얼마나 많은 시간을 소비하는가이다. 이러한 탐색 단계는 종종 골퍼의 발전에서 터닝 포인트가 된다.

대부분의 훌륭한 골퍼들(맷 쿠차, 저스틴 로즈, 브라이스 몰더, 헌터 메이헌, 벤 호건)과 마찬가지로, 카밀로의 경력은 게임을 한 단계 끌어올리기 위한 전환점으로 작용했던 성장이나 구축 단계에 걸쳐 오랜 기간 굳건한 플레이로 특징지어져 왔다. 이 중 몇 가지를 검토해보면 그가 힘들었던 2011-2012시즌에 했던 플레이의 본질을 이해하는 데 도움이 될 것이다.

투어를 시작한 첫 5년 동안 카밀로는 순조로웠다. 이 수치는 그가 골퍼로서 성숙해지고 발전함에 따라, 그의 상금 순위가 올라갔으며, 최고 재능 중의 하나로 자리매김하게 된 매우 정확한 정보를 제공한다(표 13.1).

표 13.1 2006년부터 2010년까지 카밀로 비에가스의 투어 경기결과

년	컷 통과/탈락	PGA투어 상금리스트
2006	18/11	38
2007	17/7	41
2008	19/3	7
2009	18/2	46
2010	17/3	17

 퍼팅과 완벽함에 대한 교훈

카밀로의 사고방식에서 초기 변화 중 하나는 2006년 3월 마이애미(Miami)에서 열린 도랄(Doral) 토너먼트에서 나왔다. 그는 루키였고, 타이거 우즈(그가 출전했던 14차례 투어대회에서 8차례 우승했던)에 이어 2위를 차지했을 때, 카밀로는 두 가지 강력한 교훈을 배웠다:

<u>1. 훌륭한 퍼터도 실수한다.</u>

<u>2. 골프 토너먼트에서 우승은 완벽하게 플레이할 필요가 없다. 잘 반응하고, 자유롭게 하며, 재미있게 하는 걸 요구한다.</u>

이것은 많은 골퍼들에게 명백한 진술처럼 보일 수 있지만, 여러분이 카밀로의

수준으로 게임을 마스터했을 때는, 일부 명백한 것들이 전에 그랬던 것처럼 그렇게 명백하지가 않다. 여러분이 7살 때부터 훌륭하게 골프를 해왔다면, 카밀로가 그랬던 것처럼, 기대치가 높아지는 것은 자연스러운 일이다. 그러나 카밀로의 특별한 재능들은 그를 곤경에 처하는 상황을 만들었다. 상황은 단순하고 평범한 게임이지만 종종 간과되는 측면이다: 위대한 스트라이커들(벤 호건, 프레드 커플스, 채드 캠벨, 비제이 싱)은 실수할 기회를 많이 가지기 때문에, 뛰어난 다수의 볼 스트라이커들은 좋지 못한 볼 스트라이커에 비해 더 오랜 시간 공을 때리며 자신감을 형성한다. **취약한 볼 스트라이커는 대개 라운드 당 7번의 그린 미스를 하고 칩샷으로 3피트를 남겨 결국 롱 퍼트가 거의 없는 상황에 직면한다. 결과적으로, 그는 숏 퍼트를 더 많이 하고 그날에 더 많은 퍼트를 한다.** 그렇기 때문에 투어에서 퍼팅 통계를 주도하는 취약한 볼 스트라이커들을 종종 볼 수 있다(브래드 팩슨이 10년 동안 부분적으로 그랬다). 반대로, 카밀로와 같은 훌륭한 볼 스트라이커는 라운드 당 15~16번 온 그린을 했고, 그 때의 퍼트는 대부분 공을 홀에 가깝게 칩샷을 하는 골퍼들보다 더 멀리 떨어져 있다. 그린 밖으로부터의 평균 칩샷 거리와는 반대로 5번 아이언으로 온 그린하여 홀까지 남긴 평균 거리를 생각해보라.

카밀로는 훌륭한 볼 스트라이커에 속하며 어렸을 때부터 그래왔다. 그 결과, 카밀로는 자신의 골프 역사상 더 먼 거리에서 퍼트할 수 있는 기회를 더 많이 얻었기 때문에 골퍼 평균, PGA 투어 플레이어 평균보다도 퍼트를 더 많이 놓쳤다. 그리고 미스퍼트를 하면 제 아무리 누구라도 여러분의 자신감이 떨어지게 된다.

그러나 타이거가 미스 퍼트에 대해 감정을 조절하며 해석하는 모습을 카밀로가 지켜보면서 그의 자신감은 덜 심각해지게 되었다. 알다시피, 2006년에 타이거는 그린적중률에서 1위를 했기 때문에 평균 퍼팅에서 137위를 했다! 타이거는 8차례나 우승을 했고, 많은 퍼트를 놓치면서 해냈다.... 하지만 그는 기회가 매우 많았기 때문에 많은 퍼트를 놓친 것이다! 이를 직접 목격하는 일은 골퍼가 가진 잠재력의 수문을 진정으로 열어줄 수 있는 정신적 변화유형을 허용해주었다. 비록 그가 우승은 못했지만, 교훈을 통해 카밀로는 2006년에서 2010년까지 예상치 못하게 5년 연속 상승세를 탈 수 있었으며, 내 생각엔 모든 골퍼들이 항상 유용하게 활용해야 하는 교훈이다.

결과 수용

카밀로는 2010 시즌을 연속해서 뜨겁게 시작했고, 해외에서 좋은 성적을 거두었으며, PGA 투어 시즌 전반기 평균 스코어 기록을 경신했다(6차례 토너먼트에서 그는 자신의 시즌 이래 최저 평균 스코어를 기록했다). 훌륭하게 경기하는 동안, 그는 승리를 얻지 못했다. 2월에 그는 친숙한 어조로 말했다: "저는 이 토너먼트들에서 우승해야 합니다. 공이 너무 잘 맞아요!" PGA 투어에서 두 번 우승하고 계속 좋은 플레이를 한 후, 카밀로는 말 그대로 경기를 할 때마다 좋은 경기를 기대하기 시작했다. 비록 높은 기대치가 좋은 것일 수 있지만, 또한 부정적인 면도 가지고 있다: 골퍼들은 자신의 기대와 상충되는 결과를 받아들이는 것을 허락하지 않는다.

골프는 여러분이 한 사람으로서 진화함에 따라 게임이 진화한다는 것을 기억하라. 이것은 모두에게 사실이며, 학습과 성장에 초점을 맞춘 숙달 접근법이 효과적인 또 다른 이유이다. 그것은 새로운 교훈을 배우고, 이전의 교훈을 기억하며, 미래에 효율성을 향상시키기 위해 끊임없이 교훈을 재해석할 수 있게 해준다. 지난 15년 동안 골퍼 경력의 밀물과 썰물들을 지켜보면서, 나는 그들의 많은 터닝 포인트는 주니어 시절에 배웠던 게임에 관한 단순한 교훈이나 영원한 진리의 형태로 나타난다는 것을 알게 되었다: "퍼트할 때까지 머리를 고정하라." "손을 부드럽게" "백스윙에서 공에서 시선을 떼지 마라." 그리고 그것은 많은 면에서 골프의 본질에 대한 근본적인 부분을 나타낸다. 성공은 단순한 일을 잘하는 것만이 아니다; 시간이 지남에 따라 지속적으로 단순한 일을 잘 하는 것이다.

2006년처럼 2010년 카밀로의 높은 기대는 그를 더 잘하게 했다. 그의 생각을 다시 파악하기 위해, 나는 그와 함께 훈련을 했고 결국 강력한 교훈을 남겼다. 나는 캐나다의 독수리 금화와 은화를 함께 꺼냈다. 우리는 다음과 같은 규칙으로 게임을 했다:

카밀로는 7피트 거리에서 퍼트를 모두 성공시키면 은화를 받았다. 나는 그가 퍼팅한 것을 볼 수 있도록 은화를 홀의 한쪽에 두었다. 그가 퍼트를 성공할 때마다, "상금" 꾸러미를 볼 수 있도록 홀의 다른 쪽으로 동전을 옮기곤 했다. 만약 그가 7피트에서 연속으로 5번을 성공한다면, 그는 값진 금화를 받을 것이다.

"퍼트를 놓치면요?" 시작하기 전에 그가 물었다. "아무것도 없어요."라고 나는 말했다. "퍼트를 성공시킬 때만 동전을 얻을 수 있어요." 그는 킥킥거리며 홀을 응시한 다음, 다시 공을 쳐다보며 부드럽게 첫 퍼팅을 굴렸다. 그의 스트로크는 자유로웠고, 유동적이며, 부드러웠다. 그의 릴리스는 깔끔했고, 공은 아름답게 굴러갔다. 오래지 않아 그는 나의 모든 은화뿐만 아니라 내가 탐내는 금화를 갖게 되었다. 그는 거의 모든 퍼트를 성공했는데, 7피트에서 20번 중 16번을 성공시켰다.

그다음 나는 그와 2단계 게임을 했다. 그가 금화 한 무더기(소형차 값어치)를 모은 후, 나는 규칙을 바꿨다: 카밀로는 여전히 7피트 거리에서 퍼팅을 하지만, 퍼팅을 실패할 때마다 동전을 잃는다. 나는 더 이상 줄 동전이 없어서 그가 얻을 동전은 없었고, 그냥 잃을 뿐이었다. 만약 그가 연속으로 두 번의 퍼팅을 실패하면, 금화를 돌려줘야 했다. 첫 번째 게임처럼, 그는 20번의 퍼팅을 시도해야 했다. 몇 번의 성공 후에, 그의 스트로크는 약간 빨라졌고, 릴리스는 짧아졌으며, 좀 더 우유부단하고 절박해 보였다. 그는 더 열심히 노력하는 중이었다. 압박이었다. 그래서 공은 조금 덜 깔끔하게 떨어졌고, 오래지 않아 많은 은화를 돌려받았다. 잠시 후 그는 얻을 것이 없고 잃을 동전도 없어 게임 즐기기를 중단했다. 더 이상 재미는 없었다.

평점 3.9와 함께 올 아메리칸(All-American)으로 플로리다(Florida) 대학교를 졸업한 카밀로는 내가 그에게 주려고 했던 교훈을 배우는 데 그리 오래 걸리지 않았다. 세계 골프 랭킹 10위 안에 든 카밀로는 신인왕 타이틀과 같은 함정에 빠졌고, 많은 훌륭한 골퍼들이 비슷한 함정에 빠졌다: **그는 완벽하게 플레이하고 실수를 용납하지 않으려 노력하기 시작했다. 그는 모든 나쁜 샷, 모든 미스 퍼트, 완벽하지 않은 칩 샷을 더 깊게 느꼈으며, 잃을 것이 없고, 얻을 것만 있는 신참이었을 때보다 더 날카롭고 부정적으로 느꼈다.** 왜일까? 세계 랭킹에서 높은 순위에 올랐기 때문에, 모든 실수는 그가 세계 랭킹을 장악하지 못하는 것처럼 느껴졌고, 그래서 그는 실수할 때마다 추가적으로 노력했으며, 더 열심히 노력하고 포기하고 싶은 마음을 통제하지 않으면, 받아들일 가능성이 적음을 알게 되었다. 이내 곧 그는 더 이상 자유롭지 않았으며 자신의 게임 리듬대로 흘러가지 않았다.

카밀로의 최종 교훈은 대부분의 골퍼들과 같은 것이었다: 그는 결과, 결실, 혹은 미스 퍼트의 결과에 대해 생각하지 않을 때 최고의 퍼팅을 한다. 퍼트의 전반부는 흥분과 열정이 있었고 후반부는 완전한 수용이었다―즉, 너무 많이 통제하려 하지 말라는 뜻이다! 나는 친구에게 두려움 없는 골프를 옹호하는 것만큼 그에게 무모한 골프를 옹호하지 않았다. 나는 그가 다시 자유로워지기를 원했다―결과에 구속됨이 없이 마음껏 퍼팅을 즐길 수 있는 자유.

태도와 함께 이끌기

그의 새로운 태도가 확고하게 자리한 채, 카밀로는 다음날 떠났고, 그 후론 내가 오랫동안 봐왔던 골퍼 중에서 가장 폭발적이었던 달(月) 중 하나였다. 그는 세계 최고인 64명의 골퍼들이 맞대결하는 엑센추어(Accenture) 매치 플레이 챔피언십에 출전했다. 간단히 말해서 그는 더스틴 존슨(Dustin Johnson), 두 차례 챔피언 제프 오길비, 벤 크레인(Ben Crane), 레티프 구센을 처리했다. 그 사실을 알기도 전에, 그는 세계에서 가장 인기 있는 선수 중 한 명인 폴 케이시(Paul Casey)와 8강에 올랐다. 두 선수 모두 굴복하지 않고 서로 멋진 경기를 펼쳤다. 그것은 기록적인 23홀, 6.5시간 동안의 인내심 대회였다! 끝나기 몇 홀 전에서 카밀로는 3피트 거리의 스트레이트 퍼트를 성공하면 17일 경기를 마무리할 수 있는 기회가 있었다―하지만 3피트 퍼트를 놓쳤다. 그가 퍼트를 성공했다면, 그는 폴 케이시를 누르고 결국 이안 폴터(Ian Poulter)와 결승전을 다투었을 것이다. 카밀로와 승리 사이에는 세 발 거리의 격차가 있었다. 이런, 오, 이런, 이는 새로운 그의 태도를 시험하는 거였다! 카밀로는 그린에서 걸어 나왔고 곧바로 얼굴에 마이크가 들이닥쳤다. 퍼트를 놓치는 것이 얼마나 힘든 일인지 묻자, 그는 대답했다:

―――― 몇 가지 뒤섞인 느낌에 대해 얘기하려 합니다. 아는지 모르겠지만, **저는 14번의 퍼팅을 놓쳤지만, 13번 성공한 제 샷을 보세요.** 제 말은―제게 있어, 그 벙커샷은 가장 좋은 것 중 하나가 될 수 있었고―그것이 제가 지금까지 친 것 중 가장 좋은 샷일 겁니다. 그리고 저는 그런 상황 하에서 골프에서 최고의 샷들 중 하나를 해냈습니다. 좋았어요. 다시, 저는 한 홀 뒤진 상태로 18홀에 갔습니다. 저는 그 홀을 이겼고, 기회를 주었습니다. 말한 것처럼, 어젯밤엔 뒤섞인 느낌이었어요. 하지만 저는 매우 잘 받아들였습니다.

패배를 잘 받아들였고, 우리는 24홀을 경기했는데, 누구든 이길 수 있었습니다. 여러분은 3피트 거리는 잊으라고 말할 수도 있어요. 그거 아세요? 괜찮습니다. 그건 아무 문제없어요. 저도 그렇다고 하길 바라지만, 아시다시피, 한 사람으로서 제가 바뀌지는 않아요. 만약 제가 일 년 내내 이런 태도를 유지한다면, 즐겁게 보낼 수 있기 때문에 좋은 한 해가 될 거라 생각합니다.

그 다음날 카밀로는 세르히오 가르시아(Sergio Garcia)를 두 홀 차로 이겼다. 하지만 나는 그가 놓친 퍼트를 얼마나 잘 처리했는지 그리고 그가 상황에 얼마나 완벽하게 반응했는지에 대해 마음속으로 기록했다. 그는 완전히 받아들였고, 나는 그가 앞으로 자유로우리란 걸 알 수 있었다.

다음 주에 그는 FBR 피닉스(Phoenix) 오픈을 위해 사막으로 갔고, 거기서 그는 9언더파 62타로 토너먼트를 시작했다. 다시 한 번 그의 태도는 훌륭했다. 그렇다면, 그가 그날 25번의 퍼팅만 필요했다는 것은 놀랍지 않다. 또한 카밀로의 태도가 퍼트를 성공했기 때문에 훌륭한 것이 아님을 이해하는 것이 중요하다. 기억하라, 그의 태도가 바뀌기 전에는 퍼팅이 형편없었다. 오히려, 카밀로가 훌륭한 태도를 가지고 있었기 때문에 퍼트를 성공했:

—— 제가 접근하고 있는 방법은, 다시 말하지만, 단지 재밌습니다. 그냥 갈뿐이고 아무 것도 잃을 게 없어요. 가서 퍼트를 하고, 들어가면, 좋은 거죠. 만약 그렇지 않다면, 그저 살짝 웃으면서 다음 홀로 가세요. 지난주에 그랬던 거 같아요. 저는 분명히 오늘 경기를 잘 했고, 우리는 계속해서 좋은 태도를 가지고 일어나는 것을 지켜볼 겁니다.

그는 다음 이틀 동안 잘 경기해서 톱 10으로 마무리했지만 2006년처럼 우승을 하지 못했다. 통제할 수 없는 결과에 초점을 맞추기보다는 자신의 과정과 소위 말하는 "감사하는 태도"에만 초점을 맞추었다. 그 다음 주 투어는 사우스(South) 플로리다에서 열리는 혼다(Honda) 클래식이었다. 카밀로는 사람들에게 감사하는 태도와 게임에 대한 열정에 대해 계속 말했다. 그의 훌륭한 태도로 인한 결과, 그린 적중률 당 평균 퍼트 수 2위를 차지했다. 2010년 3월 5일—사우스 플로리다에서 퍼팅을 놓치는 첫 번째 깨달음을 얻은 지 정확히 4년 후—카밀로는 다시 한 번 사우스 플로리다에서 재미와 감사 그리고 정신적으로 자유로운 것에 대해 이야기 했다. 지금 이 순간, 그는 2010 혼다 클래식 챔피언 트로피를 들고 있었다!

세부 감각 만들기

성취 영역이란 측정 가능한 결과를 가진 것으로 정의된다. 골프, 농구, 축구와 같은 스포츠는 점수제도이다. 비즈니스 세계는 실리에 따른 매출과 수익이 있다. 교육 분야에서는 학생과 학교가 주로 학점이나 시험 점수로 측정된다. 수행 컨설턴트로서 나는 이 모든 일을 함께 했다: 프로 당구 선수, 외과의사, 체스 선수, 추상화가, 매일 4시간 자는 금융상인, 공연 음악가, 학생, 골프 선수, 그리고 전투기 조종사.

다양한 분야의 일을 하며 나는 다양한 영역의 독특성을 매우 잘 이해하게 되었다. 심리적 자유는 피아니스트나 조종사와는 다른 것을 의미하고, 훈련은 골퍼나 금융 거래인들에게 다른 의미를 가지며, 두려움 없는 것은 웨이크보드 선수나 과학자들에게 완전히 다른 의미라는 걸 가르쳐 주었다.

다채로운 경험에 기초하여, 최고 수준에서의 골프는 솔직하게 내가 지금까지 접한 것 중 가장 도전적인 노력이며, 따라서 가장 진보적이고, 미묘하며, 근본적으로 온전한 심리적 이해를 요구한다고 말할 수 있다. 다른 스포츠에서 노력의 힘듦과 복잡성을 폄하하는 건 아니지만, 골프 경기를 꾸준히 잘하는 것만큼 힘든 정신력을 요구하는 것은 없다. 그 이유는 골퍼의 플레이에 대한 질과 최종 스코어 간의 독특한 차이점과 관련이 있다.

2012년 중국에서 열린 HSBC 세계 골프챔피언십 토너먼트에서 리더보드를 되짚어보면서, 나는 골프와 관련된 독특한 도전을 떠올리게 되었다. 다음은 그 주의 개별 선수들이 경험한 엄청난 스코어 차이의 일부이다:

브랜트 스네데커(Brandt Sredeker) : 60-72, 12타 차이

제이슨 듀프너(Jason Dufner) : 71-64, 7타 차이

어니 엘스(Ernie Els) : 63-70, 7타 차이

루이스 우스트이젠(Louis Oosthuizen) : 63-72, 9타 차이

리 웨스트우드(Lee Westwood) : 61-72, 11타 차이

닉 와트니(Nick Watney) : 62-72, 10타 차이

지난 15년 간 했던 것처럼 **투어 선수들과 이야기를 나누면서 잘한 라운드와 저조한 라운드 간의 차이점을 물어보면, 그들은 "별로 없다"라고 말할 것이다.** 그들은 아마도 같은 방법으로 준비하고, 똑같이 좋은 워밍업을 했으며, 양질의 샷을 많이 쳤다. 그들은 라운드 내내 특별히 다르게 느껴지지 않았을 것이고, 노력을 더 열심히 했거나 혹은 덜 하지 않았다. 그래서 여러분이 궁금한 것은, 과정들이 정확히 같았다고 느꼈을 때, 결과에서 그렇게 근본적인 차이가 날 수 있는 게임을 만드는 것은 어떤 감각인가 하는 것이다. 이러한 점에서 골프는 사람을 미치게 할 수 있다: 골퍼들은 같은 과정이 근본적으로 다른 결과를 만들어낼 수 있는 게임에서 과정이 아닌 결과에 의해 판단된다!

삶의 대부분 영역에서 과정과 결과 간에는 매우 직접적인 관련성이 있다. 10갤런의 가스를 차에 넣으면 300마일을 주행할 수 있다. 어느 쪽이든 몇 마일을 예외로 하고, 그것은 꽤 예측 가능하다. 칼로리 섭취와 체중, 공부 시간과 학습, 주당 달리기 시간과 휴식 시 심박수, 과정과 결과가 일치하는 기타 활동도 마찬가지이다.

모든 활동 중에서 골프는 5가지 측면에서 구분된다:

1. 내적 심리 변화에 대한 게임의 예민함
2. 골프공이나 드라이버와 같이 작은 변화들이 큰 스코어 차를 만드는 것과 일치할 수 있음
3. 싱글 라운드에서 골퍼가 경험할 수 있는 가변성
4. 경력 안에서 골퍼가 경험할 수 있는 가변성
5. 과정과 결과의 차이

이런 관점에서 골프는 아름다움과 어려움의 게임인 까닭에 나는 카밀로의 프로 여정 중 가장 최근 부분을 해석한다. 켈리 슬레이터의 저조했던 시기와 마찬가지로, 카밀로가 힘들었던 2011-2012년 단계에 대한 일반적인 반응은 "카밀로에게 뭐가 잘못되었나요?"라는 물음이었다. 이런 종류의 반응은 모든 수준의 경쟁 골프에서 일어난다. 심지어 주니어 선수들이 스코어에 도전하며 어려움을 겪을

167

때조차도, 종종 부모나 주니어 코치가 무언가 잘못되었다고 가정하는 것을 본다. 보통은, 잘못된 부분이 있다. 그러나 자주 그렇듯이, 사소한 세부 사항들이 어마어마한 스코어 차이를 야기한다. 2012년 PGA 투어 상금 리스트에서 144위를 한 카밀로의 실적에서 이러한 통계를 살펴보자:

그린 적중률 : 4위

컷 탈락 이전 평균 스코어 : 24위

전체 평균 스코어 : 73위

볼 스트라이킹 : 23위

바운스 백 : 7위

그의 드라이버 거리와 정확성은 투어 선수들 중 상위 3분의 2 내에 있었다. 게다가, 카밀로는 마지막 8개 대회에서 7개의 컷을 통과했고, 그의 마지막 4개 대회에서 그린 적중률은 2위, 15위, 10위 그리고 1위를 차지했다. 그는 이 대회에서 30위, 29위, 20위, 28위를 차지했다.

이 숫자들을 근거로, 카밀로는 매우 강하거나 적어도 아주 견고한 해를 보냈다고 생각하는 것이 타당해 보인다. 골프가 바로 정확한 사고방식이 절대적인 게임이라는 점에서 이 숫자들이 만들어진 건 무슨 의미일까?

이 질문에 답하기 전에, 내 요점을 분명히 하겠다. 나는 골프가 공정하지 않아서 카밀로가 불운을 겪었거나, 그가 시즌 내내 훌륭한 경기를 했다고 말하는 것이 아니다. 그중 어느 것도 유독 정확한 진술은 아닐 것이다. 내가 말하고 강조하려는 것은 골퍼가 현실적인 그림을 그리는 것과 골프의 의미를 이해하는 것이 얼마나 어려울 수 있는가 하는 것이다.

때때로 게임은 너무 규정하기 어려워서 무엇을 준비해야 할지 명확한 방향이 없는 경우가 있다. 사실, 최고 수준의 경쟁 골프에서, 골퍼들을 붙잡는 것은 그들이 클럽을 제대로 스윙하지 못한다는 것이 아니라, 코스에서의 경험이 언제나 객관적인 수치가 말해주는 것과 일치하지 않기 때문에 그들의 게임 상태에 대해 어떤 분명한 이해를 할 수 없다는 점이다. 이러한 골퍼들은 지구상에서 최고의 가르침과 기술을 접해왔지만, 여전히 게임의 다면적인 특성과 씨름하고 있다. 그들은 스스로 잘하고 있다고 느낄지 모르지만, 돈은 그렇지 않다는 것을 암시한다. 그들은 바닥 언저리에 있다는 것을 깨달을 때까지 퍼팅에 자신감을 가질 수도 있다. 그들은 웨지를 들고 핀에 가까이 붙이는 평균이 생각했던 것만큼 높지 않다는 것을 알게 될 때까지 자신을 훌륭한 웨지 플레이어라고 여길 수도 있다. **문제를 종합하자면, 실제 답은 전체 드라이빙 지수나 성공한 퍼팅 스트로크 같은 종합 통계량에 있을지 모르며, 이는 일반적인 수준에서는 유용하지만, 해결책으로서 이 부분만 따로 떼어내는 것은 도움이 되지 않는다.**

카밀로의 경우, 이것들을 이해하는 데 오랜 시간이 걸렸다. 2011년 2월부터 2012년 6월까지 우리는 그가 잘하고 있는 이유를 정확히 이해할 수 없었지만 토너먼트에서 좋은 마무리를 간과할 수는 없었다. 통상, 그 숫자들은 우리를 인도했다. 2012년에 이러한 모든 훌륭한 통계가 수반된 배경의 이면에는 다음 세 가지를 포함한 참담한 기록치가 있었다:

1. 종합 퍼팅: 142위
2. 벙커 세이브: 151위
3. 최종 라운드 평균 스코어: 154위

그렇다면 어떤 숫자가 골퍼 게임의 전반적인 상태를 더 잘 나타내는 것일까? 심지어 방금 열거된 빈약한 통계조차, 시즌의 그린 적중률에서 4위, 그리고 컷 전 스코어 평균 24위와 합쳐지면, 잘못되지 않은 것처럼 생각하게 할 수 있다.

하지만 지난 몇 년을 비추어보면, 그가 코스에서 많은 일들을 잘하는 동안, 가끔씩 집중력이 떨어지고 있다는 것을 알았는데, 잘못된 순간 중요한 스트로크를 날릴 수도 있었다. 또 다른 일부 원인은 그의 자세와 셋업이 몇 년 사이 약간 바뀌었기 때문에 그는 이제 좀 더 똑바로 서있게 되었다. 이러한 변화는 클럽과 그의 공략 각도를 바꿔 주었다. 카밀로는 손재주가 좋아서 흐트러진 자세에서도 샷을 칠 수 있다. 하지만, 때때로 그가 중간 스윙을 막지 못했을 땐, 자신의 역사적 실수보다도 훨씬 더 심한 파울 볼을 때리곤 했다. 이 어이없는 샷들은 가끔씩 일어났지만, 분명 스트로크와 상금 목록에서 희생이 따랐다.

그것은 퍼즐을 풀듯이 쉽게 진행되는 것처럼 들릴 수도 있지만, 그것은 심리학이 골프에 왜 그렇게 중요한지에 대한 요점이다: 이것들은 항상 명백하지는 않다. **골프의 보이지 않는 특성은 때때로 게임을 제대로 이해하기 위해 여름 내내 혹은 어떨 땐 한 두 시즌 내내 소요된다는 것을 의미한다.** 카밀로의 경우, 결국 이러한 패턴을 보기 위해 1년 치의 데이터를 샅샅이 뒤져야 했다. 주말 골퍼들이 슬럼프에 빠진 것과 같은 이유처럼, 역사상 가장 위대한 선수들조차 수행 저하는 흔히 일어난다: 이 게임은 골퍼들이 저조한 결과를 거치면서 여전히 자신감을 유지할 것을 요구한다. 그것은 모든 골퍼들이 배워야 할 부분이다.

2012년 여름에 카밀로가 자신의 자세를 개선하고 집중력을 높이기 위해 새로운 루틴을 시작했을 때, 과거에 이루었던 성과들을 만회하기 시작했다. 그의 중요한 지표들 중 대다수(그린 적중률)가 다시 나타나기 시작했고 퍼팅 통계도 극적으로 향상되었다. 또한 그는 8차례의 예선 중 7차례를 통과할 수 있었고 긍정적인 방향으로 다시 움직이기 시작했다.

카밀로에게는 아직 완벽하지 않지만, 그의 경험은 경쟁 골프의 기복에 대한 현실적인 그림을 보여주며, 얼마나 벗어났는가에 따라 결과 통계수치에 영향을 미칠 수 있다.

잭 니클라우스가 글을 쓰도록 만든 것은 종종 보이지 않으면서 좌절감을 주는 게임의 특성이었다, "또한 여러분, 그것이 바로 게임의 본성이고, 여러분이 할 수 있는 모든 것은 상처를 치유하고, 시작해서 또 다른 날을 기다리는 것이며, 여러분의 얼굴에 적어도 옅은 미소가 나타나기를 바랍니다." (니클라우스 1997, 페이지 266).

대개, 경기를 잘못하고 있을 때 최선의 방법은 단지 인내심을 가지고, 여러분의 발전하는데 있어 침체는 자연스러운 부분이라는 것을 받아들이며, 자신의 과정을 고수한다면, 결국 모든 게 바로잡힌다는 걸 믿는 것이다. 저스틴 로즈가 악몽의 일요일을 보냈을 때, 그는 과정을 포기하기보다는 그것을 믿었고 바로 다음 주에 우승했다. 션 오헤어가 브리티시 오픈에서 컷 통과를 놓친 후에, 자신감을 두 배로 줄이고 다음 주에 캐나다에서 우승했다.

장시간 동안 높은 수준으로 플레이하길 원하는 골퍼들은 역사적으로 그들에게 좋게 기여했던 과정을 포기할 수 없다. 그들은 게임에 의해 괴롭힘을 당할 수 없다. 훌륭한 선수들은 스타들과 나란히 할 때 자본화할 수 있는 능력을 가져야 하지만, 또한 종종 예측 불가능한 성취 영역의 특성과 그로 인한 결과가 의심할 만한 이유를 제공할 때조차 자신을 믿는 평행 능력을 필요로 한다.

카밀로의 경우, 스윙을 바꾸는 대신, 그의 셋업을 조금 조정했고 진전을 보이기 시작했다. 카밀로의 여정은 여전히 진행형인 이야기로서, 골프에서의 정확한 사고의 어려움과 중요성에 대한 깊은 통찰력을 제공해 준다고 믿는다. 이것은 자아 지향보다 배움에 집중하는 것이, 또 다른 무엇보다 게임의 우여곡절을 인내하는 것이 왜 그렇게 중요한지 분명히 보여준다.

part 03

PGA 투어에서의 몰입

CHAPTER 14

션 오헤어

현재에 존재하기

'애 타게 만들다'라는 뜻의 'tantalize'라는 단어는 그리스 신화에 등장하는 탄탈루스(Tantalus)를 둘러싼 우화에서 유래되었다. 전설에 따르면, 신들은 배반을 저지른 탄탈루스에게 연못 안에 영원히 서있어야 하는 형벌을 내렸다. 물이 턱 밑까지 닿는 연못에 서있었지만 목이 말라 물을 마시려고 목을 굽히면 연못물은 밖으로 물러났으며, 머리 위에는 과일이 주렁주렁 매달려 있지만 손을 뻗으면 손닿을 수 없는 곳으로 올라가버렸다.

탄탈루스의 우화는 얻을 수 없는 것에 대한 유혹과 영원한 박탈감에 대한 이야기로 다양한 분야에서 인용되고 있다. 카레이서인 데일 언하트 주니어(Dale Earnhardt Jr.)는 2011년 자동차 경주에서 우승이라는 목표를 달성할 뻔했으나 목전에서 실패하고 말았다. 그는 12회의 경주에서 10위 안의 성적을 꾸준히 거두었음에도 불구하고 그가 이루고자한 우승이라는 목표는 달성하지 못하였다. 과학자들 또한 이런 느낌에 익숙하다. 연구자들은 평생 동안 한 가지 문제를 풀거나 특정 이론의 작은 부분을 증명 또는 반증하기 위해 노력한다. 그리고 문제 해결에 한발 더 가까워지는 것처럼 보일 때 연구는 종종 실패로 돌아가곤 한다. 근대 물리학에서 가장 위대한 학자로 칭송 받는 아인슈타인 또한 대통일장 이론을 위해 30여년의 시간동안 연구에 몰두했지만 결국 증명해내지 못하였다. 그리고 아인슈타인은 연구하는 동안 경험했던 것을 다음과 같이 글로 남겼다.

―― 어둠 속에서 초조하게 해법을 찾는 긴 시간 동안 빛을 찾을 수 있다는 자신감과 다시 빛이 보이지 않는 탈진의 반복. 그것은 경험해본 사람들만이 이해할 수 있는 것이다.

골퍼들은 언하트가 경험한 좌절과 아인슈타인이 남긴 글귀를 이해할 수 있을 것이다. 골퍼들과 이들 간의 유사점은 명확하다. 성공을 향한 오랜 시간 동안의 헌신과 갈망이 바로 그것이다.

탄탈루스의 처벌과 유사한 방식으로 골프는 우승에 손이 닿을 듯 말 듯 유혹하며 골퍼의 마음을 어지럽히고 결국에는 손에 닿지 못하게 만든다.

실력에 관계없이 골퍼들은 흔히 "나는 내 스코어가 보여주는 숫자보다 훨씬 더 뛰어나다."라고 말한다. 이것은 "나는 시합에서 나타난 결과보다 훨씬 더 잘 할 수 있는 능력이 있다."라는 의미로 해석할 수 있다. 대다수의 골프 선수들은 시합이 진행되는 동안 지옥과 천당을 오간다. 경기력은 충분히 훌륭하지만, 가진 잠재력에는 미치지 못한다. 스스로가 더 잘 할 수 있다는 것을 알지만, 경기에 완전히 몰입하지 못하고 탄탈루스의 처벌을 받게 된다. 즉, 최고의 성취 혹은 승리에 매우 가까운 순간에 결국 고배를 마시곤 한다. 그리고 눈앞에 있는 열매가 저 멀리 달아나는 것을 보고 있을 수밖에 없는 안타까운 경험을 하게 된다.

리더보드에 적힌 스코어를 보는 것이 가끔은 기분 좋게 느껴지거나, 적어도 고통스럽지는 않은 때도 있을 것이다. 만약 중요한 시합이 아니라고 생각하고 그 시합에 대한 준비를 상대적으로 적게 했다면, 상처를 덜 받게 될 수도 있을 것이다. 하지만, 중요한 시합에서 아슬아슬한 상황을 이겨내지 못했거나 희망이 깨져버렸을 때는 큰 상처를 입을 수 있다. 승리를 바로 앞두고 있다는 믿음, 그리고 그것이 정말 가까워서 거의 맛볼 수 있는 상황에서 승리를 얻지 못했을 때, 선수들은 그 생각으로 밤을 지새우게 된다.

 탄탈루스의 골프 경기

2007년 브리티시(British) 오픈을 관람한 사람이라면 탄탈루스가 골프를 친다는 얘기를 이해할 수 있을 것이다. 대회 마지막 라운드에서 3타 차의 선두로 출발한 세르히오 가르시아는 우승을 눈앞에 둔 18번 홀에서 퍼팅에 실패했다. 결국 연장전에 돌입하게 되었으며, 다시 그의 첫 메이저 대회 우승을 결정짓게 될 3미터 거리의 파 퍼팅을 남겨놓게 되었다. 공이 퍼터 면에서부터 홀까지 정확히 굴러가는 모습이 고화질로 중계되고 있었으며, 공은 홀에 점점 더 가까이 굴러가더니 모습을 감추는 듯 했다. 세르히오 가르시아의 첫 번째 메이저 대회 우승이 거의 확실해 보이는 순간이었다. 하지만 그때, 홀에 반쯤 들어갔던 공이 다시 밖으로 튀어나오고 말았다. 골프는 세르히오에게 그가 가장 원했던 것을 맛보게 해주는 것 같았지만 결국 또다시 다음 기회로 넘겨버렸다.

골퍼로서 굉장한 경력을 가진 선수들 또한 위기와 실수를 반복해왔다. 가장 위대한 선수 중 하나인 잭 니클라우스는 18번의 메이저 대회에서 우승을 차지한 것으로 알려져 있다. 심리학적인 관점에서 흥미로운 점은 그가 승리에 가까운 많은 상황에서 슬기롭게 대처할 수 있는 능력이 있었다는 것이다. 다음의 숫자들은 45년간 163번의 메이저 대회에 참가한 잭 니클라우스의 경력을 말해준다. 그는 163번의 대회 중 73개의 대회에서 탑10에 입상했다. 18개의 대회에서 우승 트로피를 들어 올렸으며, 55개의 대회에서 우승에 근접했다. 우승을 제외한 55번의 탑10의 기록 중 19번의 준우승을 기록했다.

아놀드 파머는 US오픈에서만 세 번의 플레이오프에서 패배했다. 그 중 가장 아쉬운 것은 1966년 US오픈에서 7타 차이로 앞서 나가다 우승을 하지 못한 때이다. 40년이 지난 후에도 파머는 여전히 밤을 지새울 정도로 생생하게 기억하고 있다고 했다. 94차례의 프로대회 우승. 7대 메이저 대회에서 38차례의 탑10과 그 중 19번의 탑3. 그럼에도 불구하고 그의 마음에 남아 있는 것은 무엇일까? "승리가 가까워 보이는 곳에서 승리를 하지 못한 때가 가장 상처로 남는다." 파머의 얘기다.

그렉 노먼의 경력은 탄탈루스의 골프를 가장 잘 보여준다. 노먼은 30개 메이저 대회에서 10위 안에 들었는데, 이것은 노먼이 참가한 대회 중에 30퍼센트 이상 되는 것이다. 2번의 메이저 대회 우승에도 불구하고 역사가들은 노먼의 극적인 실패를 그의 경력의 두드러진 특징으로 보고 있다.

1986년 노먼은 모든 메이저 대회의 최종 라운드에서 리드를 하며 시작했으나 우승을 차지하지는 못하였다. 지금은 이를 노먼 슬램 또는 토요일 슬램이라 부르고 있다. 그 해 마스터스대회에서 연장전을 확보하기 위해 파가 필요한 상황에서 보기를 만들어 냈으며, US오픈 최종 라운드에서 75타, PGA챔피언십 최종 라운드에서는 76타를 기록하여 두 대회 모두에서 우승을 기록하지 못하게 되었다. 1987년 마스터즈 대회에서의 기록은 노먼에게 더욱 뼈아프게 다가온다. 1987년 플레이오프에서 래리 마이즈(Larry Mize)는 노먼과 약 45야드(40m) 떨어진 곳에서 30m 거리의 칩샷을 성공하며 노먼으로부터 승리를 빼앗아 갔다. 1989년에는 72번째 홀에서 버디(birdie)를 기록하면 우승이, 파(par)를 기록하면 연장으로 가게 될 상황이 있었다. 하지만 1번 아이언샷의 실수로 보기가 되어 다시 한 번 우승의 문턱을 넘지 못하게 되었다. 무엇보다도 그의 경력에서 가장 서사시적이고 기억에 남을 만한 실패는 1996년 마스터즈 대회에서 일어났다. 그는 63타를 기록하며 오프닝 라운드 코스 기록을 세우는 것을 시작으로 3일 동안 리더보드의 정상에 머물렀다. 오거스타 내셔널 골프장에서 6타 차이로 리드를 하고 있던 노먼의 우승은 확실시 되는 것으로 보였다. 언론매체들은 노먼과 같이 운이 나쁜 사람이라고 할지라도 6타 차의 리드를 잃진 않을 것이라고 확신했다. 노먼의 오랜 숙원이었던 마스터즈 대회 우승이 실현되려던 참이었다.

골프에서의 잔혹한 순간들은 역사자료를 통해 쉽게 찾아볼 수 있다. 1996년 4월 릭 라일리(Rick Reilly)는 스포츠 삽화 칼럼에 다음과 같은 기사를 게시했다.

—— 골프는 가장 잔인한 게임이다. 골프는 당신을 학교 앞으로 끌고 가서 점심값을 빼앗고, 그것도 모자라 때리기까지 한다. 골프는 다른 스포츠 경기보다 사람을 더 무기력하게 만든다. 아마 전국으로 방송되는 농구경기에서 에어 볼이 난다 하더라도 그것을 기억하는 사람은 거의 없을 것이다. 하지만, 노먼은 우승을 눈앞에 둔 마지막 라운드에서 78타를 기록했다. 결국 그는 영광스러운 우승퍼레이드를 날려버렸다.

노먼은 메이저 대회에서 30번의 탑10 중 2번의 우승과 28번의 우승에 가까운 성과를 기록했으며, 오거스타에서는 9번의 탑10 중 단 한 번의 우승도 이룩하지 못하였다. 그에게 있어 골프는 충족되지 않는 강렬한 유혹이었을 것이다.

구속을 제거하다

나는 션 오헤어를 개인적으로 알기 훨씬 이전부터 그에게서 강렬한 인상을 받았다. 그는 나의 고객 중 한 명과 짝이 되어 골프를 칠 때 마다 챔피언의 조용한 자신감을 보여주었다. 투어 선수들 사이에서 그는 훌륭한 골프 샷을 하는 재능이 출중한 선수로 거론되고 있었다. 하지만 내가 몇 년 동안 연습 그린을 지켜본 그의 퍼팅 실력과 대회 통계치에는 차이가 있었다. 연습 그린에서는 완벽한 퍼팅 스트로크를 지니고 있었지만, 통계치 상에는 100위권 밖에 있었다.

그와도 흥미로운 일화가 있었다. 그는 소그래스 컨트리클럽에서 열린 2007년 선수권 대회 파3 아일랜드 홀에서 버디를 잡으면 우승할 수 있는 기회를 얻게 되었다. 하지만 볼을 물속에 빠뜨리면서 우승의 기회를 놓쳐버렸다. 션은 탄탈루스

를 만난 것이다. 특히 흥미로웠던 점은 경기 후에 있었던 션의 인터뷰에 있었다. 그는 기자들에게 자신이 했던 공격적인 플레이에 대해 평계를 대듯이 "나는 골프로 많은 돈을 벌 것이다. 나는 크리스탈을 원했다."라고 얘기했으며, 나는 그 말을 듣고 웃었다. 그 당시의 나는 션 오헤어에 대해 잘 알진 못하였지만, 그가 특별한 무엇을 가진 사람이라는 것을 느낄 수 있었다. 션 오헤어는 대회에서 우승하길 원했다. 그는 겁이 없었다.

28세의 나이에 션은 이미 10년 이상 프로 골퍼 생활을 했다. 그는 자신의 꿈을 쫓아왔지만 2009년에 멋진 시즌을 보낸 이후로 그 꿈은 그에게서 멀어지고 있었다. 탁월한 재능이 있음에도 불구하고 서투른 플레이가 이어져 그가 지닌 잠재력을 발휘하는 것이 더 이상은 불가능한 것처럼 보이기까지 했다.

골프 선수들은 마음 편히 경기를 할 수 없었던 느낌을 묘사할 때 "압박감 속에서 경기했다."라는 말은 자주 사용한다. 션은 스스로 알아챌 수 없는 어떤 힘으로부터 방해를 받았다. 그는 골프를 칠 때 끊임없는 역풍 속에서 페달을 밟는 사이클 선수와 같은 기분을 느낀다는 것만 알고 있었다.

2011년 7월, 션으로부터 연락이 왔을 때 그는 이미 10번 경기 중 8번의 컷오프를 기록하고 있었다. 더욱 심각한 문제는 션이 PGA투어에서 125위권을 벗어나 있는 상태였으며, 시즌이 끝날 무렵에는 투어 카드를 빼앗길 위험에 처해있다는 사실이었다. 굉장한 압박이었다. 투어 카드를 지키기 위해서는 충분한 포인트를 벌어야만 했으며, 이를 위해서는 남은 모든 경기에서 컷 통과와 함께 최고의 선수들이 참가하는 8개의 토너먼트에서 좋은 성적을 얻어야만 했다. 션은 매우 어려운 상황과 마주한 것이다.

우리는 그가 두려움 없이 자신의 샷을 꾸준히 구사할 수 있는 자신감을 위해 필요한 일들을 해나갔다. 문제는, 이러한 작업이 사람의 생계가 걸려있을 때 더욱 어려워진다는 것이다. 2011년 7월 9일, 션과 나는 골프에서의 압박감을 어떻게 해석하는지, 그 압박감이 정신과 신체에 어떻게 영향을 미치는지, 그리고 그 모든 요인들이 골프 스윙에는 어떤 영향을 미치는지 등에 대해 마음을 들여다보고 이야기하는 시간을 7시간 동안 가졌다.

핵심적으로, 나는 션에게 그의 인식을 바꾸도록 요청했다. 앞으로 남은 8개의 토너먼트 대회보다 남은 20라운드의 골프 경기에 초점을 두고 대비하기를 권장하였으며, 다음과 같은 얘기를 했다. "목요일도, 일요일도 없다. 나는 당신이 다음 20라운드에서 수행할 전략에만 집중하는 것이 무엇보다도 중요하다고 생각한다." 그는 다가올 20라운드를 위해 우리와 함께 작업해나가기로 했다.

훌륭한 골프 경기를 위해 필요한 많은 것들 중, 션과 내가 논의한 몇 가지 주요열쇠는 이 책 전반에 걸쳐 언급했던 내용들이었다.

경쟁은 스윙 리듬과 긴장감을 공격한다.	열쇠: 그립은 가볍게 쥐고 리듬에 맞게 스윙하기
실수에 대해 반응한다.	열쇠: 실수에 분노하지 말고, 이를 수용하기
상황은 샷을 변화시킨다.	열쇠: 모든 샷을 일정하게 만들기
골프는 머릿속을 복잡하게 만든다.	열쇠: 생각을 단순화시키기

첫 번째 토너먼트 대회는 바로 다음 주에 열린 브리티시 오픈이었다. 션은 전반적으로 기록이 저조했던 목요일 시합에서 74타를 기록하며 선전했다. 금요일 시합에서는 13, 14, 15번 홀에서 연속으로 버디를 잡으며 컷 통과를 무난히 할 수 있을 것으로 보였다. 만약 그가 18홀에서 파를 기록한다면 2타 차이로 컷 통과를 할 것이고, 보기를 기록하더라도 1타 차이로 컷 통과를 할 것으로 예상되었다. 특별한 문제가 발생하지 않는 한, 브리티시 오픈에서 주말 경기를 할 예정이었던 것이다. 18홀에서의 티샷. 골프에서 흔히 일어나는 일처럼 첫 번째 샷이 러프 쪽으로 흘러들어갔다. 거기서 션은 올바른 결정을 내렸고, 그린에 가까운 곳으로 공을 가볍게 보내고자 했다. 두 번째 샷. 러프 쪽으로 흘러들어간 공이 턱이 높은 벙커에 빠져서 결국 옆으로 공을 쳐낼 수밖에 없었다. 세 번째 샷. 그린을 향해 칩샷을 했다. 네 번째 샷. 보기 퍼팅이 홀의 왼쪽으로 흘러나갔다. 다섯 번째 샷. 홀과 2피트(60cm) 거리 안에 공이 위치했다. 여섯 번째 샷. 더블 보기를 기록했다. 그는 결국 컷 통과에 실패했다.

1920년대 심리학자 지그문트 프로이트는 "담배는 그저 담배일 뿐이다."라는 유명한 말을 했다.

골프에서 비유하자면, 컷 탈락은 단지 컷 탈락일 뿐이라는 것이다. 이전 장에서 언급했듯이, 자신감(혹은 자기효능감)은 경험을 해석하는 방식을 결정한다.

자신감 있는 골프 선수의 마음은 컷 탈락을 다음과 같이 좋은 방향으로 해석하고자 한다: "별일 아니야. 누구에게나 있을 수 있는 일인걸. 모두들 컷 탈락을 경험해. 난 괜찮을 거야. 내가 할 수 있는 몇 가지만 해결하면 돼."

이와는 반대로 자신감을 잃은 골프 선수의 마음은 완전히 다른 방식으로 컷 탈락을 해석한다. 브리티시 오픈 18번 홀에서 보기 퍼팅을 놓친 것은 선수 마음을 다음과 같이 혼란스럽게 만들어버린다:

——— 더블보기. 컷 탈락. 투어 카드를 잃어버리게 되면 어쩌란 말이냐? 나는 어떻게 살아야 하나? 패닉! 패닉! 패닉!!!

예상대로 그 더블 보기는 션에게 큰 의미가 있었다. 특히 경쟁이 치열한 PGA 투어의 높은 압박감을 경험한 선수들이라면 더 쉽게 이해할 수 있을 것이다.

나는 그가 일차적인 정서적 반응, 즉 분노나 패배감으로부터 한 발짝 물러나 골프에 몰두할 수 있도록 돕기 위해 노력했다.

——— 물론, 지금 당장은 이 얘기를 듣는 것이 어려울 것이다. 하지만, 경기는 당신에게 어떤 교훈을 주고자 하고 있다. 단기적인 결과에 얽매이기보다 조금 더 장기적인 관점에서 상황을 볼 필요가 있다. 어제의 일이 너무나도 쓴 약이라는 것은 알지만, 더블보기는 어제의 더블보기일 뿐이다. 남은 주말 경기에 출전할 수 없게 된 것은 사실이지만, 앞선 두 경기에서 교훈을 찾는다면 앞으로 더 좋은 결과를 기대할 수 있게 될 것이다. 20라운드 중에서 이제 2라운드가 지났을 뿐이다.
——— 하루가 지나고, 션으로부터 다음과 같은 메시지를 받을 수 있었다.

——— 그날의 실수가 아직도 머릿속에 생생하게 남아있어요. 그날 이후로 18번 홀에 대해 계속 생각해 왔어요. **나는 현재에 없어요. 과거에 얽매여 있었을 뿐. 앞으로 나아가기 위해서 나는 현실을 받아들이고 현재에 충실해야만 해요.**

 악마를 처치하다

션의 다음 대회는 그 다음 주에 열린 캐나다 오픈이었다. 그는 영국에서 밴쿠

버까지 오랜 시간 비행을 했고, 그에 따라 모든 골프 선수들이 극복해야 할 내면의 악마에 대해 생각하고 마주 할 시간을 가질 수 있었다. 그는 상금랭킹 143위에 최근 경기에서는 컷오프를 경험했다. 하지만, 그는 내면의 무언가가 변하고 있다는 것을 느낄 수 있었으며, 내면의 변화는 곧 외부의 변화를 이끌었다.

브리티시 콜롬비아 주의 밴쿠버에 위치한 쇼네시(Shaughnessy) 골프장은 메이저 대회를 치르는 곳과 비슷한 수준으로 건설되었다. 선수들은 골프 코스의 아름다움뿐만 아니라 홀의 모양과 난이도에도 경탄했다. 목요일에 션은 알찬 경기를 치렀다. 그러나 아쉽게도 기대했던 결과는 얻지 못하였다. "20번 중 3번일 뿐." 나는 그에게 상기시켜주었다. 나는 그에게 내면에서 일어나는 일들을 알고 있는 한 스코어는 크게 중요치 않다는 것을 강조하며 다음과 같은 얘기를 했다: **"지금부터는 한 가지에만 집중할 필요가 있다. 스코어, 순위, 직업, 과거, 미래, 가족에 관한 것은 잊고 샷 자체만을 생각하며 모든 샷을 해야만 할 것이다."** 우리는 앞으로 있을 모든 라운드를 이전의 라운드보다 조금 더 편안한 마음으로 샷에 집중한다는 목표를 세웠다. 이렇게 함으로써 션은 멋진 금요일(20번 중 4번째)과 토요일(20번 중 5번째)을 보낼 수 있었으며, 일요일 최종 그룹에 진출할 수 있게 되었다.

리드를 안은 채로 시작한 선수들이 좋지 않은 경기 결과를 낳게 되는 경우를 종종 볼 수 있다. 리드를 하고 있는 상황은 마치 조화를 방해하는 빛과 음악과 같이 선수들을 긴장하고 급하게 만든다. 과거의 션이었다면, 그가 공황 상태에 빠진 바로 일주일 전의 순간을 계속 머릿속에 떠올리고 있었을지도 모른다. 그리고 시합을 앞두고 그는 이렇게 생각했을지도 모른다. "한 번의 라운드만 무사히 마치면 내 카드를 지킬 수 있어. 이번 라운드만 잘하면 가족들을 돌볼 수도 있고, 나에게 오는 이 모든 압박과 괴로움이 사라질 거야." 하지만, 다행히도 지금의 션은 그런 것들을 전혀 생각하지 않았다. 일요일 아침, 션은 골프장으로 향하기 전에 내게 전화를 했다. 그의 목소리는 차분하고 평화로웠다. 그는 "오늘 도전할 준비가 되어 있습니다."라고 말하며 다음 몇 가지 열쇠를 나열하듯 얘기했다.

이것은 20번 중 6번째 라운드일 뿐이다. 내가 할 일은 편안해지는 것이다.

쉽게 생각하자.

퍼터를 부드럽게 잡자.

나는 그에게 마지막 열쇠 하나를 상기시켜 주었다: "자신만의 리듬에 집중해야 한다. 경기는 당신에게 급한 마음을 갖게 만들 것이다. 스코어에 관계없이 리듬을 유지하는 것이 중요하다. 이 경기는 20라운드 중 6번째 라운드일 뿐이다." 그는 내게 감사를 표하고 다음과 같은 말을 남기며 전화를 끊었다. "오늘 어떤 결과가 나타나든 저는 괜찮을 것입니다."

5시간이 흐른 뒤, 션은 68타를 기록하며 다시 한 번 PGA 투어에서 승자가 될 수 있었다. 그는 승리 후 인터뷰에서 겸손이라는 단어를 여러 번 언급했다.

승리를 축하하기 위해 그와 통화를 했을 때, 수화기 건너에서는 긴 침묵이 흘렀다. 그리고는 마침내 그가 여전히 골프선수로서 성공하기 위한 과정에 충실하고 있다는 것을 보여주는 의미심장한 얘기를 했다. 바로 "20번 중 6번이었을 뿐"이라고 말이다.

part 03 PGA 투어에서의 몰입

CHAPTER 15

브라이스 몰더
자신의 경기를 펼쳐라

브라이스 몰더(Bryce Molder)는 대학 골프 역사상 가장 위대한 선수로 손꼽힌다. 조지아 공대를 다닌 4년 동안 브라이스는 가장 많은 경기에 참가했으며, 한 시즌 최저 평균타수를 포함한 대학 4년 최저 평균타수를 기록했다. 그는 데이비드 듀발(David Duval)과 필 미켈슨과 함께 대학 올아메리칸 팀에 4번이나 이름을 올린 4명의 선수 중 한명이다. 맷 쿠차(Matt Kuchar), 맷 웨이브링(Matt Weibring), 트로이 매티슨(Troy Matteson)을 포함한 대학 선수들이 PGA투어로 뛰어들었다. 그리고 브라이스의 PGA투어 진출에 대한 사람들의 기대 또한 매우 높았다.

브라이스는 기존의 골프 판도를 뒤집을 수 있는 그의 세대에서 가장 촉망받는 젊은 선수로 지목되고 있었으며, 프로의 문을 열고 나가기만 하면 금방이라도 승리를 거머쥘 수 있을 것으로 기대되고 있었다. 브라이스는 이러한 기대에 부응할 정도로 재능이 탁월했으며, PGA투어 첫 무대인 뉴올리언스(New Orleans) 대회에서는 2위를 차지했다.

프로에서의 첫 해를 보내는 동안 브라이스는 자신의 골프 스윙을 지적하는 스윙 지도자와 해설자들의 얘기들을 듣게 되었다. "브라이스는 기초가 빈약하다. 브라이스의 스윙은 대학 골프에서는 통했겠지만 PGA투어에서는 오래가지 못할 것이다." 한번 상상해 보라. 대학의 모든 기록을 갈아치울 만큼 좋았던 그의 골프 스윙이 충분하지 않다는 것이다.

감수성이 예민한 젊은 골프 선수에게 이런 식의 얘기는 무시하기 어려운 속삭임인 것이다. 그는 스스로를 의심하게 되며, 그 의심은 점차 커져만 갔다. 이전에는 페어웨이를 벗어난 공을 받아들였지만, 이제는 스윙의 문제로 인식하게 된다. 완벽하지 못한 샷은 너무 플랫하거나, 레이드 오프(laid off) 되었거나, 임팩트에서 스턱(stuck)이 발생하거나, 외전 혹은 내전의 문제로 여기게 되고, 결국에는 완벽하지 못한 샷을 골프 경기의 한 부분이 아닌 근본적인 결함으로 간주하게 되었다. 첫 번째 투어 시즌이 끝난 뒤, 브라이스는 자신의 골프 스윙을 철저히 분석할 필요가 있다고 확신하게 되었다.

브라이스와 같은 사건은 골퍼들이 흔히 경험하는 일이다. 대다수의 골프 선수들은 자신의 방식을 너무 과도하게 점검하여 이름을 알리지 못하기도, 혹은 다시 좋은 성적으로 부활하지 못하고 영원히 잊혀져가기도 한다. 한 예로 크레이그 퍼크스(Craig Perks)는 2002년 플레이어스 챔피언십에서 우승을 한 뒤, 2년 동안 자신의 스윙을 바꾸는데 몰두했다. 그러나 그는 다음 3시즌 동안 50번의 대회에서 40번의 컷오프를 당했으며, 이후 경기에서 은퇴하게 되었다. 가장 까다로운 코스 중 하나인 TPC 소그래스 대회에서 세계 최고의 골퍼들을 제치고 승리를 거둘 만큼 성공적이었던 선수가 몇 번의 경기에서 좋은 성적을 얻지 못하고 스윙을 바꿔야만 한다고 생각한다는 것이 오히려 이상한 것은 아닐까? 하지만 크레이그 퍼크스는 그와 같은 결정을 내린 많은 사람들 중 한명이었다. **골프는 완벽한 게임이 아니며, 골프 경기를 잘 하기 위해서는 풀 스윙을 잘하는 것보다 더 중요한 여러 요소들을 함께 갖추어야 한다. 하지만 골프 스윙과 사랑에 빠진 이 시대의 많은 사람들은 그 사실을 잊어버리고 있다.**

오클라호마(Oklahoma) 주립대학교 3학년에 재학 중이던 스콧 버플랭크는 코스가 어렵기로 소문난 일리노이(Illinois) 주 오크 브룩(Oak Brook)에 위치하고 있는 버틀러(Butler) 국립 골프장에서 열린 웨스턴 오픈에서 우승을 기록했다. 갑자기 한 대학선수가 나타나 139명의 프로 골퍼들을 이긴 것이다.

하지만 그 후 스콧은 투어에서 경쟁하기 위해서는 공을 더 높이 쳐야만 한다고 확신하게 되었다. 스콧이 받은 메시지는 브라이스의 메시지와 같았다. 즉, "그의 스윙은 올 아메리칸의 영예를 세 번이나 얻기에 충분히 좋은 스윙이었으나 PGA 투어에서는 그렇지 못하다." 라는 것이었다. 이 후, 버플랭크가 공을 더 높이 치기 위해 스윙을 바꾼 결과 다음 몇 년 동안 그는 드라이버와 씨름하며 무명의 세월을 보낼 수밖에 없게 되었다. 그러던 중 다시 그가 자신의 주도권(낮고 예리한 공 궤적)을 잡고 나서야 비로소 1995년부터 2011년까지 가장 꾸준한 경기력을 보인 골퍼가 될 수 있었다. 운이 좋게도 스콧 버플랭크는 다시 돌아올 수 있었다. 하지만 많은 골퍼들은 그렇지 못하다.

교훈은 분명하다: 자신의 골프 스윙은 높은 수준에서도 승리할 수 있을 만큼 충분히 훌륭하며, 심사숙고 후에 바꾸어야만 한다. 하지만, 위대한 골퍼들조차도 스윙의 결점을 보완하고도 그것이 경쟁하기에 충분하지 못하다고 생각한다. 그리고 자신의 스윙이 좋지 못하다는 것을 확신하게 되면, 그 믿음은 결국 현실로 나타난다.

전문가의 점검을 거부하다

브라이스는 골프에 헌신적이었기 때문에 4년이라는 기간 동안이나 스윙을 고치는 과정에 전념할 수 있었다. 하지만, 그 당시에 그는 많은 것들을 잃었다. 미국 내에서 작은 규모의 대회에서도 컷오프를 당하는 일이 일상이 되어버린 것이었다. 힐튼 헤드(Hilton Head)에서 내가 담당한 선수들과 상담을 하는 동안에 전화가 한 통 걸려왔다. 브라이스였다. 그는 오랫동안 스윙을 고치는 과정에서 해답을 찾으려고 노력해왔으나, 이제는 다른 관점에서 경기를 바라보고자 했다. 그의 이야기는 충분히 흥미로웠다. 그리고는 "같이 노력해보자!"라고 그에게 말했다.

그의 오랜 대학 코치였던 브루스 헤플러(Bruce Heppler)와 새로운 선생님인 마이크 레보브(Mike LeBauve)와 브라이스는 게임을 다시 단순화시키기 시작했다. 골프 스윙 전체에 대해 생각하는 대신, 셋업자세, 공의 위치, 그리고 정렬과 같은 기본적인 것에 초점을 맞추기 시작했다. 그러자 더디긴 했지만 확실히 대학에서 상을 휩쓸었던 그의 능력이 다시 살아나기 시작했다. 그 결과 2007시즌 네이션와이드(Nationwide) 투어에서 25위 이내의 좋은 성적을 거두었으며, 이를 통해 다시 PGA 투어로 복귀할 수 있었다.

브라이스의 성숙된 사고방식은 2009년의 대화 속에서 찾을 수 있었다.

——— 그거 아세요? 저는 '완벽한' 골프 스윙을 가지고 있지 않아요. 하지만 이것도 알고 있나요? 저는 완벽한 골프 스윙을 원하고 있지 않다는 걸. **완벽한 스윙만을 쫓다보면 다른 중요한 것들을 놓치게 될 거에요. 그래서 지금 제가 바라는 건, 실수를 알고 그것을 바로 잡을 수 있는 능력입니다.**

이 얘기는 브라이스가 '골프 스윙'만으로 경기를 운영하려고 했던 골퍼에서 '공을 다루는 능력, 적절한 샷, 창의력을 발휘하는 골퍼'로 진화하고 있다는 중요한 신호였다. 브라이스는 자신이 누구인지, 그리고 자신만의 게임이 어떤 것인지를 받아들이게 됨으로써 꾸준한 발전을 보이기 시작했다. 결국 그는 2008년과 2009년에 정기적으로 PGA투어에 출전하게 되었으며, 2010년에는 PGA 챔피언십에서도 경쟁할 수 있었다. 그리고 꾸준한 플레이가 지속되면서 자신감 또한 더욱 높아지기 시작했다. 하지만 시간이 지나면서 또 다른 도전과제들이 등장했다. 그것은 정기적으로 PGA투어에서 우승하기 위해 필요한 것들에 대한 욕구였다. 하지만 그는 그런 것들에 흔들리지 않으려고 노력했다.

이러한 과정은 모든 골퍼가 발전해나가면서 자연스럽게 겪게 되는 일이다. 최고의 고등학교 선수들은 그들이 대학에서도 잘 해낼 수 있을 것인가에 대한 의심을 받게 되며, 훌륭한 대학 선수들은 그들이 성공적인 프로 선수가 될 수 있을 것인가에 대한 의심을 받게 된다. PGA투어에서 우승한 뒤에도 그 선수는 "메이저 대회에서 우승을 못한 선수"로 불릴 수 있다.

브라이스는 일요일마다 경쟁을 하는 것이 새로운 경험이었기에 일요일 선수 명단에 올라가 있는 것에 어색함을 느끼기도 했다. 특히, 압박감이 증가됨에 따라 브라이스가 경험했던 다양한 문제들은 대부분의 골퍼들도 비슷하게 경험하게 된다. 스윙의 리듬이 빨라지고, 가슴이 두근거리며, 무엇보다도 경기를 망치기 위한 것처럼 보이는 나쁜 샷이 함께한다는 점이다. 골프는 부정적인 마음을 강화시키고, 증폭시키는 특기를 지니고 있다. 골퍼가 리드를 잡으려 하면 할수록 골프 클럽을 잡는데 더 많은 힘이 들어가고, 골프 코스로 공을 정확히 컨트롤하고자 하면 할수록 샷이 뜻대로 되지 않아 그들이 원하는 결과를 가로막는다.

불완전함을 수용하다

나는 브라이스가 겪고 있는 과정이 골퍼로서 자연스러운 과정이라 생각했다. 승리는 하나의 과정이며, 그것을 얻기 위해서는 몇 번이고 넘어지기도 한다. PGA투어에서 정기적으로 우승하기 위한 과정에서 많은 교훈들을 배울 수 있기 때문에 나는 '배움'이라는 단어를 의도적으로 사용한다.

시간이 지나면서 우리의 대화는 '수용하기'에 초점이 맞춰졌고, 나는 다른 골퍼들에게 충고하는 방식으로 브라이스에게도 조언을 했다:

──── 나쁜 샷을 치고 난 뒤에도 그 샷의 결과를 받아들여야 합니다. 좋아할 필요는 없지만, 받아들이고 넘어가야 합니다. 이번 대회는 이미 끝났어요. 그로부터 배우고, 받아들이고, 나아가세요. 안 좋은 결과에 얽매이는 것은 좋지 않은 습관입니다. 니클라우스, 호건, 파머, 우즈를 포함한 대부분의 훌륭한 골퍼들은 완전히 끝이 나기 전에 미리 포기하지 않아요. **경기할 때 초조함을 느끼나요? 굳이 그것과 싸우려 들지 마세요. 간단히 받아들이고 다음 목표를 향해 두려움 없는 스윙을 만드세요. 본질적으로 불완전한 게임에서 완벽함을 기대할 수는 없는 것이니까요.**

대다수의 골프 선수들은 일요일 경기를 완벽하게 해내고자 하지만, 결국 그 욕심 때문에 경기에서 승리를 얻지 못하게 된다. 그들은 골프 경기에서 승리하기 위해서는 모든 것들이 완벽해야 한다고 생각한다. 그러나 그것은 진실과는 먼 이야기이다. **진정한 승리자는 완벽하지 않음을 수용하는 방법을 알고 있으며, 완벽해야한다는 압박감으로부터 자유로울 수 있다.** 그리고 그들은 더 좋은 골프 샷을 해낼 수 있다.

나쁜 결과들을 수용하라는 메시지를 브라이스가 처음부터 받아들인 것은 아니었다. 그것은 브라이스만의 이야기가 아니다. 대부분의 골퍼들이 나쁜 샷이나 부정적인 감정을 수용하는 것이 골프 발전의 지름길이라는 나의 얘기를 쉽게 받아들이지 못한다. 경쟁심이 강한 사람들은 나쁜 샷을 방지하기 위한 미세조정으로 대부분의 시간을 보낸다. 그런 그들에게 나쁜 샷을 받아들일 필요가 있다는 생각을 갖도록 만드는 것은 결코 쉽지 않은 일이다.

내가 골퍼들에게 '수용하기'의 미덕을 납득시키려고 노력하는 이유는 훌륭한 골프 수행력을 가져오기 위한 생리적, 기계적 패턴을 '수용하기'가 이끌어내기 때문이다. 분노, 당황, 좌절, 분노 등 나쁜 샷으로 인해 경험할 수 있는 부정적인 감정들에 대해 생각해 보자. 이러한 감정들은 골퍼를 어떤 방향으로 이끌겠는가? 일반적으로 부정적인 생리적 반응, 집중력 저하, 부정적인 생각, 그리고 끔찍한 리듬의 길로 골퍼들을 데려갈 것이다. 반대로 **수용, 유머, 호기심, 그리고 이와 유사한 긍정적인 감정들은 마음과 몸을 비교적 평온하게 유지할 수 있도록 돕는다.** 생리학적으로도 긴장, 혈압, 그리고 심장박동 등은 골프 코스를 이동하면서 자유를 느끼고, 수용하며, 유머 감각과 함께할 때 평소와 같이 유지된다. 연구에 따르면 유머는 스트레스 호르몬인 코르티솔, 에피네프린, DOPAC 등을 감소시키는 것과 동시에 적응성 화학 물질인 베타 엔톨핀과 HGH를 방출하는 것으로 알려져 있다. 즉, 우리가 골프 샷에 대해 어떻게 반응하느냐에 따라 그것이 독이 될 수도, 득이 될 수도 있는 것이다.

개인적 경험상, 이런 식으로 골퍼들에게 설명하고 나서야 비로소 그들은 긍정적으로 반응하는 것에 대한 힘을 얻고자 노력하게 되는 것을 볼 수 있었다.

<u>브라이스는 골프가 불완전한 게임이며 우리 또한 불완전한 존재라는 사실을 적극적으로 받아들이기 시작하면서부터 더욱 발전해 나갔다. 실수에 저항하기보다는 오히려 그것을 통해 배우고자 노력하였으며, 궁극적으로 점수가 향상되는 것과 함께 코스에서의 자유와 평온, 그리고 유머가 향상되었다.</u>

'수용하기'의 교훈을 배운 브라이스는 일요일 경기에서 '수용하기'를 바로 적용했다. 그는 일요일 경기에서 마지막 조에 편성되었다. 그는 받아들이기를 통해 정신적으로나 육체적으로 자유로워졌으며, 일요일 경기에 들어섰을 때는 왠지 좋은 일이 벌어질 것 같은 기분을 느꼈다. 하지만, 그 경기는 정확히 그가 원하는 것이 아닌 그에게 필요한 것을 선사하였다. 그는 두려움 없이 자유로운 마음이었으나 대회에서 우승을 거머쥐진 못하였다. 하지만, 우울해지거나 자신에 대한 의심에 사로잡히기보다 자신이 할 수 있는 것에 집중하여 충분히 우승도 가능할 정도로 경기를 잘 풀어갔으며, 단지 그 날은 자신의 날이 아니라는 것으로 받아들였다. 어떠한 찡그림도, 자기 비하적인 말도 없었다. 단지, 건전한 생각과 긍정적인 태도를 유지함으로써 지속적인 배움을 위한 좋은 기회로 그 날의 경기를 받아들였다.

이후로도 브라이스는 샷이 잘 맞으면 퍼팅이 잘 되지 않거나, 퍼팅은 잘 되지만 샷은 잘 되지 않는 나날들로 시즌을 보냈다. 하지만 공이 잘 맞지 않는 날에도 경기에서 많은 것을 배우고자 노력했다. 사실상 경기를 통해 경험할 수 있는 거의 모든 것들이 브라이스에게 전달되었다. 브라이스는 이 모든 경험들에서 핵심적인 교훈을 얻기 위해 수용하고 집중했으며, 그 결과 정신적으로 좀 더 자유로워질 수 있었다. 특히, 더 이상 경기 결과가 그를 흐트러뜨리지 않게 되었다는 점은 나에게 큰 감명을 주었다. 그는 명확하고 정확한 귀인과 함께 자신이 가는 길이 좋은 길로 이어질 것이라는 낙관적이고 긍정적인 태도를 갖게 되었다.

브라이스에게 부정적인 장애물은 더 이상 문제가 되지 않았다. 그는 몰입을 위한 최고의 무대 장치를 마련하게 된 것이다.

 과정을 스크립팅 하다

풋볼에 대해 관심이 있는 사람들은 몇몇 코치들이 경기 전에 처음 10번의 플레이를 미리 정해 놓는다는 것을 알고 있을 것이다. 스포츠에서 스크립팅(scripting)은 절차를 통제하고, 현재 상황을 평가하고 조정하는 것을 의미한다. 스크립팅 플레이는 변화나 변동에 대한 완충역할을 한다. 골프에서 스크립팅의 목적은 점수를 잊은 채 4일 간의 과정에 집중하는 것에 있다. 비록 우리가 실제로 골프를 치는 장면을 스크립팅 하는 것은 아닐지라도(왜냐하면, 샷을 선택하는 데에는 날씨와 같은 다른 외부 요인들에 영향을 받기 때문에) 우리는 루틴, 반응, 그리고 목표를 스크립팅 한다. 점수를 잊는데 도움이 되는 일반적인 스크립트는 대회가 진행되는 동안 배움에의 목표를 세우고, 점진적으로 개선해나가는 것이다. 이렇게 할 때, 우리는 점수를 잊은 채로 매일 조금씩 더 나아지는 것을 목표로 삼게 된다. 루틴을 더욱 편안하게 만들고, 샷에 집중하고, 더 좋은 리듬감을 가져간다면 경기의 마지막 9홀에서 최고의 스윙을 경험하게 될 수 있을 것이다.

Frys.com 오픈을 진행하는 일주일 동안 브라이스의 스코어 카드는 마치 이상적인 스크립트를 반영해 주는 듯이 보였다. 그의 점수는 그의 긍정적인 사고방식과 편안함을 완벽하게 반영했다: 71, 67, 65, 64. 브라이스는 마지막 홀을 버디로 연결함으로써 연장전으로 이어갈 수 있었으며, 연장전에서 6개 홀 중 4개 홀에서 버디를 기록하며 PGA투어 첫 우승을 차지할 수 있었다.

20년 넘게 골프 선수들과 일하면서, 대학에서 최고의 엘리트 선수로서 정상에 올랐던 선수가 슬럼프에 빠져서 추락하는 모습, 그리고 또 다시 정상으로 올라가는 모습을 옆에서 지켜볼 수 있었다. 5년간의 슬럼프 동안, 브라이스가 투어에서의 꿈을 포기하고 골프를 떠나는 것이 어떤 때에는 합리적인 것처럼 보이기도 했었다. 특히, 소규모 투어에서 아마추어 골퍼들에게도 밀렸을 때에는 다시 복귀할 수 없을 것이라 생각하기도 했다. 하지만 브라이스는 포기하지 않고 계속해서 게임을 하고, 배우고, 또 성장했다. 그의 이야기는 꿈과 회복탄력성, 겸손과 재능, 성장, 그리고 궁극적으로 수용하기와 자유에 대한 이야기인 것이다.

04 코스에 몰입하기 위한 10가지 열쇠

만약 성공한 사람들이 보편적으로 인정하는 성공의 기본 법칙이 하나 있다면, 그것은 바로 '실패로부터 배우기'일 것이다. 내 친구인 다니엘 코일(Daniel Coyle)은 "노력은 선택 요소가 아니라, 신경학적으로 필요한 것이다."라고 얘기하며, 두뇌는 발전을 위한 실패를 요구한다고 하였다. 이 주제를 구체적으로 살펴보기 전에 지금까지 실패를 어떻게 다루어왔는지, 그리고 앞으로는 어떻게 다룰 것인지를 한번 생각해 보자. 그리고 앞으로의 내용을 정독해 나간다면 이 책으로부터 보다 더 많은 것들을 얻을 수 있을 것이며, 궁극적으로 골프 코스에서 몰입을 더 많이 경험할 수 있게 될 것이다.

숙달 지향 목표성향, 충만한 자신감, 도전과제와 기술의 조화, 그리고 지속적인 성장과 발전을 위해 실패를 배움의 기회로 전환하는 능력 등은 몰입하기 위해 매우 중요한 요소들이다. PGA 골퍼들의 이야기와 그들이 배운 교훈은 여러분에게 영감을 줄 것이다. 나는 그들로부터 역경에서 다시 회복하기 위한 특별한 훈련과 방법이 있다는 것을 알 수 있었다.

본 섹션에서는 골프 경기에서 몰입을 경험하기 위한 보다 구체적인 방법들에 대해 살펴보고자 한다. 물론, 개인의 스타일이나 자신의 현재 상태 혹은 필요성에 따라 조금씩 다른 부분에 공감할 수는 있을 것이다. 단, 본 섹션의 핵심은 정기적으로 몰입을 경험하는 성공적인 골퍼들이 몰입으로 다가가는 결정적인 열쇠들에 대한 정보를 제공하고자 한다는 점이다. 제공하는 정보를 순서대로 구현하든, 자신에게 가장 필요하고 핵심적인 부분만을 선택하든, 본 장에서 다루는 내용들은 여러분들이 몰입을 경험하는데 있어 많은 도움이 될 수 있을 것이다.

CHAPTER 16

성공을 연구하라

'**성공은 우연이 아니다**'라는 격언이 있다. 비록 골프 스윙이 곧 골프의 모든 것이라고 생각하는 골퍼들이 많이 있지만, 정작 골퍼에게 있어 좋은 골프 스윙은 목적지가 아닌 출발점에 가깝다. 골퍼들에게 있어 열심히 훈련한다는 것은 공을 열심히 치는 것을 의미한다. 사실, 열심히 훈련한다는 것은 완전한 골퍼가 되기 위해 필요한 모든 것, 가령 효과적인 스윙 기술을 개발하고, 체력을 증진시키고, 적합한 장비를 구비하고, 승리를 향해 마음을 움직이는 것 등을 배우는 과정이어야만 한다. TV에서 PGA투어 프로 선수들의 경기를 시청할 때, 무대 뒤에서 일어나는 선수들의 행동은 볼 수가 없다. 그 선수들은 자신의 몸, 기술, 정신적 변화에 집중한다.

잭 니클라우스는 "골퍼가 근본적으로 좋은 체계를 개발하고 이를 깊게 뿌리내리는 것이야말로 골프에서 가장 큰 산을 오르는 방법을 배우는 것이다." 라는 이야기를 했다.

그는 승리를 위한 "배움"을 강조했다. 반드시 승리가 노력과 연습의 자연스러운 결과로 나타나는 것만은 아니다. 승리하기 위해서는 승리를 위한 전술을 이해해야 한다. 잭 니클라우스가 바비 존스의 정신과 매너를 공부하면서 젊은 시절을 보낸 것과 마찬가지로 차세대 골퍼들은 잭에 대해 공부한다. 여기에는 최경주, 닉 프라이스(Nick Price), 타이거우즈, 제프 오길비, 어니 엘스 등의 선수들이 해당 된다. 뿐만 아니라 그렉 노먼은 호주에서 떠오르는 프로선수 시절에 니클라우스의 경기를 연구했다. 그는 그의 자서전인 '상어의 길(The Way of the Shark)' (Norman 2006)의 마지막에 잭 니클라우스를 다음과 같이 기리고 있다.

―― 내 어린 시절의 영웅이자 골프계의 전설적인 인물. 잭은 내 생에 첫 호주오픈대회 라커 룸에서 나를 격려해 주었다. 내가 첫 번째 마스터 대회에서 불안에 떨고 있을 때, 그는 내 어깨에 팔을 감싸며 그 또한 긴장하고 있다고 내게 말해주었다. 1986년 브리티시 오픈에서 마지막 날까지 경기를 이어갔을 때에도 전날 밤에 의자를 들고 나와 몇 가지 조언을 해 주었다. 다음날 내가 우승을 했을 때에도 그는 나를 축하해주기 위해 최선을 다했다. 그리고 비가 내리는 날 그의 집 앞 진입로에 함께 서서 골프에 대해 이야기한 것을 결코 잊지 못할 것이다.

잭 니클라우스와 같은 전설적인 골퍼들과 자신의 분야에서 성공한 인물들의 습관을 본받도록 하자.

part 04

코스에 몰입하기 위한 10가지 열쇠

니클라우스와 노먼이 그랬던 것처럼 타이거 또한 각자의 영역에서 필요한 전술을 가장 잘 이해하고 있는 사람들로부터 교훈을 얻고자 했다. 그의 가까운 친구들 중에는 우리 세대의 가장 유명한 스포츠 스타인 페이튼 매닝(Peyton Manning), 마이클 조던(Michael Jordan), 그리고 웨인 그레츠키(Wayne Gretzky) 등이 있다는 사실도 우연이 아니다.

비록 골프를 배워나가는데 있어 본인이 직접 경험하는 시행착오가 많은 부분을 차지하긴 하지만, 다른 사람의 경험을 간접적으로 배우는 것이 더 효과적일 때도 있다. 스포츠계뿐만 아니라 어떤 분야를 막론하고 성공한 사람들의 행적을 살펴보면 그들이 어떻게 성공할 수 있었는지를 배울 수 있을 것이다.

가끔 경쟁력 있는 골프 선수들로부터 "나는 경기를 좋아하고, 좀 더 훌륭한 선수가 되기를 바라며, 훌륭한 목표를 성취하기 위해 열심히 노력하고 있다."는 말을 들을 때면 나는 종종 당황하게 된다. 왜냐하면 그들은 잭 니클라우스의 자서전인 '마이스토리'(니클라우스 1997)를 읽어 본 적이 없기 때문이다. 그 책은 최고의 골프 선수 중 하나인 잭 니클라우스가 주요 선수권 대회에서 했던 준비, 생각, 경험, 전략 등을 배울 수 있는 소중한 기회를 제공하고 있다. 만약 잭이 당신 옆에 앉아서 주옥같은 팁을 주려한다면 얼마나 큰 행운이겠는가? 그는 잭 니클라우스이다!

부바 왓슨과 같은 느긋한 선수조차도 타이거 우즈와 연습 라운드를 돌 수 있는 기회를 놓치지 않기 위해 화요일 새벽 5시에 골프장에 도착하는 것을 주저하지 않았다. "이봐, 그는 세계 최고의 선수야!" 왓슨이 말했다. "그에게서 배울 수만 있다면 어떠한 노력이든 할 수 있어!" 2년이 지난 뒤, 그와 타이거는 좋은 친구가 되었다. 그들은 정기적으로 연습 라운드를 함께 했으며, 부바는 세계 1위로부터 정말 많은 것들을 배울 수 있었다. 부바는 성공한 학생이다. 마찬가지로 로리 맥길로이와 잭 니클라우스 또한 우정을 쌓아왔으며, 로리에 의하면 이들은 메이저 대회 승리를 위한 얘기를 주로 나누었던 것으로 전해진다.

 기술 향상시키기

위대함은 한 번의 사건이 아닌 일련의 과정에 의해 만들어진다는 점에서 승리자가 되기 위해서는 과정에 초점을 두고 이를 발전시켜나갈 필요가 있다. 나는 승리자가 되기 위한 다양한 방법과 과정들 중에서 성공한 롤 모델을 찾고 그로부터 배우는 방법을 추천하고자 한다. 롤 모델의 신념과 태도, 전략, 동기, 그리고 승리에 대한 사고방식 등을 배우도록 하자.

먼저, **인적 네트워크를 확장하라.** 최대한 많은 수의 성공한 사람들과의 인적 네트워크를 가지고, 그들로부터 배울 점이 무엇인지를 살펴보자. 그들을 관찰하고, 그들로부터 듣고, 질문하라. 그리고 그들의 행동과 말에 대해 생각해 보자. 그렉 노먼은 331주 동안 세계 최고의 선수로 활약하며 88회의 승리를 거머쥐었다. 뿐만 아니라 골퍼 시절부터 쌓아 온 사업 경력 또한 인상적이다(CNBC는 그의 순자산이 2억 5000만 달러 이상이 될 것이라고 보도했다). 그는 자신의 성공 비결에 대해 다음과 같이 언급하였다: "현명하고 예의바른 사람들과 함께 어울리는 것이 얼마나 중요한지를 세월이 흘러 스스로를 돌아보며 깨달을 수 있었다."(노먼 2006, 28페이지).

성공한 사람의 자서전이나, 그가 쓴 책을 읽어라. 자신의 분야에서 성공한 사람들은 그들에 대한 많은 부분들을 글로 남긴다. 챔피언들의 목소리로부터 우리는 많은 것들을 배울 수 있다. 도서관이나, 컴퓨터 인터넷을 이용하여 챔피언들의 생각에 쉽게 접근할 수 있는 시스템을 구축하라. 지금 이 책을 읽고 있다는 사실만으로도 최소한 여러분이 골프에서 성공하기 위해 배우기를 주저하지 않는다는 것을 알 수 있다. 이러한 주제와 관련된 책으로의 여행에 제한을 둘 필요는 없다. 폭넓게 읽고 훌륭한 교훈을 배워라.

여기, 골프에서의 승리를 위한 여행을 시작할 수 있도록 책 목록을 작성해보았다. 골프 그 자체와 관련이 없는 책들도 많이 있지만, 그 안에서 배울 수 있는 교훈들은 골프 경기와 충분히 어울릴 수 있는 내용들이다.

———— 두려움 없는 골프 – 지오 발리안테
그들은 나를 코치라고 부른다 – 존 우든
달콤한 과학 – A. J. 리플링
마이 스토리 – 잭 니클라우스
내가 골프 치는 방법 – 타이거 우즈
특별한 사고 방식 – 하워드 가드너
호건 – 커트 샘슨
내면으로부터의 움직임 – 마이클 조던
모든 샷은 목적이 있어야만 한다 – 린 매리엇 그리고 피아 닐슨
성스러운 골대 – 필 잭슨
문제를 해결하기: 미국 팀을 쓰레기 더미에서 빼내고 내 자신을 감옥에서 탈출시키기 – 지미 존슨
골프는 완벽한 게임이 아니다; 골프는 자신감의 게임이다 – 밥 로텔라
하비 페닉의 작은 빨간 책: 골프 인생의 교훈과 가르침 – 하비 페닉
탤런트 코드 – 대니얼 코일
상어의 길 – 그렉 노먼

승리자의 마인드를 얻는 것은 승리자에 대한 관찰, 그리고 그들의 습관과 전략을 자신에게 맞추는 것에서부터 비롯된다. 그들의 방법을 배우고, 연구하며 자신에게 적용시키는 것이야말로 승리자처럼 생각하고 행동하는 과정을 배우는 가장 빠르고 효과적인 방법이라 할 수 있다. 성공한 대상들을 찾아 그들로부터 자신이 이상적으로 생각하는 경기를 위해 배울 수 있는 모든 것들을 흡수하라.

CHAPTER 17

시간을 효율적으로 관리하기

'시간 관리와 골프 실력이 무슨 상관이야?' 라고 생각하고 앞으로의 내용을 대충 훑어보고 넘기고 싶은 독자들이 많을지도 모른다. 하지만 본 장의 주제는 충분히 진지하게 살펴볼 가치가 있다. 시간 관리는 다양한 전환점을 맞이하기 위한 플랫폼으로서의 역할을 한다. 슬럼프에 빠진 골퍼들이 내게 찾아 올 때면, 나는 그들에게 시간 사용의 방식을 바꾸는 것을 권장한다.

골퍼들에게 도움이 필요한 가장 흔한 과제 중 하나는 시간을 다루는 문제이다. **시간이 왜 중요한가? 기본적으로 우리는 시간에 맞춰 골프를 치며, 눈에 보이지는 않지만 골프 코스의 안팎에서 경기를 진행하는 모든 부분에 시간이 영향을 미치기 때문이다.**

일반적으로 심리 및 신체 운동학 분야에서는 신진대사와 같은 생물학적 활동을 시간의 흐름에 따라 리드미컬하게 변화하는 것으로 간주한다. 골프도 예외는 아니다. 나는 이 책을 쓰는 동안 금요일에는 63타를 기록하고 토요일에는 80대를 기록한 한 골퍼와 대화를 나눌 기회가 있었다. 이러한 모순은 경기에서 가장 골치 아픈 문젯거리 중 하나이다. 만약 완벽한 경기를 위한 기술적, 정신적 요소들을 컨트롤 할 수 있다 하더라도 바이오리듬이 떨어지거나 생물학적인 균형을 잃게 된다면 우리의 몸은 생존을 위한 모드로 전환되어 버린다.

심장박동, 체온, 혈압, 염증, 그리고 주관적 인식은 합리적이고 예측 가능한 시간표에 따라 되풀이 된다. 따라서 여러 변수들로부터 일관된 수행력을 유지하기 위한 가장 좋은 방법은 자신의 삶에서 가능한 한 많은 것들을 일관되게 유지하는 것이라 할 수 있다. 최고의 골퍼들이 시간 관리의 달인이라는 것은 놀라운 일이 아니다. 세계 랭킹 1위를 기록했던 닉 팔도는 연습 시간의 세부 일정에 신경을 많이 썼다. 젊은 시절의 타이거 우즈는 자신이 몇 시에 잠자리에 들든 새벽 5시에는 정확히 일어났다고 얘기했다. 그는 대개 골프 코스에서 진행되는 아침 연습에 앞서 몸 풀기 운동으로 하루를 시작했다.

나는 골퍼들에게 아침을 낭비하지 말고 자신만의 알찬 시간으로 만들기를 권장한다. 만약, 오전 9시까지 잠을 자면서 훌륭한 골프 선수가 될 수 있다고 생각하는 사람이 있다면 나는 이렇게 말해주고 싶다. '당신이 잠을 자고 있는 동안 타이거 우즈는 이미 운동을 4시간이나 했다는 것을 기억하라.'

누구도 일반 골퍼들에게 엘리트 PGA투어 선수가 되기 위해 요구되는 시간을 투자하라고 얘기하지는 않을 것이다. 하지만 성공적인 골퍼가 되기 위한 행동 양식은 충분히 생각해볼 가치가 있다. 역사적으로 사회 각계각층에서 성공한 이들은 시간 관리를 철저히 했다. 벤 프랭클린은 시간 관리의 중요성을 다음과 같이 얘기했다: "그대는 인생을 소중히 여기는가? 그렇다면 시간을 낭비하지 마라. 시간이야말로 인생을 형성하는 가장 중요한 재료이다."

대학 교수로서 나는 학생들이 시간관리 기술을 개발할 수 있도록 돕고자 노력한다. 왜냐하면 시간관리 기술에 따라 학생들의 학업뿐만 아니라 직장에서의 성공에도 큰 차이가 날 수 있다는 것을 경험해왔기 때문이다. 심리상담가로서 나는 그와 같은 교훈을 골퍼들과 함께 경험하기도 한다.

습관은 바라지 않는 다른 행동과 의도치 않게 함께 길러지기도 한다. 예를 들어, 효과적인 프리 샷 루틴을 습관화시킨다고 상상해보자. 만약, 프리 샷 루틴으로 인해 골프 경기가 길어지게 된다면 다른 사람들로부터 프리 샷 루틴을 서두르라는 강요를 받게 될 수 있다. 이 경우, 프리 샷 루틴이 습관화 될 수 있겠지만, 문제는 시간이 지연되고 연습을 서두르게 되는 행동 또한 습관화 될 수 있다는 것이다. 결과적으로 골프 코스에서 루틴을 습관화 시킨 것이 오히려 자신을 불안하고 급하게 만들어버릴 수 있는 것이다. 이것은 모두 부주의한 연습과 시간 관리의 결과이다.

시간 관리는 골프 리듬을 유지하는데 직접적으로 영향을 미칠 수 있는 가장 중요한 요소 중 하나이다. 앞서 읽은 바와 같이 "조명과 음악"은 골퍼의 긴장 수준과 경기 리듬에 영향을 미친다. 이와 관련된 내용은 다른 장에서 보다 자세히 다루도록 하고, 여기서는 몰입의 한 부분으로서 리듬의 역할에 대해 살펴보도록 하겠다.

먼저, 연습시간에 상습적으로 늦거나 골프 코스에 늦게 도착하는 것이 습관이 된 골퍼는 마음이 급해지고 좋은 리듬감을 잃게 된다. 그리고 이러한 습관은 당연히 몰입을 경험하는데 방해가 된다.

첫 번째 티샷을 서두르는 행동은 그 경기의 흐름을 망치고 몰입을 경험하게 될 찬스를 잃게 만드는 가장 손쉬운 방법이다. 나는 코스에 늦게 도착한 뒤, 워밍업을 서둘러 하고 경기를 급하게 시작하는 골퍼들의 모습을 종종 볼 수 있었다. 서두름은 리듬, 타이밍, 그리고 자신감에 변화를 가져온다. 주의는 분산되어 집중하지 못하며, 비생산적이고 혼란스러운 사고를 하게 된다. 또한 드라이빙 레인지에서의 시간을 적절히 관리하지 못하고 급하게 연습한 골퍼들은 골프 코스에서도 마찬가지로 마음이 급해지기 마련이다. PGA 투어 수준에서도 서두름은 결국 골프 스윙을 무너뜨릴 수 있다. 시간 관리를 소홀이 한 탓에 평생을 바쳐 만든 프로 골퍼의 스윙이 망가진다면 아마추어의 스윙은 어떻게 될지... 말하지 않아도 알 수 있을 것이다.

이제, 훌륭한 골프 경기를 위해서 시간 관리가 얼마나 중요한지 조금은 이해할 수 있겠는가? 저스틴 로즈의 일화를 살펴보면, 그 중요성을 더욱 잘 이해할 수 있을 것이다. 저스틴과 내가 심리기술훈련에 가장 우선적으로 적용하고자 한 기술이 바로 시간 관리였다. 저스틴은 시간 관리의 중요성과 그것이 골프 경기에 스며들어 가는 과정을 이해한 뒤, 시간 관리를 더욱 진지하게 생각하기 시작했다. 9년 동안 PGA투어에서 우승을 기록하지 못했던 그가 갑자기 18개월 동안 PGA투어 3승을 올리게 된 가장 중요한 이유가 시간 관리라고 말하기는 어렵지만, 시간 관리의 중요성을 알게 된 후 그는 향상되었고, 승리가 뒤따라오게 되었다.

골프 코스에 시간을 엄수하고 미리 도착하는 것은 골퍼의 경기뿐만 아니라 삶의 전반적인 측면에서 적절한 속도와 심리적 안정감을 가져다 줄 수 있다. **시간 관리의 습관을 변화시키기 위한 과정은 시간 개념을 정확히 잡는 것에서부터 시작된다.** 예를 들어, "5분 안에 도착할거야."라고 말을 한 사람이 15분이 지난 후에야 도착하는 경우를 종종 볼 수 있었을 것이다. 여러분들 중에서도 골프장까지 이동하는데 30분을 예상했지만 예상치 못한 요인(예, 가스 구입, 정지 표지판, 교통 체증, 주차장)으로 인해 더 많은 시간이 걸려 당황했던 경험이 있을 것이다. 이러한 경험을 기반으로 시간 관리를 위한 방법에 대해 살펴보고자 한다.

1. **규칙 1: 언제나 예기치 못한 요인으로 인해 예상 시간보다 더 오래 걸릴 수 있다고 가정하고 있어야 한다.** 나는 골퍼들에게 다음과 같이 얘기한다. "만약 당신이 예상한 만큼의 시간이 걸려 골프장에 도착한다면 제 시간에 맞춰 준비할 수 있을 것이고, 예상한 시간보다 더 일찍 도착하게 된다 하더라도 남는 시간을 여유롭게 이용할 수 있을 것이다."

2. **규칙 2: 시간 관리는 코스 안팎에서의 습관과 같다.** 시간 관리 능력을 향상시키고자 할 때, 골프와는 직접적으로 관련이 없는 친구 또는 가족들과 보내는 시간 또한 중요하게 다룰 필요가 있다. 연습이나 골프 코스에 지각하는 사람들은 삶의 다른 영역에서도 지각하기 마련이다. 따라서 우리는 친구들이나 가족들에게도 시간에 대한 책임감을 질 수 있도록 노력해야만 한다.

3. **규칙 3: 말보다 행동을 우선시하여 시간을 실제로 지키는 것이 중요하다.** 실제로 연습장이나 골프 코스에 일찍 도착하는 것이 거기에 일찍 도착할 거라고 말만 하는 것 보다 훨씬 더 중요하다. 그래서 나는 일일이 이야기하는 것보다 골퍼들과 시합이나 연습에 함께 가거나, 때때론 저녁식사를 함께 하면서 행동으로 시간을 지키는 모습을 보여주곤 한다.

4. **규칙 4: 다른 사람이 제 시간에 약속장소에 도착하면 그것을 알아차리고 감사하라.** 주변사람들의 행동이 자신의 내면으로 이어질 수 있다는 점에서 주변인들의 행동들 또한 골퍼의 시간 관리 습관에 영향을 줄 수 있다. 따라서 나는 골퍼들에게 시간 관리와 시간 엄수의 좋은 모델이 되기 위해 열심히

노력하고 있으며, 골퍼들이 시간 관리를 잘 했을 때, 그것에 주목하고 칭찬하고자 노력한다.

명예의 전당 회원인 비제이 싱(Vijay Singh)과 함께 하는 동안 그가 시간 관리에 탁월한 능력이 있음을 알 수 있었다. 내가 PGA선수들과 함께한 15년의 시간 동안 비제이 싱이 연습 시간이나 티타임에 늦는다거나 일을 급히 서두르는 모습을 볼 수 없었다. 골프 코스에서는 여유롭게 이동했으며, 항상 일정하고 편안한 페

시간 관리 능력을 키워나가기 위해 비제이 싱의 모범적인 시간 관리 기술과 놀라운 직업의식을 본받도록 하자.

이스로 경기에 임했다. 시간 관리는 그가 32주 동안 세계 랭킹 1위를 차지하고 3개의 메이저 대회를 포함한 58회의 우승을 달성할 수 있게 해 준 습관 중 하나였다. 놀라운 것은 그가 40대 시절에 23번의 우승을 이루어냈다는 점이다.

2002 투어 챔피언십에서 우승한 후 비제이 싱은 그의 훈련 스케줄에 대해 다음과 같이 설명했다:

——— 알고 있겠지만 저는 하루 두 번, 아침과 저녁에 운동을 꾸준히 하고 있어요. 그것은 제가 얼마나 열심히 운동하고 있는지를 보여주는 일이죠. 정기투어 기간에는 매일 아침 40분, 일주일에 4번은 저녁 시간에 1시간 정도 워밍업을 하고 있어요. 그리고 매일 아침 빠지지 않고 체력훈련을 하고 있죠. 이것은 제가 꾸준히 지속해오고 있는 일이에요. 오래 전에 어떤 사람이 나에게 이런 말을 했었죠. "35, 36세가 되면 내리막길로 접어들 것이다." 그래서 계속 나아가기 위해서는 두 배로 더 열심히 노력해야만 한다고 생각했고, 저는 그것을 지금까지 지키고 있어요.

30년 동안 더 발전해나가기 위해 자신만의 습관을 형성하고 유지하는데 들어갔을 시간과 노력을 상상해보라. 시간 관리의 중요성을 절대 간과해서는 안 된다는 것에 동의할 수 있을 것이다. 물론, 골프공을 치거나 퍼팅 연습을 하는 것이 더 재미있을 수 있다. 하지만 시간을 관리하는 능력 또한 스코어 카드에 직접적으로 반영될 수 있다는 점에서 시간 관리를 소홀히 하는 그런 실수를 범하지 않기를 바란다.

 기술 향상시키기

모든 사람이 아침형인간이 될 수 있는 것은 아니지만, 나는 아침 시간이 가장 활용하기 좋은 시간이라고 생각한다. 오전 5시에서 8시 사이에 외부로부터 방해를 받게 될 가능성은 오전 8시에서 11시 사이에 방해를 받게 될 가능성보다 훨씬 낮다. 조용하고 느긋한 시간은 골프에 필요한 기술 개발에 집중할 수 있는 귀중한 시간이다.

아침 시간을 자기 것으로 만드는 일이 성공을 위한 중요한 열쇠 중 하나이긴 하지만, 문제는 모든 사람들이 아침형인간이 될 수는 없다는 사실이다. 이른 아침에 출근을 해야 한다거나 자녀의 등교를 위해 아침 시간을 골프에 바칠 수 없는 사람들도 있다. 이러한 점에서 효과적인 시간 관리자가 된다는 것은 사람마다 다를 수 있다는 것을 기억하자. **시간 관리는 개인의 책임감과 마음가짐에 달려있다.** 한 가지 질문을 해보자. 20~30분 정도 시간적 여유가 있을 때 어떻게 그 시간을 보내고 있는가? 인터넷 서핑을 하는가? 아니면 어떤 생산적인 활동을 하는가? 여유로운 날에 게으름을 부리며 시간을 허비하고 있는가? 아니면 자신의 목표를 향해 여가 시간을 보내고 있는가? **매일, 매 순간이 중요하다는 것을 깨닫고, 자투리 시간에도 목표를 향해 계속 나아가는 것이야말로 시간을 효율적으로 사용하기 위한 핵심일 것이다.**

만약 여러분이 PGA투어 프로 선수들의 시간 사용패턴을 따라 하고자 한다면, 적어도 티타임 1시간 30분 전에는 골프 코스에 도착하라. 그리고 스트레칭이나 가벼운 운동으로 워밍업을 하고, 본인의 전략과 장비를 점검하고 또 점검하라. 그리고 경기시작 전, 짧은 시간이라도 투자하여 드라이빙 레인지에서 연습할 시간을 가져라. 몸을 더욱 효과적으로 풀어줌으로써 부드러운 리듬과 함께 수행력이 전반적으로 향상되는 자신을 발견할 수 있을 것이며, 무엇보다도 몰입을 경험할 기회가 증가될 것이다.

part 04 코스에 몰입하기 위한 10가지 열쇠

CHAPTER 18

목표를 갖고 연습하기

PGA투어 선수들과 함께 한 지난 15년 동안 골프에서 가장 뛰어난 선수로 알려진 골퍼들과 대화를 나눌 수 있는 영광을 누릴 수 있었으며, 훌륭한 코치로 알려져 있는 션 폴리(Sean Foley), 마크 블랙번(Mark Blackburn), 부치 하먼(Butch Harmon), 데이비드 리드베터(David Leadbetter), 마이크 레부브(Mike LeBauve), 제프 패튼(Jeff Paton), 그리고 타의 추종을 불허하는 버디 알렉산더(Buddy Alexander) 등과 함께 시간을 보낼 수도 있었다. 뿐만 아니라, 지금 시대의 스타들 외에도 톰스(Toms), 엘스, 니클라우스, 파머, 프라이스, 러브, 커플스 등 역사적으로 훌륭한 선수들과도 이야기를 나눌 수 있었으며, 심리학을 포함하여 신경과학, 의학, 화학, 생리학 등 다양한 분야의 연구자들과 아이디어를 함께 공유하였다. 골프의 매력 중 하나는 훌륭한 마음을 지닌 많은 이들이 골프라는 하나의 영역에 모여 있다는 것이다. 션 폴리는 이 멋진 게임을 "아름다운 투쟁"이라고 불렀으며, 잭 니클라우스는 "혼란과 짜증, 그리고 멋진 게임; 내 인생의 업적이 되다."(니클라우스 1997, 127페이지) 라고 표현하였다.

아마 골퍼들에게서 가장 흥미롭고 뜨겁게 논의되는 주제는 바로 효율적인 연습에 관한 내용일 것이다. 올바른 연습방법은 무엇인지, 연습을 과학적 공식으로

설명할 수 있는지, 그리고 얼마나 다양한 연습방법이 있는지와 같은 질문이 여기에 해당될 것이다. 예를 들어, 일반적으로 더 많은 연습이 더 나은 기술로 이어진다고 생각한다. 확실히, 과학적이고 경험적인 증거들은 이러한 믿음을 뒷받침해 준다. 일반적으로, 더 좋은 골퍼들은 더 많은 연습과 관심을 기울이는 경향이 있다. 그러나 그것에는 예외가 있으며, 몇몇 골퍼들은 너무 많은 연습은 오히려 독이 될 수 있다고 믿기도 한다. 명예의 전당에 오른 프레드 커플스는 만약 그가 다른 골퍼들처럼 연습을 과도하게 했다면 오히려 숏게임 능력이 더 나빠졌을 것이라고 말하기도 했다. 니클라우스 또한 티샷 연습을 너무 과도하게 하는 것이 오히려 경기에 악영향을 미칠 수 있다는데 동의했다. 한번은 해질 무렵에 그와 인터뷰를 할 기회가 있었는데, 그 때 그는 "여기 이 사람들이 도대체 무엇을 하고 있는지 모르겠군요. 볼이 잘 맞고 있는데도 불구하고 해질 때까지 계속 치고 있네요. 볼이 잘 맞지 않을 때를 기다리고 있는 걸까요?"라고 농담처럼 얘기했다.

한편, 2011~2012시즌에는 세계 골프 랭킹 1위 자리를 두고 리 맥길로이로(Rory McIlroy)와 루크 도날드(Luke Donald)가 서로 맞붙게 되었다. 이들을 가까이에서 볼 수 있었던 사람들은 골프와 연습에 대한 접근방식이 선수마다 다르다는 것을 알 수 있었을 것이다.

먼저, 로리의 준비 운동은 짧은 편에 속했다. 로리는 2012년 라이더 컵 일요일 경기에 예정보다 늦게 도착한 후 이렇게 말했다.

──── 제 워밍업은 다른 선수들과 달라요. 워밍업을 40분이나 한다는 것은 내겐 너무 긴 시간이죠. 이번 시즌 PGA대회에서는 워밍업을 약 25분간 했던 것으로 기억하는데, 중요한 것은 시간이 아니죠. 저는 그냥 느슨해지는 정도면 충분해요. 워밍업에 대해 신경을 쓰지 않는 것이 오히려 내겐 도움이 되요.

반대로 루크 도날드의 입장에서는 위와 같은 말을 한다는 것은 상상할 수 없으며, 루크는 연습 방식의 차이에 대해 다음과 같이 얘기했다.

──── 음, 제가 과거에도 말했듯이, 로리는 재능을 타고난 선수 중 하나라고 생각해요. 편안하게 스윙을 하고도 공을 멀리 보내는 것을 보면 타고난 선수라는 생각이 들죠. 하지만 저는 제 자신이 경기하는 모습을 직접 볼 수 없기 때문에 저를 그렇게 평가하기는 어려

울 것 같아요. 하지만 저는 내가 열심히 노력하지 않거나 이겨내지 못한다면 성공할 수 없을 것이라 확신하고 있어요. 저는 몇 주간 쉬었다가 돌아왔을 때, 다시 잘해낼 수 있을 거라고 확신할 수 없어요. 저는 제가 멈췄던 곳에서 다시 바로 시작할 수 있는 그런 선수들 중의 하나가 아닙니다. 나에게는 많은 노력과 연습이 필요하며, 그것이 바로 골프에서 이만큼 성공할 수 있었던 결정적인 부분이죠.

이처럼 선수들에 따라 연습(노력) 방식에 차이가 있다. 하지만 여전히 의문은 남는다. 과연 골퍼에게 가장 좋은 연습 방법이란 무엇인가? 비록 많은 개인차가 존재하겠지만, 몇 가지의 원칙들은 확실히 도움을 줄 수 있을 것이다.

루크 도날드의 규칙적인 행동이 습관이 될 수 있도록 목적에 맞는 연습메뉴를 작성하고 코스와 연습장에서 최대한 효율적으로 시간을 활용해보도록 하자.

연습의 숨은 심리학

  습관 개발의 심리학은 연습 방식의 뿌리를 제공한다. 인간 행동을 탐구한 수많은 연구자들은 인간 행동과 습관에 대한 연구를 지속해왔으며, 이를 통해 수많은 격언들이 탄생했다. 먼저, 아리스토텔레스는 "사람은 반복적으로 행하는 것에 따라 판명이 되는 존재이다. 그러므로 탁월함은 바로 단순한 행동이 아닌 습관이다."라고 습관의 중요성을 강조했다. 습관 개발의 법칙을 처음으로 정리한 심리학자인 윌리엄 제임스는 언젠가 이렇게 기록했다. "매일 아침 일어나서 잠자리에 들 때까지 우리의 행동은 99% 혹은 999% 자동적이고 습관적으로 이루어진다." 이 격언은 오늘날에도 여전히 습관 개발의 지침서로 인용되고 있다.

위대한 사람들을 통해 살펴보는 실천의 중요성

―― 나는 연습하는 동안 집중력을 기르려고 노력한다. 절대 단순히 걸어가서 공을 치지 않는다. 연습할 때 집중하는 습관을 기르고, 이것을 실제 경기에 적용하고자 노력한다. 연습할 때 집중을 방해하는 주위의 모든 것을 차단하고 공을 치는 것에만 집중하는 습관을 들이면, 실제 경기에서도 자동적으로 그와 같은 루틴을 따르게 된다는 것을 발견하게 될 것이다. 각각의 샷을 실제 경기에서 플레이 하는 것처럼 연습하라.

- 벤 호건

―― 평생 동안 나는 연습 라운드에 큰 관심을 갖고 집중해왔다. 나는 매 스윙마다 분명한 목적을 가지려고 노력하며, 항상 실제 경기를 하는 것처럼 연습한다. 나는 이미 오래 전에 효과적으로 연습할 수 있는 스윙 숫자에 한계가 있다는 것을 알게 되었다. 그저 무의미하게 연습장에 오랫동안 머물러 있는 사람들은 그들이 연습장에 있는 시간만큼의 효과를 낼 수 없다고 생각한다. 연습의 단조로움과 피로감은 결국 경기력을 약화시킨다.

- 잭 니클라우스

part 04 코스에 몰입하기 위한 10가지 열쇠

> ──── 토너먼트에서 나는 연습 레인지나 퍼팅 그린 등의 연습 공간에서 많은 시간을 보내지 않는 편이다. 경기장에 도착하면 경기할 준비가 되어있음을 느낄 수 있어야 한다. 나는 집에서 미리 경기를 위한 연습을 한다는 점에서 다른 골퍼들과는 달리 경기장에서 많은 시간을 허비하지 않는다. 나는 대부분의 준비를 집에서 마친다. 그리고 경기장에 도착하면 나만의 리듬을 찾는데 집중하며, 만약 조율이 필요하면 간단히 조정하며, 실제 경기를 위한 준비를 간략히 한다.
>
> ─ 타이거 우즈

호건, 니클라우스, 그리고 우즈, 이들은 모두 목적을 갖고 연습했다. 호건은 단순히 공을 치지 않았다. 그는 집중력을 기르면서 공을 쳤다. 호건은 공을 치기위한 신체움직임과 집중력인 정신적 측면이 반복과 학습을 통해 융합된다는 것을 알고 있었다. 실제로, 심리학자들에게 청킹(Chunking)이라고 알려진 연합과정과 같은 방식으로 연습할 때 학습이 더욱 효과적이다.

니클라우스는 앤더스 에릭슨이 제안한 기술 습득의 세 번째 원칙인 '명확한 목표를 갖고 연습하기'를 적용하여, 높은 수준의 집중력을 효과적으로 유지하기 위한 습관을 길렀다. "게임은 준비되어 있어야만 한다."는 그의 말은 곧 "내 습관은 준비하는 것이다."로 해석할 수 있을 것이다. 만약 높은 수준의 집중력으로 효과적으로 연습해나간다면, 골프 코스에서는 그러한 습관이 자연스럽게 나오게 될 것이다. 연습을 통해 이미 그 습관이 몸에 배어 있을 것이기에.

습관 개발이라는 단어는 연습이라는 용어로 스포츠 세계에서 사용된다. 그리고 과학 작품(예, 운동기구, 장비 등)들은 선수들이 기술을 연마하는데 필요한 일정한 규칙을 정해주었다. 이와 관련된 가장 유명한 논문으로 앤더스 에릭슨(Anders Ericsson)과 그의 동료들에 의해 작성된 "뛰어난 수행력을 위한 의도적인 연습의 역할"이 있다. 그들은 이 논문에서 전문가 양성을 위한 '10년간 1만 시간의 법칙'을 소개했다. "전문가의 수행력은 오랜 시간에 걸쳐 서서히 습득되며, 이는 연습의 결과로 나타난다. 최고 수준의 성과와 성취는 적어도 약 10년 동안의 집중적인 준비를 요구한다."(에릭슨, 크램프, 그리고 테츠-로머 1993, 366페이지). 뛰어난 수행력을 성취하기 위한 세 가지 핵심 단계는 다음과 같다:

1. 계획된 연습은 교사, 시설, 그리고 도구의 사용과 함께 개인의 시간과 에너지를 필요로 한다.
2. 동기수준은 연습을 지속하는데 중요한 역할을 한다.
3. 계획된 연습은 노력이 필요하며, 효과를 극대화시킬 수 있는 시간의 양은 제한되어 있다.

마지막 3번째 제시하고 있는 제한된 시간의 효율적인 연습과 관련해서 루크 도날드의 경력이 아이를 낳은 후에 더욱 좋아졌다는 점에 주목해보자. 여기에는 여러 가지 이유가 있을 수 있지만, 내가 생각할 수 있는 가장 타당한 이유는 육아로 인해 사용할 수 있는 시간이 줄어들어 짧은 시간 안에 집중적으로 연습을 했어야만 했다는 점이다. 2012년 기념관에서 루크는 '아이들과 함께 시간을 보내는 것이 힘들지 않은가?'에 대한 질문을 받았다. 이에 그는 다음과 같이 대답했다.

—— 글쎄요, 저는 오히려 아이들과 보내는 시간 때문에 더 나은 선수가 될 수 있었던 것 같아요. 아이들과 더 많은 시간을 보내고 싶다는 생각에 더욱 효율적으로 연습 계획을 세우게 되었거든요. 저는 여전히 열심히 연습하고 있으며, 보다 효율적으로 연습하는 방법을 알게 되었습니다.

연습을 통한 습관 개발의 열쇠는 습관이 될 수 있는 모든 것에 집중하는 것이다. 습관은 연계성을 지닌다. 예를 들어, 공을 치는 동작에는 신체의 움직임뿐만 아니라 마음, 감정, 긴장, 리듬, 주의력 등이 함께 작용한다. 이러한 이유로 개인의 동기는 기술습득에 있어 중요한 역할을 하게 된다. 별 의미 없이 1000개의 골프공을 치는 동작을 통해 골프 스윙을 습관화시킬 수 있겠지만, 이때 만약 주의를 산만하게 만드는 요소가 함께 습관화된다면 실제 경기에서의 스윙에도 주의 산만의 요소가 영향을 미치게 될 것이다. 또한 연습을 엉성하게 한다면, 엉성하게 치는 습관이 몸에 배게 될 것이다. 훌륭한 골퍼들은 동기 부여와 강한 집중력으로 자신의 연습 시간에 전념한다.

습관과 몰입

지금까지, 연습 습관과 몰입 사이의 연결고리를 설명하기 위한 내용들을 소개했다. 몰입은 차분한 마음에서 극히 자연스러운 활동을 통해 경험하는 정신적 상태이다. 나와 몰입에 대해 이야기를 나눈 거의 모든 골퍼들에 의하면 그들이 몰입을 경험하고 있는 동안에는 기술에 대한 생각을 거의 하지 않는다고 말했다. 그들이 해야 할 일은 공을 보내고자 하는 목표나 원하는 샷에 대해 생각하는 것이었으며, 샷은 자연스럽게 칠 수 있었다고 한다.

규칙적이고 신중한 연습은 신경회로를 더욱 효율적으로 만드는 뉴런(신경세포) 주위에 미엘린을 감쌈으로써 습관을 발달시킨다. 연습에 있어서 집중적이고, 반복적인 것을 대신할 수 있는 것은 없다. 이와 관련해 대니얼 코일은 그의 저서 탤런트 코드에서 다음과 같은 얘기를 했다. "기술을 습득하는데 있어 행동으로 실행하는 것, 오류를 수정하는 것, 회로체계를 갈고 닦는 것보다 효과적인 것은 없다."(코일 2009, 87페이지). **연습을 더 많이 하면 할수록 습관은 자동화의 규칙을 따르게 된다. 즉, 어떤 행동을 더 많이 반복하면 할수록 그 행동에 대해 생각할 필요성이 줄어들게 되며, 행동은 뇌에서 자동적으로 이루어지게 된다. 이러한 자동화의 특성은 몰입을 형성하는 여러 특징 중 한 부분을 담당한다: 무의식적이고 자동화된 습관. 이것은 우리가 행동에 대해 의식하지 않고 있을 때 경험하게 된다.**

기술 향상시키기

나는 골프를 위한 효과적인 연습법과 관련된 다양한 연구들을 현장에 적용하고자 노력해 왔다. 골프 연습은 주로 스윙 기술을 연마하는 연습과 숏 게임 혹은 퍼팅연습, 그리고 연습시합 등으로 구성된다. 연습장에서 골프 스윙을 연마하기 위해 보낸 시간은 틀림없이 가치가 있다. 하지만 이 때, 테이크어웨이(take-away)나 탑 포지션에 주의를 기울이게 된다면 그 과정은 곧 습관화될 수 있다. 또한, 퍼팅 연

습을 할 때 반복적으로 움직임에 주의를 기울이다보면 그것이 곧 습관화가 된다. 이러한 과정은 좋은 습관을 만들 때에도 필요한 것이다. 문제는 만약 골프장에서 경기를 할 때에도 목표나 샷에 집중하지 못하고 백스윙에서의 손의 위치에 습관적으로 주의가 기울어진다면, 좋은 샷을 기대하기가 어려워진다는 것이다. 따라서 연습은 명확한 목표를 갖고 진행되어야 한다.

골프 시합 전에 시간의 여유가 있다면, 골프 스윙의 특정한 부분에 주의를 기울이는 방법도 효과적이다. 이 방법은 적절한 습관을 형성하는데 도움이 된다. 경기에서 실제로 필요한 습관을 만들고자 할 때에는 연습을 조금 다른 시각에서 접근해볼 필요가 있다. 우리 선수들 중의 대다수는 '3-4 규칙'을 적용한다. 그들은 퍼팅연습을 할 때 습관화하고자 하는 기술에 주의를 기울이며 공 3개를 연습한다. 그리고서는 보내고자 하는 목표만 생각하면서 공 4개를 연습한다. 잠시 쉬었다가 다시 기술에 주의를 기울여 공 3개를 연습하고, 다시 단순히 목표물만 생각하면서 공 4개를 연습하는 방식이다.

한편, '6샷 드릴'은 샷의 형태만 시각화하면서 다음의 샷을 치는 것으로 구성된다.

―――「로 드로우 – 하이 드로우 – 로 스트레이트 – 하이 스트레이트 – 로 페이드 – 하이 페이드」

6샷 드릴은 효과적인 경기를 위해 필요한 모든 기술을 활용한다는 점에서 유용하다. 이 훈련 방법은 골퍼들의 경기력 향상을 위해 매우 효과적인 훈련 방법이다(참고로, 가장 높은 수준에서는 각 종류의 샷에 가운데 레벨을 추가함으로써 9샷 드릴로 변형시켜 훈련할 수 있다.).

리듬 연습 또한 중요하다. 실제로 골프 코스에서 몰입을 경험하기 위해서는 자신만의 리듬을 유지하는 것이 중요한데, 연습을 할 때 리듬을 습관화시키는 것은 이를 위한 최선의 방법이라 할 수 있다. 이상의 내용들을 통해 우리가 연습에서 고려해야 할 사항들을 다음과 같이 정리할 수 있겠다.

1. 명확한 목표를 갖고 연습하기
2. 충분한 동기를 갖고 연습에 집중하기
3. 적어도 45분마다 한 번씩은 휴식을 취할 수 있도록 연습시간 계획하기

4. 습관은 여러 기술들이 그룹화 되어 이루어진다는 점에서 정확한 리듬, 속도, 그리고 그립감으로 연습하기

드라이빙 레인지 VS. 골프 코스

나는 본장의 주요한 마지막 주제로 드라이빙 레인지와 골프 코스에서 이루어지는 연습을 선정했다. 궁극적으로 훌륭한 골퍼가 되기 위해 필요한 정확한 기술을 습득하기 위해서는 드라이빙 레인지와 골프 코스에서의 연습, 양쪽 모두의 균형이 필요하다. 사실, 어떤 방법이 여러분에게 가장 적합하다고 얘기하기는 어려운 일이다. 맷 쿠차, 크리스 디마르코(Chris DiMarco), 필 미켈슨과 같은 골프 선수들은 동료들과 경기를 통한 연습을 선호한다. 필 미켈슨은 메이저 대회가 열리기 일주일 전에 토너먼트 경기를 하는데, 이를 통해 경쟁에 대한 집중력을 향상시킨다. 타이거 우즈와 저스틴 로즈와 같은 다른 골프 선수들도 골프 코스에서 기술을 연마하는 것을 좋아하지만, 그들은 코치인 션 폴리와 함께 스윙 동작을 위한 집중훈련을 통해 기술을 연마한다.

드라이빙 레인지와 골프 코스 모두에 충분한 시간을 투자하는 것은 쉽지 않다는 점에서 시간의 배분은 많은 골퍼들에게 고민거리이다. 어디서, 어떻게 연습하는 것이 효과적일지 고민하는 골퍼들에게 나는 골프 코스를 기준으로 생각하도록 권장한다. 골프 코스에서 기술을 습관화시키는 것은 곧 몰입으로 이어진다. 기술의 습관화는 집중력 훈련, 프리 샷 루틴, 그리고 목표지점으로 보내기 위한 샷 연습 등을 통해 이루어지며, 드라이버, 아이언, 숏 게임, 퍼팅 등 골프에 필요한 모든 기술들을 포함한다.

도전적이며 평가 가능한 목표를 가진 계획된 연습은 집중하는 습관을 강화시킨다는 점에서 좋은 방법이다. 대학에서 프로로 옮겨가는 골퍼들에게 있어 중요한 도전과제 중 하나는 외로움이다. 대학 골퍼들은 팀 동료들과 연습을 하고, 코치들이 스케줄을 정해주며, 연습라운드를 통해 경쟁을 경험한다. 반면에 프로 골퍼들은 셀 수 없이 많은 시간을 혼자서 이동하고 연습해야만 한다. 이러한 일상은 명확한 목표가 없는 느슨한 연습으로 이어지기 마련이다. 따라서, 시합에서 집중력을 유지하기 위해서는 다른 선수들과 연습시합을 할 수 있는 기회를 비교적 쉽게 얻을 수 있는 클럽을 찾아 그곳에서 연습하고 경쟁할 필요가 있다.

또한, 골프 코스에서 시합을 하는 것 외에도 **결과를 평가할 수 있는 훈련은 연습하는 동안 집중력을 높이는데 도움을 준다.** 나는 함께하는 모든 골퍼들, 특히 주니어 선수들에게는 명확한 목표를 가진 숏 게임 연습을 권장한다. 교사인 제리 터커(Jerry Tucker)에 의해 개발된 터커 숏 게임 테스트(Tucker Short Game Test: TSGT)라고 불리는 이 훈련은 학생들이 자신의 기술을 수치화하고, 기술 습득 과정을 평가하며, 전문가들과 자신의 기술을 비교하고, 자신의 발전정도를 확인할 수 있는 내용들을 포함한다. 그 예제를 본 장의 제일 마지막에 제시하였으니 참고하길 바란다. 나는 이 도구가 많은 선수들의 숏 게임을 향상시켜주는데 도움이 된다는 것을 확인해 왔다. 가장 중요한 것은, 선수들로 하여금 명확한 목표를 갖고 골프 코스에서 습득한 기술들을 적용하여 연습할 수 있도록 도움을 줄 수 있다는 점이다.

아래에 제시된 TSGT 버전에는 플로리다(Florida) 스튜어트(Stuart)에 있는 최고 수준의 숏 게임 시설에서 실시한 PGA 골퍼들의 테스트 결과가 포함되어 있다.

목적을 가지고 연습하는 첫 걸음은 중요한 게임 즉, 숏 게임에 초점을 맞추는 것부터 시작한다. 구체적으로 www.jerrytuckergolf.com을 방문하여 테스트를 다운로드 할 수 있다. 연습과 훈련을 실행하고 그 과정을 기록해보자. 자신의 점수를 기록하고 테스트를 치른 다른 골퍼들의 기록과 비교해 봄으로써 자신의 위치를 확인해 볼 수도 있다. 이 도구를 정기적으로 사용하고 진행 상황을 지속적으로 확인하는 것이 핵심이며, 최종 목표는 그림 18.1에 나온 점수를 이겨내는 것이다!

DATE: 11/11/08
NAME: ~~~~~~
HDDP: PGA Tour

Tucker Short Game Test

Skill	Distance	Pro Pt.	Results	Score	Total	Avg. putt	Skill hdcp
Short putts	3'	Holed		4-4			
	4'	Holed		4-4			
	5'	Holed		3-4			
	6'	Holed		4-4			
	9'	Holed		2-4	17-20		+4
Long putts	20'	Safe zone	①-②-①-②-③	5-5			
	40'	Club length	4-②-②-(in)-①	4-5			
	60'	Club length	③-③-②-②-①	5-5	14-15	1'11"	+5
Chips	40'	4'	①-5-5-①-①	3-5			
	60'	6'	9-(in)-①-④-①	4-5	7-10	2'10"	0
Pitches	50'	5'	7-(in)-①-④-④	4-5			
	75'	7 ½'	18-9-⑥-⑤-⑦	3-5	7-10	6'1"	+1
Trouble assortment	Within 20%		⑥-18-⑦-③-⑦	4-5	4-5	8'2"	+2
Sand	20'	4'	②-③-③-①-③	5-5			
	40'	6'	7-9-10-⑤-④	2-5			
	60'	8'	⑥-④-②-④-13	4-5	11-15	5'2"	+2
Wedges	30 yards	6'	②-④-③-④-③	5-5			
	45 yards	6'	9-9-7-④-9	1-5			
	60 yards	9'	②-⑤-15-④-10	3-5			
	75 yards	9'	③-⑦-④-18-12	3-5			
	90 yards	9'	⑦-⑨-⑥-③-12	4-5	16-25	6'10"	+3
				Total score	76-100	5'10"	

Improvement priority

1. Chipping
2. 40' sand
3. 40 yd. wedge sand

Short game handicap = ㊺

그림 18.1 터커 숏 게임 테스트(Tucker Short Game Test: TSGT) 결과

CHAPTER 19

숙달 지향의 사고방식 갖기

골프 시합을 마친 후에 여러분은 주로 어떤 질문을 받는지 잠시 생각해 보자. 골프 코스에서 걸어 나오면서 혹은 클럽 하우스 근처에서 골프를 함께 했던 누군가와 친근하게 대화를 나누고 있다. 골프 아카데미의 사람들과 함께 골프를 쳤고, 이들과 함께 골프를 치는 것은 언제나 기분이 좋다. 그리고는 다음과 같은 2가지 질문을 받는다.

일반적으로, 첫 번째 질문은 "경기는 어땠나요?" 이며, 두 번째는 "몇 타를 쳤나요?" 이다.

여기서 잠재적인 문제가 보이는가? 두 질문 모두 분명히 자아 지향적이라는 점이다. 좋은 스코어를 얻는 것과 경기를 잘 하는 것은 동일하다. 하지만, 이 책을 끝까지 읽게 된다면 훌륭한 골프 경기는 스코어만으로 평가될 수 없다는 것을 알게 될 것이다. 끝없는 성장의 게임에서는 스코어뿐만 아니라 다양한 요소들을 통해 자신의 발전을 확인할 수 있다. 따라서 **골퍼들에게는 골프 자체의 본질을 보다 창의적이고 정확하게 반영하고 발전시켜 나가는 것이 요구된다.**

또한, 위와 같은 질문들은 골퍼의 사고방식에 영향을 미칠 수 있다. 골퍼는 다른 골퍼들뿐만 아니라 친구, 가족, 동료, 그리고 지인들로부터 자아 지향적인 사고방식에 마주하게 된다. 그에 따라 골프에서 얻을 수 있는 배움과 즐거움보다 사회적 혹은 자아 지향적인 측면에 집중하게 되는 것이 어쩌면 자연스러운 일일지도 모른다.

예를 들어, 10살짜리 어떤 아이가 골프에 재미를 느껴서 입문을 한다고 가정해 보자. 이 아이는 골프에 대한 끊임없는 도전, 성장, 그리고 발전이라는 순수한 기쁨으로 골프를 칠 것이다. 그리고 골프의 본질적인 즐거움을 느낄 수 있을 것이다. 문제는 아이를 둘러싼 주변 사람들은 그 아이에게 "오늘은 몇 타를 기록했니?"라고 묻는 것을 주저하지 않는다는 점이다. 이 아이가 1년에 평균 75회의 골프 라운딩을 한다고 가정했을 때 40세까지 그와 같은 질문에 2,250번이나 대답을 해야만 한다. 물론, 이 또한 라운딩을 돌고나서 한 사람에게만 질문을 받은 것으로 가정했을 때 말이다.

어떤 의미에서 골프를 둘러싼 사회적 네트워크는 자아 지향의 골퍼가 되기를 부추기는 듯하다. 그리고는 경기에 몰입하는 능력을 약화시키고 실력향상에 부정적인 결과를 가져오기도 한다.

반대로, 숙달지향의 골퍼가 될 수 있도록 주변으로부터 격려 받으며 훈련해 나간다면 어떤 결과가 일어날지 상상해 보자. 나는 골퍼들에게 다음의 방식을 적용하고자 노력한다. 우리는 외부의 압박으로부터 자유롭고 편안한 마음가짐으로 성장해나가는 사람들을 종종 볼 수 있는데, 이러한 특징을 가진 사람들은 배움과 발전에 중요한 의미를 둔다.

 기술 향상시키기

골퍼들은 경기를 마친 후에 자아 지향적 사고에 대항할 수 있는 자신만의 완충장치를 마련할 수 있다. 자신의 스코어에 집착하는 대신 세계 최고의 골퍼들이 가진 사고방식을 배우도록 하자. 즉, **골프 라운드가 끝난 후에 "오늘 골프 코스에서 무엇을 배웠는가?" 그리고 "어떻게 하면 더 나아질 수 있을까?"라는 두 가지 질문을 스스로에게 던져보자.** 골프 라운드가 끝난 후에 마음속으로 올바른 질문

을 떠올리면, 자신을 숙달 지향의 사고방식으로 성장시킬 수 있으며, 카이첸 (kaizen)이라고 불리는 지속적인 발전의 과정에 몰두할 수 있게 된다.

물론, 골퍼가 숙달 지향의 사고방식을 유지하는 것이 쉬운 일은 아니다. 왜냐하면 다른 사람과 비교하는 자아 지향의 사고방식이 일반사람들에게는 더욱 익숙하기 때문이다. 따라서 라운딩을 함께 한 상대방과의 스코어를 비교하는 생각을 항상 경계할 필요가 있다. 코스에서 만난 다른 사람들의 질문과 스코어를 비교하는 등의 자아 지향적 사고방식에 흔들리지 않도록 숙달성향 중심의 사고방식을 견지하는 것이 필요하다. 이를 위해 다음과 같은 자기대화는 숙달성향의 사고방식을 유지하는데 도움을 줄 수 있다:

──── "내 스코어만큼 중요했던 건 오늘도 많은 것들을 배웠고, 그것이 즐거웠다는 것이다. 나는 계속해서 올바른 방향으로 잘 나아가고 있다."

골프 일지를 작성하는 것 또한 도움이 될 수 있다. 골프 일지에는 라운딩에서 있었던 사건들 외에도 각각의 홀에서 배운 내용도 기록하도록 한다. 장기적인 목표를 달성하기 위해 무엇을 배웠고, 또 그것을 어떻게 적용할지를 생각해보는 것이 관건이다.

여기 골프일지와 관련된 예시가 있다. 자아 지향과 관련된 습관을 줄이고, 숙달 지향과 관련된 습관을 기르기 위해 나와 함께 노력했던 한 골퍼는 동료와 나눈 대화내용을 일지에 기록했다. 그는 그 동료에 대해 순위를 중심으로 이야기하는 자아 지향의 전형적인 교과서와 같이 묘사했다. 나의 골퍼는 평소 자신이 골프에 대해 이야기했던 방식과 그의 동료가 이야기하는 방식이 유사하다는 것을 일지를 통해 깨닫게 되었으며, 그 후 그 동료와는 다르게 자아 지향의 얘기에 집중하지 않도록 노력하게 되었다. 즉, 일지를 통해 숙달지향과 자아지향에 대한 차이를 골퍼 스스로가 깨달을 수 있었으며, 이러한 경험들을 일지에 계속 기록해 나갔다. 이를 통해 그는 자신의 발전에 더욱 집중할 수 있게 되었고, 보다 편안한 마음으로 경기에 임할 수 있게 되었다.

그는 동료와의 대화를 일지에 적고 그 내용을 정기적으로 돌아보았으며, 이를 통해 골퍼의 정신을 다듬을 수 있었다. **핵심은 스스로가 배운 것들이 습관이 될**

수 있도록 일지를 차곡차곡 모으고, 수시로 일지내용을 확인하는 것이다. 경기 결과가 아닌 과정에 초점을 두고 노력하는 골퍼는 장기적으로 더 많은 발전과 성장을 이룰 수 있으며, 결과는 그와 함께 자연스럽게 따라오게 된다.

잭 니클라우스, 벤 호건, 저스틴 로즈와 같은 숙달 지향의 골퍼들에게 골프란 끊임없이 배우고 발전하기 위한 게임이다. 타고난 재능은 전장에서 승리를 얻기 위한 절반의 조건일 뿐이다. 나머지 절반은 그 재능 위에 학습과 배움으로 쌓아 올려야 한다. 위대한 골퍼인 바비 존스에 의하면 언젠가 한번은 자신이 우승한 대회에서 아무것도 배운 것이 없었다고 말한 적이 있다. 우리는 그의 말 속에서 승리한 경기보다 패배한 경기에서 보다 더 많은 교훈을 얻었을 것이라고 추측할 수 있다.

바비 존스는 이미 어떤 일이든 게임을 숙달해나가는 능력에 그 결과가 달려있다는 것을 이해하고 있었다.

　존스의 얘기를 제쳐두고서도 우리는 골프를 하는 동안 결과에 관계없이 모든 라운드에서 무언가를 배울 수 있다. 너무 많은 타수를 기록한다거나 까다로운 코스를 경험함으로서 자신에게 부족한 부분은 무엇인지 그리고 채워나가야 할 부분은 어떤 것인지를 깨달을 수 있다. 그리고 만족스러운 경기 경험은 경기력을 더 높은 수준으로 끌어올릴 수 있는 발판을 제공해준다. 배움을 얻고자 생각하고 찾는다면 언제든지 게임 속에서 배움을 얻을 수 있을 것이다. 그리고 이러한 행동은 궁극적으로 더욱 뛰어난 골퍼로 성장하고 발전하는데 도움을 줄 것이다. 숙달을 목표로 하는 사람들에게 골프는 타인의 이야기에 흔들리지 않는 주관을 갖고 골프 경험에서 얻는 교훈을 통해 자신을 발전시켜 나가는 원동력이 되어 줄 것이다.

CHAPTER 20

실제 한계와 인식된 한계의 차이

한계란 무엇인가? 오래된 철학자에서부터 현대의 인간 행동을 연구하는 전문가에 이르기까지 인간 능력의 한계에 대한 고민이 이어져왔다. 계몽주의 시대에 일루미나티(Illuminati)로 알려진 자유주의사상 종파는 인간의 잠재력에는 한계가 없고 그 한계는 인간 스스로가 제한할 뿐이라는 관점에서의 완벽주의에 대해 탐구했다. 이 생각은 다소 극단적인 것으로 보일수도 있지만 이미 과학계에서는 어느 정도 받아들여지고 있는 이야기이다. 우선, 내가 경험했던 사례를 하나 살펴본 뒤, 심리학의 숨겨진 이야기들에 대해 알아보도록 하자.

17살 때, 나는 구조대원으로 활동하며 주말에는 해변에서 아이들에게 수영 레슨을 했다. 그 때 수영 레슨을 받으러 온 7살 소년 벤자민(Benjamin)을 기억한다. 그 소년은 나에게 스스로가 만든 한계와 그것이 행동에 어떻게 작용하는지를 보여줌으로서 심리학이라는 영역에 대한 흥미를 가질 수 있게 해 주었다.

수영을 배우기 시작한지 얼마 되지 않은 벤자민에게 여름동안 달성시키고자 하는 목표는 아주 평범한 것이었다. 벤의 부모님은 벤이 물속에 들어가는 것과 가족 수영장에서 혼자 수영할 수 있기를 바라는 수준이었다. 이 목표를 달성하는 것이 다른 소년들에게는 한 시간 만에 배울 수 있는 쉬운 일처럼 들리겠지만, 벤에게는 그리 쉬운 것이 아니었다. 그는 물을 너무나 두려워했으며, 심지어 물속에 발을 담그는 것만으로도 그에게는 엄청난 성취를 이루는 것이었다.

수영장에 가까워지자 벤의 얼굴은 공포감으로 가득 채워졌으며, 물에 들어가지 않기 위해 발버둥 쳤다. 가장 큰 문제는 벤 스스로가 물에 얼굴을 담그거나 수영을 할 수 없다고 100퍼센트 확신하고 있었다는 것이다. 물속에 얼굴을 넣는 것조차도 쉽지 않았다. 하지만, 벤에게 의지가 없는 것은 아니었다. 나는 며칠 동안 벤이 물속에 얼굴을 넣으려고 시도하는 모습을 지켜봤다. 벤은 물속에 얼굴을 넣으면 마치 교통사고라도 당하는 것 같다는 생각이라도 드는지 얼굴을 물에 담그지 못하고 있었다. 그러나 벤은 물을 이겨내려고 노력했으며, 자신의 코를 젖게 하는데 성공했다. 그리고는 나를 바라보며, "성공인가요, 지오선생님?"이라고 물었다. 그러면 나는 "아직은 아니야, 벤. 갈 길이 아직 조금 더 남아있어."라고 말하곤 했다.

마찬가지로, 벤에게 수영장 가장자리 출발지점에서 앞으로 출발하도록 지시하면, 벤은 앞으로 조금 나가자마자 다시 출발지점으로 헤엄쳐 돌아왔다. 다시 말하지만, 벤이 의지가 없는 소년은 아니었다. 벤이 물속에서 조금 이동하면, 뇌 속의 무언가가 작동되어 그를 다시 안전한 곳으로 보내버리곤 했다. 어떤 면에서, 그는 나에게 영화 '라이어 라이어'에서 주연으로 활약한 짐 캐리(Jim Carey)를 떠오르게 만들었다. 타의 추종을 불허할 정도로 거짓말에 능수능란한 주인공이 어느 순간 자신의 의지와는 상관없이 진실만을 말하게 된다는 내용의 영화이다. 심지어 어린 나이인 벤에게 그의 뇌는 벤이 확실히 할 수 있는 일을 하도록 허락하지 않았다.

뇌와 관련된 이론은 매우 다양하다. 그중에서 진화 심리학을 연구하는 과학자들은 환경에 적응하기 위한 뇌의 진화가 우리를 지금껏 살아있게 만들었다는데 동의한다. <u>**두려움은 다양한 위험으로부터 생존율을 높인다는 점에서 골퍼가 경험하는 두려움도 생존을 위한 작용으로 이해할 수 있다.**</u> 이 외에도 뇌와 신체의 관련성은 다양한 방면에서 드러난다. 체온이 너무 낮아지게 되면 뇌는 근육을 따뜻하게 만들기 위한 메커니즘으로 근육을 수축하라는 신호를 척수로 보낸다. 인간의 신경계에는 추위에 대한 임계점이 내장되어 있기 때문이다. 피부가 특정한 온도 아래로 떨어지게 되면, 뇌에서는 "그래, 피부가 정상 온도에서 벗어나 떨어지고 있구나! 다시 편안한 수준으로 돌아가도록 해줄게!" 라고 해석하고 우리 몸에 신호를 보낸다.

체온이 올라갈 때에도 이와 같은 반응은 동일하게 일어난다. 피부에 있는 수용기는 척수를 통해 뇌로 신호를 보낸다. 뇌에서는 정보를 처리하고 척수를 통해 외분비선과 땀샘으로 신호를 보내 피부의 온도를 낮추는 땀을 생산한다. 이러한 이유로 척수에 부상을 입은 환자들은 체온을 조절하는데 어려움을 겪는다. 이와 유사하게 어떤 사람들은 뇌가 피부로부터 온 메시지를 잘못 판단해서 만성적으로 땀을 많이 흘리거나, 전혀 흘리지 않기도 한다.

뇌는 신체를 안전하고 편안하게 유지하기 위한 중앙통제기관으로서의 역할을 수행한다. 하지만 이것이 엘리트 운동선수나 일상의 영역을 넘어서려는 이들에게는 어떤 의미일까? 장거리 육상 선수들은 자신의 한계에 다다랐을 때 극심한 피로와 탈진을 경험하는데, 이러한 상태가 되면 뇌에서는 속도를 점차 늦추고, 멈춘 뒤 휴식을 취하라는 신호를 보낸다. 물론 운동선수들이 때로는 뇌에서 휴식을 취하라는 신호를 무시하기도 하지만, 너무 멀리까지 벗어나지는 않는다. 매년 마라톤을 하는 수백만의 사람들 중에서, 자신을 한계까지 몰아붙인다 하더라도 죽는 사람은 거의 볼 수 없다. 즉, 우리가 의식적으로 한계를 넘어서려고 할 때 무의식적인 뇌는 "당신은 위험한 영역에 들어갔다. 내 임무는 아무리 많은 비용을 소모해서라도, 그리고 소화기관을 멈춰서라도 당신을 보호하는 것이다. 그러니 항복하라!"고 신호를 보내는 것이다.

뇌와 중추신경계는 무의식적으로 정보를 처리하고 균형 잡힌 일상의 상태로 되돌리는 생존 메커니즘을 구성하고 있다. 여기, 토마스 로우랜드(Thomas Rowland) 박사가 제시한 흥미로운 문구가 있다(Rowland 2011):

——— 심장 박동수, 체온 및 소화를 조절하는 무의식적인 내부 메커니즘은 한계를 벗어나려고 노력하는 개인에게 한계를 부여하는 메커니즘이다.

심리학자들은 사람들이 안전한 곳에서 벗어나려고 할 때 스스로를 방해하는 행동이 나타난다는 것을 오래 전부터 알고 있었다. 다음은 윌리엄 제임스가 관찰한 내용이다.

──── 대부분의 사람들은 육체적으로든, 지적으로든, 도덕적으로든, 그들이 가진 잠재력의 제한된 범위 안에서 살아간다. 우리는 의식의 아주 작은 부분만을 사용하고 있을 뿐이며, 이는 마치 인간이 움직일 수 있는 모든 신체조직 중에서 새끼손가락만을 사용해서 생활하는 것과 같다. 커다란 위기와 비상사태가 발생할 때야 비로소 생명 유지에 필수적인 자원이 우리가 생각하는 것보다 훨씬 더 많은 부분을 차지하고 있다는 것을 알 수 있게 된다.

제임스는 인간 행동에 대한 그의 예리한 관찰을 통해 사람들은 '제한된 원' 안에서 살아간다는 것을 발견할 수 있었다. 제임스가 살았던 100년 전에 비해 오늘날에는 뇌 해부학과 관련된 연구들이 활발히 이루어지고 있다. 그리고 연구자들은 여분의 자원이 어디에 있는지, 그리고 개인의 한계를 뛰어넘기 위해서 그것들을 어떻게 활용할 수 있는지를 밝히고자 노력하고 있다. 최근의 뇌 연구에서 도출된 주요한 발견들 중 하나는 무의식이 한계를 인식하는데 관여를 한다는 점이다. 로우랜드에 따르면, 인간은 생존을 위한 브레이크와 같은 잠재의식과 무의식을 담당하는 뇌의 특정부분이 한계를 벗어나지 못하도록 보호하고 있다고 한다. 로우랜드는 세계 최고의 지구력을 자랑하는 선수들도 그들의 뇌에서 허락만 한다면 더 많은 것을 이룰 수 있다는 설득력 있는 증거를 제시했다.

──── 어떤 의미에서 뇌의 중앙통제기관은 예비역량을 확보하고 있어야 한다는 사명감으로 인해 인간의 한계를 넘어서는 것에 브레이크를 건다. 이는 세계 최고의 선수들에게서도 적용된다. 만약 이런 보호 장치가 없다면 선수들은 한계를 넘어서는 더 좋은 기록을 올릴 수 있었을 것이다. 대신, 자신의 안전은 보장하지 못한 채 말이다(Rowland 2011, p. 16).

로우 랜드의 중앙통제 가설은 윌리엄 제임스나 다른 심리학자들과는 다른 측면에서 자기 핸디캡에 대한 통찰력을 제공한다. 뇌가 영양소, 포도당, 산소 저장고를 유지시켜 편안함을 보장을 하는 것처럼, 우리가 한계점 안에 머물고 있을 때는 평온함을 보장받는다. 하지만, 만약 한계를 벗어나려는 것이 감지되면, 그 순간 우리의 뇌는 한계점을 넘지 못하도록 차단신호를 내리고 결국, 한계를 넘어서지 못하게 막아선다. **그렇다면 과연 골퍼들이 편안한 영역을 벗어나려고 할 때 느끼는 불편함은 무엇 때문일까? 그것은 아마, 우리의 뇌가 뛰어난 수행력을 친**

숙하지 않은 비정상적이고 불편한 경험으로 받아들이기 때문일 것이다.

어린 수영선수 벤자민의 예로 돌아가서, 그가 얼굴을 물속에 넣으려고 할 때 느꼈던 저항은 그의 마음 깊은 곳에서 "위험해!" 라는 외침이 있었기 때문이었을 것이다. 즉, 벤자민 스스로가 할 수 있는 일을 중앙통제기관에서 하지 못하도록 막고 있었던 것이다. 로우랜드 식으로 얘기하자면, 그의 뇌는 본인이 인식하기도 전에 내면 깊은 곳에서 물속에 얼굴을 넣는 것이 한계를 넘어서는 것으로 간주하고 이를 막아선 것이다. 다시 말 해, 벤은 그가 두려워하는 것이 정확히 무엇인지 알기도 전에 두려움부터 느꼈던 것이었다.

그렇다면, 그가 물고기처럼 수영하기 위해 그 장벽을 뛰어 넘는 길은 무엇이었을까? 그것은 내가 골퍼들과 하는 일과 매우 흡사한 방식으로 이루어졌다. 나는 그와 게임을 했다. 그 어린친구의 생각이 두려움에서 멀어질 수 있게 공을 이용

자신의 한계를 인식하고 이를 극복할 수 있도록 사고방식과 행동을 조성하라. 브랜트 스네데커는 주니어 골퍼로서도 좋은 활약을 했지만, 프로에서 더욱 빛났다.

한 게임으로 주의를 돌렸다. 어느 순간, 벤자민은 수영장 가장자리에서 아주 조금씩 앞으로 헤엄쳐 나오면서 나를 향해 외쳤다. "저는 할 수 없어요, 선생님. 할 수 없어요, 선생님." 소년은 점점 나에게 가까이 다가왔으며, 나는 소년이 가장자리에서 조금 더 멀리 나올 수 있도록 한 걸음 뒤로 물러섰다. 그는 "못해요"라고 외치면서 나에게 계속 다가왔고, 그런 식으로 우리는 반대편까지 이동할 수 있었다. 출발점의 반대편까지 헤엄쳐왔다는 사실을 알게 된 소년은 깜짝 놀라며 그가 한 일을 돌아보았다. 그리고는 마음 속 깊은 곳에 있던 족쇄는 풀렸고, 그 이후부터는 수영장을 쉽게 헤엄쳐 다닐 수 있게 되었다.

골프 선수들에게도 이와 비슷한 일이 일어난다. 나는 맷 쿠차와 10년 이상 알고 지내왔다. 대학을 졸업하면서 그는 자신이 얼마나 좋은 선수가 될 수 있을지 전혀 깨닫지 못하고 있었다. 하지만 맷은 끊임없이 투어에 도전했으며, 점차 자신의 수행력에 대한 한계를 극복해나갔다. 그러던 중, 한번은 주말 동안 36홀에서 20개의 버디를 만들어낸 기념비적인 일이 벌어졌다. **물론, 보기도 몇 개 기록하긴 했지만 그렇게 많은 버디를 만들어낼 수 있었던 자신이 조금은 멋지다고 생각했다. 그렇게 그는 자신의 한계를 넓힐 수 있었고 더 이상은 버디를 만드는 것에 대한 저항에 부딪히지 않게 되었다.**

경쟁 상황에 대한 이해가 부족한 사람들은 높은 성취도를 보이는 선수들이 종교적 영감을 통해 그들의 한계를 뛰어넘는다는 생각을 한다. 하지만 이는 사실이 아니다. **한계를 극복하는 과정은 대개 평범해 보이는 일상을 보다 더 발전시키고 이를 꾸준히 지속해나감에 따라 이루어진다.**

대니얼 챔블리스(Daniel Chambliss)(1989)는 "탁월함의 일상성(Mundanity of Excellence)"이라는 제목의 획기적인 논문에서 엘리트는 자신의 업무에서 탁월함을 지니기 위해 양적인 변화와 함께 타고난 특성을 대체할 수 있는 질적인 변화도 추구하며, 바로 이 점이 일반인들과의 차이라고 설명했다.

그는 일반 동호인 수영선수와 올림픽 챔피언 수영선수의 차이를 다음과 같이 비교했다.

―― 일반 동호인 수영선수와 올림픽 챔피언 수영선수는 많은 점에서 차이가 있다. 그들의 스트로크는 물론, 수영에 대한 태도, 주위의 친구들, 스포츠를 대하는 부모의 태도, 경

기에 대한 준비성, 그리고 경험하는 이벤트 전반에서 차이가 난다.(Chambliss 1989, 73)

그리고 챔블리스는 다음과 같은 결론을 내렸다.

─── **탁월함(Excellence)은 일상에서의 행동, 일관적이고 주의 깊은 연습과 이를 통한 습관화된 행동들이 시간의 흐름에 따라 통합되어 이루어진다.**(챔블리스 1989, 85페이지)

이러한 접근 방식은 삶의 모든 영역에 적용될 수 있다. 한 예로, 나와 함께 했던 한 골프 선수는 경기가 없는 비시즌 기간에 20파운드(9kg)를 감량하고자 했다. 단, **우리는 어떤 커다란 행동적 변화를 통해 단시간에 감량하는 것을 노리진 않았다. 대신에, 작은 일상의 행동을 바꾸기로 했다.** 그것은 바로 아침에 일어나면, 슬리퍼 대신 운동화를 신기로 한 것이다. 그것이 내가 그에게 얘기한 전부였다: "매일 일어나면, 슬리퍼(아침 식사로 이끄는)가 아닌 운동화(체육관으로 연결되는)에 발을 넣도록 하자." 그 이후 그는 매일 아침 눈을 뜨면 운동화를 신고 집안에 있는 체련장으로 이동하여 아침 운동으로 하루를 시작했다. 다소 평범한 이 행동을 규칙적으로 지속함으로써 목표한 체중감량을 달성했으며, 그 다음해에는 훌륭한 시즌을 보낼 수 있었다.

 기술 발전시키기

언젠가 한번 프랑스 철학자 테야르 드 샤르댕(Teilhard de Chardin)은 "우리의 능력에 한계가 존재하지 않는 것처럼 행동하는 것은 인간으로서 우리의 의무이다."라고 기록했다. 이 문구는 몰입과 직접적인 관련을 맺는다. 몰입은 우리의 잠재력을 현실화시키고 인지된 한계를 넘어서기 위한 마음의 상태이기 때문이다.

비록 신념은 우리가 만지거나 느낄 수 있는 것은 아니지만, 심리학에서의 수많은 연구들을 통해 신념이 인간의 성취에 직접적인 영향을 미친다는 사실이 밝혀져 왔다. 신념이 행동을 결정하는데 커다란 영향력을 행사한다는 점에서 신념과 모순되는 방식으로 행동하고자 할 때, 우리는 우리가 가진 능력을 제대로 발휘할

수 없게 된다. 따라서 자신의 한계를 넘어서기 위해서는 먼저 자신의 능력에 대해 제한하고 있는 신념을 확인할 필요가 있다. 골프에서 자신이 어떤 것들을 제한하고 있는지 스스로에게 한번 물어보자.

다음으로, 앞에서 설명했던 성장위주의 사고방식을 적용하는 것이 중요하다. 앞서 윌리엄 제임스의 인용 문구에서 제시했던 바와 같이 우리는 우리가 지닌 잠재력의 아주 작은 부분만을 사용하고 있다는 점을 기억하자.

마지막으로, 자신이 가진 한계를 극복하기 위해서는 신념과 사고방식의 변화와 함께 행동의 변화가 요구된다.

행동의 변화는 장시간에 걸쳐 이루어지는 과정이지만, 다음의 단계를 따라 당장 지금부터라도 시작할 수 있다.

1. **골프 경기와 관련된 행동을 확인하라.** 구체적으로, 기술 습득을 위한 연습 방식, 최선의 습관을 적용하기 위한 규칙과 규율, 그리고 여러분이 지닌 태도의 장점과 단점을 파악하라.

2. **인지된 한계를 극복하는 것은 행동의 습관화에서 비롯된다는 것을 기억하라.** 그리고 이를 위해서는 연습의 질적인 변화에서부터 시작되어야 한다는 것을 명심하라.

3. **질적인 부분을 개선해 나가기 위해서는 매일 작은 일들도 규칙적으로 하는 것이 중요하다.** 이때, 휴대폰 자동 알림 기능을 통해 개선해 나가야할 일들에 대해 상기시키는 것이 도움이 될 수 있다.

4. 자신의 태도에 대해 솔직하게 파악하라. **자신의 장점과 단점을 확인하고 가장 좋은 점을 일상생활에 꾸준히 적용하라.** 생각만으로 그치지 말고, 올바른 말과 행동을 함께 실천하라.

끊임없는 노력을 통해 얻게 되는 작은 습관들의 질적인 변화를 통해 여러분들은 성취할 수 없다고 생각했던 한계를 극복해낼 수 있게 될 것이다. 무엇보다 몰입은 다양한 심리적 메커니즘이 함께 융합된 형태로 이루어진다는 점에서 기술적, 심리적, 그리고 행동적 습관들을 길들이는 것은 곧 몰입 속에서 골프를 칠 수 있도록 여러분들을 인도할 것이다.

CHAPTER 21

환경을 조성하기

우리는 코스에서 한 손으로는 통화를 하고, 다른 한 손으로는 옷매무세를 고치면서 핫도그를 먹고 있는 골퍼들을 종종 볼 수 있다. 그들은 티, 마커, 골프 장갑을 어디에 뒀는지 찾기 위해 가방 속을 뒤적거린다. 그들은 계획적이지 못하며, 오래된 피넛 만화에 나온 돼지우리를 연상시키는 환경을 만들고 있다. 이 같은 환경에서는 완전히 몰입 할 수 없다. 휴대 전화나 주의를 산만하게 만드는 요인들 또한 몰입을 방해한다.

주위 환경이 달라지면 행동도 그에 따라 달라질 수 있는데, 이는 비가 오는 날이면 왠지 우울해지고, 맑은 하늘을 보면 기분이 좋아지는 경험을 통해 이해할 수 있을 것이다. 이러한 반응은 밤에는 졸리고, 낮에는 정신이 초롱초롱한 것과 같이 자연스러운 것으로 볼 수 있다. 한 연구에 의하면 공기 중의 오염 물질이 심혈관 및 호흡기 건강에 해를 끼칠 뿐만 아니라 정신 건강과 심지어 정보를 처리하는 뇌 기능에도 영향을 미친다는 것이 입증되었다(Weir, 2012). 또한, 이처럼 환경의 중요성은 사람들로 하여금 풍수지리의 이점을 받아들이고, 더 나은 삶과 건강을 위해 환경을 조성하게 만들었다. **나는 주위 환경이 성공에 영향을 미친다는 여러 연구결과들을 통해 골퍼들에게 환기시설이나 집 안의 체육시설, 머무르**

는 호텔, 찬장에 보관하는 음식, 주변사람 등에 이르기까지 주위 환경에 주의를 기울이도록 권장한다. 건강한 환경을 만드는 것은 결국 골퍼의 기록향상에도 긍정적인 영향을 미치기 때문이다.

만약 환경과 행동의 관계에 회의적인 입장이라면 다음의 이야기가 도움을 줄 것이다. 어느 성공한 한 레스토랑의 주인은 한때 까다로운 문제에 마주했다. 그의 레스토랑은 매우 즐거운 분위기와 좋은 음식을 제공했다. 그래서 고객들은 식사를 느긋하게 하거나 식사를 마치고나서도 한참을 떠나지 않았다. 사람들은 그 레스토랑에 앉아 저녁식사를 즐겼다. 그 결과, 레스토랑은 매일 밤마다 엄청난 대기자들이 줄을 서게 되었다. 그는 사람들이 식사하기 좋은 환경을 만들었지만, 너무 많은 대기자들로 인해 기다림으로 지치고 싫증이 난 고객들은 다른 곳으로 떠나갔다.

이를 해결하기 위해 주인은 현지에 있는 대학의 심리학자들과 상의하여 사람들이 식사를 더 빨리 마칠 수 있도록 유도하는 방법을 찾고, 대기 고객들을 위한 공간을 마련했다. 한 달 동안 고객의 행동을 관찰하고 이들이 먹는 평균 시간을 측정한 뒤, 심리학자들은 문제해결을 위한 방안을 제시했다. 과연, 심리학자들이 무엇을 제안했을지 한번 추측해 보고 다음의 내용을 읽어보자.

먼저, 심리학자들은 레스토랑이 고객들로 가득 차기 시작하면 고객들이 알아차리지 못할 정도로 빛을 점점 밝게 만들 수 있는 조광기를 설치하도록 제안했다. 잃을 것이 없는 상태에서 주인은 이 방법을 시도했고, 얼마 지나지 않아 고객들이 식사를 더 빨리 마치게 되었다는 것을 발견할 수 있었다.

식사를 마치고 레스토랑을 나서는 고객들에게 식사를 왜 빨리 마쳤는지 물어보았는데, 고객들로부터 식사하는 동안 빛이 밝아졌기 때문이라는 답변은 찾아볼 수 없었다. 뿐만 아니라 만족도에 대한 설문조사에서도 고객의 만족도는 전혀 떨어지지 않았다. 결국, 고객들이 식사를 더 일찍 마치고 테이블을 비워주게 되면서 회전율이 높아졌으며, 그에 따라 고객 수가 증가되어 주인은 더 큰 이익을 가져올 수 있었다.

하지만, 어떤 요일에는 대기자가 넘쳐나는 문제를 아직까지 완전히 해결하지는 못하고 있었다. 그래서 다시 주인은 심리학자들과 상담을 했으며, 심리학자들은 며칠을 더 지켜본 후 레스토랑에서 연주되는 음악에 변화를 주자고 제안을 했다.

주인이 선택했던 클래식 음악이 마음을 가라앉히고 레스토랑에 대한 좋은 인식을 줄 수는 있었지만, 그것은 너무나 느린 음악이었던 것이다.

심리학자들은 좀 더 빠른 템포의 클래식 음악을 연주할 것을 제안했다. 결국, 빛의 밝기와 함께 조금 더 빠른 템포의 음악을 제공해주는 미묘한 변화로 고객의 만족도는 유지시키면서 식사 속도를 더 빠르게 만들 수 있었다. 심리학자들이 제시한 제안은 환경의 미묘한 변화로 사람들의 생각, 행동, 감정들이 달라질 수 있다는 기존 심리학 연구들을 적용한 것이었으며, 이는 완벽히 적중했다.

이러한 행동들은 그것을 인식하지 못하는 사이에도 바뀔 수 있다는 점에서 매우 흥미롭다. 심리학적인 관점에서 말하자면, 신경 회로는 뇌에서 사고를 담당하는 피질(생각이 등록되는 곳)과 눈을 연결한다. 또 다른 회로는 피질을 우회하여 눈을 변연계(무의식적인 과정이 등록되는 곳)에 직접 연결한다. **정신 과정은 이성적 사고를 통제하는 뇌 영역과 감성적(무의식적) 사고를 통제하는 뇌 영역으로 구분할 수 있으며, 우리가 뇌에서 받아들이는 정보는 두 가지 유형 모두를 포함한다. 이 때 우리가 의식하는 것보다 의식할 수 없는 부분이 대부분을 차지한다. 여기서 인간 행동에 대한 중요한 열쇠는 환경의 미묘한 변화가 무의식을 통해 개인의 심리적 동요를 유발한다는 점이다. 즉, 우리의 기분, 각성 수준 및 감정의 변화는 대부분 무의식적인 부분에서 시작되기 마련이다.**

비록, 골프장에서 골퍼들은 레스토랑 고객들처럼 조명이나 음악의 변화에 직면하는 것은 아니지만, 주변 사람들을 포함한 주위 환경의 미묘한 변화들에 직면하게 된다.

스타급 선수들이나 성공한 인물들이 자신의 가까운 사람들과 함께 여행하는 이유에 대해 생각해본 적이 있는가? 스스로 한번 생각해 보자. 나를 기분 좋게 해주는 사람... 내 인생에서 내가 가치 있는 사람이라고 느끼게 해주는 사람... 자신감을 키워주는 그런 사람... 이런 사람이 주위에 있는가? 만약 프로 선수들과 마찬가지로 긍정적인 느낌과 자신감이 여러분의 삶에 있어 중요한 부분을 담당하고 있다면, 그런 감정을 느끼게 해주는 사람들과 함께 어울리고 싶은 마음을 충분히 이해할 수 있을 것이다.

사회심리학과 관련된 연구들에서 일관되게 나타나는 결과들 중 하나는 인간의 다양한 성격적 특성이 사회적 네트워크에 의해 변한다는 것이다. 뉴잉글랜드 의학 저널에 발표된 한 연구에 의하면, 비만이 되는 것 또한 사회적 네트워크의 영향을 받는다는 것을 알 수 있다. 약 12,000명의 참여자들을 대상으로 진행된 한 연구에서는 일정기간 내에 비만이 된 친구를 곁에 두고 있는 사람 또한 비만이 될 확률이 57퍼센트나 증가하는 것으로 나타났으며, 배우자가 비만인 사람 또한 비만이 될 가능성이 37퍼센트나 증가하는 것으로 나타났다(크리스타키스 & 파울러 2007).

만약, 비만이 사회적 네트워크를 통해 영향을 받는다면 낙관주의, 자신감, 규율, 그리고 직업 윤리 등이 사회적 네트워크를 통해 영향을 받는 것도 어려운 일이 아닐 것이다. 실제로, 몇몇 연구들에 의하면 학생들을 비판하는 교사들과 함께 학교휴식시간을 보낸 교사는 그렇지 않은 교사보다 더 비판적인 성향을 갖게 되는 것으로 나타났으며, 약물을 사용하는 친구를 둔 학생이 그렇지 않은 학생에 비해 약물을 접하게 될 가능성이 더 높은 것으로 나타났다.

물론, 함께 행동하고 싶은 사람을 선택할 수 없는 특정한 상황도 있다. 이러한 상황은 순위가 오르내림에 따라 함께 라운딩을 펼치는 선수가 바뀌는 골프 경기에서는 흔히 경험할 수 있는 일이다. PGA투어 선수들은 조 편성이 끝난 이후에는 개인의 성적에 의해 함께 경기할 선수들이 결정된다. 또한, 수준 높은 아마추어 대회나 주니어 골프 대회에서도 마찬가지다. 하지만 자신이 결정할 수 있는 부분들 즉, 훈련 환경이나 아카데미 등을 결정할 때에는 자신의 능력을 최대로 끌어주고, 자신감을 북돋아줄 수 있는 곳을 선택하는 것이 매우 중요하다.

 ## 코스의 환경 변수

골프 코스에서 가변적인 환경요인에는 경기를 펼치고 있는 경쟁자, 다른 골퍼의 플레이 방식, 대회의 명성, 자신의 스코어 또는 다른 골퍼들과 비교한 자신의 순위 등이 포함된다. 일반적으로 자신의 상사 또는 중요한 고객과 골프를 칠 때에 평소와 달리 불편함을 느낀다거나, 개인 최고기록에 가까워질 때 긴장하게 된다는 것은 누구나 잘 알고 있을 것이다.

나는 골프 코스에서 67타를 칠 수 있는 한 골퍼를 알고 있었다. 하지만 그는 공식 대회라는 현수막을 보고나서 67타는 곧 76타의 기록으로 바뀌었다. 골프 코스, 클럽, 그리고 골퍼 자신은 바뀐 것이 없었다. 단지 공식 대회라는 현수막이 걸려있었을 뿐. 그리고 그것을 본 뒤, 모든 것이 바뀌어버린 것이다. 이 미묘한 단서는 레스토랑의 조명과 음악이 고객들의 식사 속도를 조절했던 것처럼 코스에서 골퍼의 행동을 변화시켰다.

골프에서 리듬을 빨라지게 만들거나 긍정적인 생각을 방해하는 단서들에 신경이 빼앗기는 것은 최고의 수행을 펼치는데 있어 재앙과도 같은 일이다.

이 책의 앞부분에서 우리는 숙달성향 골퍼들의 주요 특성으로 그들은 자신과 상대방의 스코어를 비교하거나 다른 골퍼와의 경쟁하는 구도보다 자기 자신과

파드리그 해링턴과 같이 숙련된 프로 선수들은 집중을 방해하는 요인들을 조절하고 코스에서 몰입하기 위해 훌륭한 루틴을 개발하고 사용한다.

골프 코스와의 경쟁구도로 경기를 진행한다는 것을 알 수 있었다.

이론적으로 아주 훌륭한 얘기다. 대부분의 골퍼들은 숙달중심의 목표를 갖는 것이 효과적이라는 것을 쉽게 이해하지만, 실제 행동으로 옮기는 것에는 어려움을 느낀다. 그리고 "골프 코스에서 내가 어떻게 경기를 해야 하나요? 방해물들을 어떻게 하면 무시할 수 있나요?"와 같은 질문을 한다.

골프 경기에서는 골퍼의 집중력을 떨어드릴 수 있는 방해요소들이 곳곳에 산재되어 있다. 아마추어 골퍼의 경우 상사와 경기할 때에 불편한 마음으로 다가올 수 있으며, 프로 선수들에게는 카메라 플래시나 리더보드 등에 대한 불편함 등으로 다가오기도 한다.

자기지향에서 숙달 지향의 방식으로 사고를 전환하기 위해서는 자신의 행동을 바꾸겠다는 결심이 필요하다. **골퍼가 산만한 주변의 환경적 요인들, 특히 자신이 의식하지 못하는 부분으로 인해 주의가 산만해지는 것을 막기 위해 할 수 있는 일은 어떤 것이 있을까? 그 답은 아마도 '루틴'이라는 한 단어로 요약할 수 있을 것이다. 골프에서 중요한 것은 바로 모든 샷에 자신이 개발한 일정한 루틴을 적용하는 것이다.** PGA투어에서 한 골퍼가 다른 골퍼를 상대로 경기하는 것처럼 보이는 경쟁이 실제로는 골프 코스에서 상대방이 아닌 자신만의 루틴을 얼마나 잘 지키는가에 달려있기 때문이다. 2007년 브리티시(British) 오픈에서의 마지막 라운드는 사실상 세르히오 가르시아(Sergio Garcia)와 파드리그 해링턴(Padraig Harrington), 두 선수간의 경쟁이었다. 조금 더 구체적으로 이야기하면, 두 선수간의 진짜 경쟁은 카누스티에서 자신의 루틴에 스스로를 몰두하게 만드는 세르지오와 파드리그 능력 사이에 있었다.

골프는 경마와 같이 상대방과 경쟁하는 게임이 아니다. 골프 경기에서는 축구나 농구 경기처럼 다른 사람을 상대로 무언가를 해내야하는 종목이 아니다. 목표물을 선택하고 그 목표물에 전념할 뿐이다. 이것은 마치 다트 게임처럼 독립적으로 이루어진다.

2007년 브리티시 오픈을 관심 있게 보았다면, 특히 나처럼 심리적인 측면을 관심 있게 지켜보았다면, 세르히오의 마지막 일요일 라운드가 이전 3일 동안 완벽했던 라운드와 차이가 났던 이유를 알 수 있었을 것이다. 그것은 바로 루틴에 있었기 때문이다. 세르히오는 지난 3일 동안의 루틴에 비해 더 빨라지고 굳어져 있었다. 반면에 파드리그는 4일차 시합을 앞두고 스포츠심리학자인 밥 로텔라(Bob Rotella)와 함께 그의 루틴이 정확한 동작으로 이루어져있고, 순간의 압박감을 견딜 수 있도록 준비되어 있는지를 점검했다.

물론, 니클라우스와 우즈 두 선수 모두 선수 생활 내내 그들의 루틴을 지키기 위해 노력했다. 잭은 다른 선수를 이겨야 한다는 생각으로 경기장에 들어서지 않았다고 말했다. 오히려 자기 자신과 시합이 이루어지는 골프 코스에 집중하여 경기를 준비했다. 타이거는 1996년 미국 아마추어 선수권 대회에서 우승한 뒤, 잭으로부터 다음과 같은 교훈을 얻었다고 한다.

─── **제가 하는 일은 단지 같은 루틴을 반복하는 것입니다.** 확실히 저는 다른 선수들보다 더 큰 동작으로 퍼팅을 하는 편이지만, 결코 리듬이 흐트러지는 것은 볼 수 없었을 것입니다. 저는 항상 같은 페이스를 유지하고 모든 것을 똑같이 하려고 노력합니다. 오늘 첫 번째 홀과 마지막 홀에서 저의 리듬은 정확히 같았을 것입니다. 변하는 것이 없다는 것. 저는 그것이 아마 가장 중요한 열쇠중 하나라고 생각합니다. 그것은 니클라우스가 가장 잘 했던 것이죠. 그의 루틴은 모두 정확히 일치했었으니까요.

엘리트 수준의 모든 운동선수들과 코치들이 공식적으로 이야기하는 것은 아니지만, 이들 모두는 수행 전 루틴이 중요하다는 것을 알고 있다. 잭 존슨(Zach Johnson)은 다음과 같이 설명했다.

─── 저는 경기나 일상에 대해서 스스로 되뇌는 말들이 있어요. 사실상, 변하는 것은 거의 없죠. 분명 일요일 경기는 오거스타에서 열리겠지만, 목요일은 무작위로 코스가 결정되기 마련이죠. 어디에서 경기하든 흔들리지 않기 위해 저는 항상 같은 것들을 제 자신에게 이야기해요. 샷을 처리하는 방법과 홀컵에 접근시키기 위한 방법들에 대해서 말이죠.

 기술 향상시키기

<u>루틴은 주위 환경을 통제하기 위한 매우 효과적인 수단으로, 자기 스스로 조절할 수 있다. 루틴은 예기치 못한 상황에 대해 탄력적으로 행동하기 위한 패턴을</u>

따르며, 불필요한 생각을 막아준다. 세세한 부분들을 하나의 패턴으로 묶어 자동화시키면 그 일에 더 집중할 수 있다.

골퍼들은 압박감을 많이 받는 상황에서 마음이 조급해지거나 몸에 힘이 들어가는 경향이 생기며, 그에 따라 코스를 벗어나는 샷이 많아진다. 이러한 상황은 골퍼들의 리듬을 깨뜨리고 최고의 수행력을 펼치기 어렵게 만든다.

프리 샷 루틴의 주된 목적은 샷을 하는 과정을 자동화시켜 최상의 리듬으로 샷을 할 수 있도록 돕는 것이다. 효과적인 루틴을 개발하기 위해서는 항상 같은 절차를 따르는 것이 중요하며, 특히 같은 리듬으로 같은 절차를 똑같이 반복하는 것이 중요하다. 자신의 행동과 리듬을 자동화시켜 일정한 루틴을 따른다면 몰입할 수 있는 능력 또한 자연스럽게 향상될 것이다.

루틴은 경쟁상황에서 우수한 수행력을 펼치기 위한 핵심적인 요소이며, 효과적인 골프 루틴은 다음의 세 부분으로 구성된다.

1. 샷 선택하기
2. 정확한 목표로 두려움 없이 스윙하기
3. 그리고 결과를 받아들이기

그것은 마치 집에서 세탁기를 돌리는 것과 같은 방식이다: 세척, 헹굼, 반복.

훌륭한 프리 샷 루틴은 공 뒤에 서서 자신이 치고 싶은 샷을 그려보는 것으로 시작된다. 어떤 골퍼들은 샷을 머릿속으로 그려보는 것을 선호하는 한편, 타이거 우즈를 포함한 또 다른 골퍼들은 자신의 몸으로 치고 싶은 샷을 느끼고자 한다. 가장 중요한 것은 자신이 치고 싶은 샷을 명확히 하는 것이다. 우유부단함으로 자신이 치고 싶은 샷을 명확히 결정하지 못한 채 샷을 하면 복잡한 생각으로 인해 샷을 망칠 수 있다. 만약, 샷을 명확하게 결정할 수 없었다면, 루틴에 샷을 결정하는 부분을 포함하는 훈련을 시작하라. 골퍼는 자신이 치고자 하는 샷에 대한 결단력이 있어야만 한다.

자신이 치고자 하는 샷을 확실히 결정했으면, 어드레스를 위한 단서를 하나 선택한다. 어떤 단서가 자신에게 가장 효과적인지 실험을 통해 결정한다. 채드 캠벨은 왼쪽 소매를 들어 올리는 것으로 시작하며, 카밀로 비에가스는 클럽을 미끄러지듯 내리 잡고 공을 향해 다가간다.

목표지점과 정렬한 후에는 샷을 할 때까지 행동을 자동화시켜야 한다. 같은 횟수로 목표지점을 확인하고, 같은 횟수의 왜글을 실시한 뒤, 목표를 향해 두려움 없이 스윙하라. 샷을 마친 뒤에는 그 결과를 받아들이고 골프 경기에서 가장 중요한 그 다음 샷을 준비하라.

어떤 골퍼(프로나 아마추어에 관계없이)도 프리 샷 루틴 개발을 위한 노력 없이는 경기에서 좋은 결과를 기대할 수 없다. 또한, 루틴을 개발하고 난 뒤에도 모든 샷에 루틴을 적용하기 위해 끊임없는 연습과 노력을 기울여야만 한다.

수행 전 루틴은 예기치 못한 다양한 상황으로부터 일관된 수행을 할 수 있도록 도와준다는 점에서 골퍼들에게 매우 중요하다. 그리고 골프 몰입에 있어 필수적인 요소인 편안한 마음을 기르는데 가장 중요한 것이 바로 좋은 루틴을 갖는 것이다.

CHAPTER 22

부정에 긍정적으로 반응하기

골프 경기에서 어떤 부분들은 통제할 수 없기에 골프를 일관되게 친다는 것은 매우 어려운 일이다. 누가 봐도 뻔한 얘기인 것처럼 보이는 이 말은 경험을 통해 더 나은 골퍼가 되어 갈수록 보다 심오하고 의미 있게 다가온다.

본 적이 없는 수준으로 경기력이 향상되고 있었던 타이거 우즈조차도 "때때로 경기 결과는 노력의 가치가 있는지 궁금하게 만들 때가 있다."(Woods 2001, pp. 8-9). 라고 얘기한 적이 있으며, 니클라우스 또한 골프에 대해 "나는 골프에 급속도로 빠지게 되었고, 프로가 된 후에도 골프가 얼마나 심오한 경기인지 완전히 이해하기는 어려웠다." 라는 말로 본인의 자서전을 시작했다(니클라우스, 1997).

이러한 이야기들로 인해 여러분들이 골프 경기에서의 어려움이나 혹은 부정적인 생각을 떠올리기를 바라는 것은 아니다. 오히려 그 반대이다. 그럼에도 불구하고 이러한 이야기를 꺼낸 이유는 높은 수준에서 일관된 플레이를 하는 것이 얼마나 어려운지를 진정으로 이해한 후에야 비로소 더 강해질 수 있기 때문이다.

일이 뜻대로 되지 않을 때는 마음을 내려놓고 쉬어라. 나는 경기에서 골퍼들이 자신을 질책하고 스스로를 때리기도 하는 모습을 지켜봐왔다. 발끈해서 성질을 부리는 사람, 공중을 날아다니는 퍼터, 주먹질을 하며 싸우는 모습, 그리고 다 큰 어른이 우는 모습 또한 봐왔다.

한편, 통제 가능한 요인들을 통제하지 못한 자신을 비난하는 골퍼들을 더러 볼 수 있다. 하지만 골퍼는 자신을 비난하기보다 일관적으로 골프를 잘 치는 것이 매우 어려운 일이며, 게임의 일부분은 스스로가 통제할 수 없다는 사실을 인정할 필요가 있다.

이제 우리는 골프의 길이 쉽지만은 않다는 것을 알게 되었으니, 그토록 변덕스럽고 예측할 수 없는 게임을 위한 최선의 방법을 배워야 할 때이다. 역사적으로 위대한 골퍼들이 골프 경기를 위해 선택한 최선의 방법은 바로 '부정에 긍정적으로 반응하기'이다. 게리 플레이어(Gary Player)는 포브스 잡지와의 인터뷰에서 다음과 같은 얘기를 했다(Burke 2010).

부정적인 생각을 마음속에 품는 것은 실패를 보장하는 일과 같습니다. 날씨가 궂은 어느 날, 라커룸에 있는 골퍼들이 비바람 속에서 경기하는 것을 끔찍하게 싫어한다는 얘기를 나누고 있었습니다. 그 때 이미 그들은 경기에서 패배한 것과 마찬가지였습니다. 실패에 스스로가 초점을 맞추었기 때문이죠. 저는 비바람 속에서 경기하는 것을 좋아한다고 스스로 되뇌었으며, 긍정적인 마인드로 경기에 임하려고 했을 뿐이었죠.

악천후에서 긍정적인 태도를 지니는 것은 빙산의 일각에 불과하다. **일반적으로 부정적인 마음의 속삭임은 외부로부터 오는 것이 아니라, 우리 내부의 대화로부터 기인한다.** 혹시, 경기를 돌아보면서 "내가 그 마지막 샷을 날려버렸다니 믿을 수 없어. 나는 정말 바보 같아." 혹은 "나는 이제 결코 그를 따라 잡을 수 없어."와 같은 생각들을 하는가? 아니면, "나는 다시 바로 잡혀가고 있어. 곧 정상 궤도에 오를 거야.", "나는 이런 종류의 샷을 잘할 수 있어."와 같은 긍정적인 생각을 하는가?

본 장에서 얘기하고자 하는 핵심은 우리가 중요한 한 가지는 통제할 수 있다는 것이다. 즉, 상황에 어떻게 대응할 것인가에 대한 선택권은 우리 스스로에게 있다. 골프 경기는 부정적인 속삭임에 긍정적으로 반응할 수 있는 많은 기회를 제공한다.

게리 플레이어(Gary Player)를 어려운 상황에 대처하기 위한 정신적 훈련과 심리적 전략을 사용하기 위한 역할 모델로 만들어라. 그의 탁월한 대처능력은 134회의 우승을 이끌었다.

part 04 코스에 몰입하기 위한 10가지 열쇠

맷 쿠차는 부정적인 속삭임에 긍정적으로 대응하는 대표적인 골퍼이다. 그는 2007년 AT&T 대회에서 기자들에게 다음과 같이 얘기했다.

——— 골프 코스에서는 자신을 비난하기 쉬워요. 좋은 일보다 나쁜 일이 더 많이 일어나는 것처럼 보이기 때문이죠. 단지 승리하는 것만이 중요하다면 100개의 경기에서 모두 우승하는 것보다 더 좋은 일은 없을 겁니다. 그러나 실제로 승리를 따내는 것은 매우 어려운 일이며, 그에 따라 부정적인 생각에 빠져들 수도 있습니다. 하지만, 만약 이를 극복하고 긍정적인 자세를 유지할 수 있다면 좋은 일들이 따라올 것입니다.

최근 맷과 함께 시간을 보내면서 골프 코스에서 긍정적인 자세를 유지하려는 그의 노력을 확인할 수 있었다. 골프를 치는 동안 아무 것도 할 수 없었던 그는 자신의 인내심이 부족해지는 것을 느꼈다. 조급함이 그에게 속삭이는 동안에는 그 또한 다른 골퍼들이 주로 겪는 방식으로 결과가 나타났다. 즉, 공이 그린을 벗어나고 해저드로 빠지는 등 나쁜 결과를 초래했다. 맷(Matt)은 그때 자신의 내면에서 무슨 일이 일어나고 있는지 알아차렸고, 스스로에게 이렇게 말했다 "너는 숏 게임을 훌륭하게 소화해낼 수 있는 능력이 있어. 바로 이런 순간을 위해 지금까지 연습해 왔던 거야." 그리고 그는 환상적인 샷으로 파를 기록했다. 그러나 여전히 자신이 조급해 하고 있다는 것을 느꼈으며, 스스로에게 "침착하자, 맷. 인내심을 가져. 경기는 잘 풀리고 있으니, 인내심을 갖고 경기에 임한다면 더 좋은 결과를 얻을 수 있을 거야."라고 다독였다. 그 결과 맷은 여러 개의 버디를 만들었으며, 좋은 기세를 유지할 수 있었다.

맷의 자기대화는 심리학의 관점에서 내면의 목소리가 우리의 행동을 좌우한다는 심리학자 윌리엄 퍼키(William Purkey)의 주장을 인용하여 설명할 수 있을 것이다(Beach, 2001). **퍼키에 의하면, 문제는 대부분의 사람들이 긍정적인 속삭임보다 부정적인 속삭임에 더 많은 비중을 주고 있다는 것이다. 성공에 대한 퍼키의 접근 방식은 부정적이고 자기 파괴적인 대화를 긍정적이고, 합리적이며, 고무적인 대화로 대체하게 하는 것이다.** 그 철학의 핵심은 '초대 교육(invitational education): 실패의 가능성을 극복하기 위해 인간의 잠재력을 끌어낼 수 있는 내용으로 의사소통하는 연습'으로 불린다.

모든 골퍼들은 게임을 완벽하게 만들기 위해 노력할 때 사용하는 스스로의 속

삭임을 가지고 있다. 16장에 제시했던 성공한 사람들을 통해 배움을 얻고자 한다면, 잭 니클라우스가 메이저 대회들을 치르는 동안 꾸준히 자기대화를 해왔다는 것을 알 수 있게 될 것이다. 그리고 그 대화가 부정적인 방향으로 이끌려가려는 수많은 순간들에서 이루어졌다는 사실도 이해하게 될 것이다. 때로는 부정적인 자아가 긍정적인 자아를 이기기도 했지만, 그것은 극소수에 불과했다. 잭은 언제나 부정적인 방향보다는 긍정적인 방향을 선호했다.

게임을 면밀하게 연구하는 한사람으로서, 게임에서의 사고방식이 경기의 우승과 패배를 가르는 중요한 부분이 될 수 있다는 것을 얘기하고 싶다. 2012년 마스터스 대회는 어려운 상황에서 긍정적인 대처를 어떻게 할 수 있는지 살펴볼 수 있는 가장 좋은 사례 중 하나이다. 메이저 대회에서 우승한 경험이 한 번도 없었던 부바 왓슨은 루이스 우스투이젠(Louis Oosthuizen)과의 플레이오프 18번 홀에서 버디퍼트를 놓쳤다. 그리고 연장 첫 번째 홀에서 왓슨(Watson)의 공은 오른쪽 나무 깊숙이 들어갔다. 그와 그린 사이에는 나무들이 놓여있었다. 그가 공을 그린 위에 올릴 수 있는 유일한 방법은 30야드(27m) 거리의 훅을 내는 것이었는데, 이는 대부분의 골퍼(심지어 프로골퍼라고 할지라도)들이 불가능할 것이라 생각하고 시도하지 않으려는 플레이였다. 다음에 나오는 부바의 자기 대화와 캐디의 이야기는 이번 장의 요점을 명확하게 보여준다.

―― 저는 6년 전 보스턴에서 만나 지금까지 함께 일하고 있는 캐디에게 이렇게 얘기했었죠. "스윙이 가능하다면 샷을 할 수 있어." 저에겐 숲이 익숙했고, 러프도 익숙했어요. 그리고 나무사이 공이 떨어진 곳으로 걸어내려 갔죠. 그리고 저는 그에게 다시 말했어요. "우리는 이미 이런 곳에 와봤었지. 그리고 이와 비슷한 곳에서 샷을 해본경험이 있어." 그리고 그 나무들 사이를 벗어나기 위한 완벽한 드로우 혹은 완벽한 훅이 보였습니다. 우리는 페어웨이로 걸어갔고, 그는 제게 이렇게 말했어요. "우리는 이미 이와 비슷한 곳을 경험했었으니, 나무 사이에서 잘 벗어날 수 있을 거예요.", "만약 스윙을 할 수 있다면 샷도 할 수 있어요." 우리는 아래로 내려갔고, 드로우로 공을 보낼 길을 보았습니다. 비록 방해물이 도중에 있었지만, 의심하지는 않았습니다. 왜냐하면 완벽한 드로우(혹은 훅)로 벗어날 수 있기 때문이었죠. 그것은 우리가 실제로 한 일이예요. 우리는 그냥 계속 얘기했죠. 무슨 일이 일어날지 알 수 없었고, 어떤 일이든 발생할 수 있는 상황이었죠. 그리고 그것이 우리가 페어웨이를 걸어가면서 서로 이야기를 나누게 된 이유였죠.

부바는 상황을 완벽하게 만들었다. 그는 18번 홀에서 버디를 놓친 후 실수했던 드라이버 샷에 대해 자책할 수 있었지만 그러지 않았다. 대신 그는 부정적인 일(실수했던 퍼팅과 드라이버 샷)들에 대해 완벽한 태도("스윙이 가능하면 샷을 할 수 있다.")로 대처했다. 그리고 결과적으로 그는 메이저 대회에서 첫 번째 우승을 거머쥘 수 있었다. 역경에 대한 그의 대응은 골프에서 승리하는 태도를 함양하고자 하는 모든 이들에게 큰 교훈을 준다.

골퍼들은 라운드와 라운드 사이, 시즌 또는 커리어에 있어서 긍정적인 자기대화는 역경을 극복하게 해주는 전환점을 만들어주는 반면, 부정적인 자기 대화는 그들의 인식을 왜곡하고 형편없는 플레이로 이끌 수 있다는 점에 주목할 필요가 있다.

 ## 기술 향상시키기

자기 대화는 내면의 변화를 일으키는 강력한 도구이다. 여기 여러분들에게 과제가 있다: 골프로 인해 스스로에게 혹독하게 대했거나 비판적으로 말했던 내용들을 떠올려 보자. 그리고 그 목록을 작성해보자. 나는 과거에 골퍼들과 함께 이 작업을 했을 때, 꽤나 잔인한 말들을 들었다. 골퍼들은 자신이 얼마나 부족하고 쓸모없는지, 더 이상 결코 좋아질 수 없으며, 어떻게 경기를 포기해야 할지에 대해 얘기하고 있었다. 나는 그들에게 경기에서 자신을 실패자라고 생각하는 점이 스스로를 가치 있는 사람으로 만드는 것을 방해한다는 것을 강조했다. 내가 그들이라면 좋은 생각을 유지하기 위해 결코 자신을 비판하는 비속어들은 사용하지 않을 것이다.

10개 정도의 부정적인 진술 목록을 만든 후에 사랑하는 사람의 사진을 한번 꺼내 보자. 사진을 목록 옆에 두고, 그 또는 그녀가 자존감을 증진시키는 긍정적인 이야기를 들은 후에 느낄 감정에 대해 상상해보자. 그리고 목록에 있는 부정적인 진술을 들은 그들의 감정에 대해 상상해보자. 목록에 있는 부정적인 진술은 여러분이 사랑하는 사람을 최고가 되는데 도움을 주겠는가, 아니면 연약하고 자신 없는 사람으로 이끌겠는가? 운동을 하는 것이 너무 힘들다거나 많은 고통을

준다면 운동을 그만두어야 할 것이다. 하지만, 여러분은 혼자가 아님을 기억해야만 할 것이다. 나와 함께한 골퍼들은 부정적인 진술 목록의 두 번째 항목으로 넘어가지도 못했다. 그것은 아마 자신이 사랑하는 사람에게 할 얘기가 아니라는 것을 알기 때문일 것이다. 이 과제의 핵심은 말이 중요하다는 귀중한 교훈을 배우는 것만으로 완성되는 것이 아니다. 나는 골퍼들에게 다음과 같이 묻는다. **"부정적인 진술이 사랑하는 사람에게 부정적인 영향을 미칠 것이라 생각하면서 왜 자신이 영향을 받을 것이라고는 생각하지 않는가?"**

그들은 즉시 깨닫게 된다.

이후에 내가 골퍼들과 함께 하는 다음 작업은 긍정적인 진술 목록을 작성하여 경험을 재구성하는 것이다. 이것이 바로 이 책을 읽고 있는 여러분들에게 권장하는 부분이다. 역경 속에서도 언제든지 사용할 수 있는 활기차고, 긍정적이며, 발전적인 진술 목록을 작성해 보자. 부정적인 속삭임에 대응하는 긍정적인 자기 대화의 습관을 기르기 위해 그것들을 정기적으로 반복하는 연습을 하라.

어린 시절, 내 아버지는 차고 벽 액자 속에 담겨있는 다음과 같은 인용구를 자주 얘기해주셨다.

———— 생각을 조심하라. 생각이 말이 되나니... 말을 조심하라. 말이 행동이 되나니... 행동을 조심하라. 행동이 습관이 되나니... 습관을 조심하라. 습관이 성격이 되나니... 성격을 조심하라. 성격이 운명이 되나니...

이 유명한 격언의 출처는 불확실하지만, 언어가 궁극적으로 세상을 보는 렌즈가 되어 우리의 인식을 형성하는데 강력한 힘이 된다는 것을 알려준다.

골프를 치다보면 재수가 나쁜 상황으로 해석되는 상황을 종종 겪게 된다. 짧은 거리의 퍼팅을 놓치고, 집중력이 떨어지고, 또 자신의 약점이 드러나기도 한다. 이러한 상황에 대한 긍정적인 대응 방식과 자기 대화가 이후의 게임을 결정하게 될 것이다.

CHAPTER 23

몸을 컨트롤하기

우리는 골프장 안팎에서 일어나는 모든 일들에 대해 예측하거나 통제할 수 없다. 그리고 가끔 불쾌한 상황에 노출될 때 자동적으로 나타나는 감정적인 반응과 신체적 반응은 그 상황을 인식하기도 전에 우리에게 다가온다. 1898년의 한 연구에 의하면, 아이들이 혼자 달릴 때 보다 다른 아이와 함께 달릴 때 더 빨라진다는 것을 발견했으며, 이는 다른 사람의 존재가 에너지의 증가를 가져오기 때문인 것으로 결과를 해석했다. 이후 2000년대의 또 다른 연구에 의하면, 자아 성향과 숙달 성향에 관계없이 관중의 존재만으로도 피부전기전도도, 근육의 긴장도, 그리고 협응력 등의 생리적 요인들이 달라질 수 있다는 사실이 밝혀졌다(자웨트와 라발레 2007). **여기서 중요한 것은, 대부분의 생리적인 변화는 자동화되어 있다는 점이다. 따라서 골퍼들은 이를 대처할 수 있도록 자신의 몸을 컨트롤하는 방법을 습득할 필요가 있다.**

실험실에서 이루어진 한 연구에 의하면, 무해한 자극(예를 들어, 무해한 쥐를 보여주는 것)을 사이렌 소리나 전기 충격과 같이 놀라움을 줄 수 있는 자극과 짝을 지어 제공하면, 이 두 자극은 서로 결합되어 특정한 반응을 유도하게 되는 것으로 나타났다. 그리고 이와 같은 복합자극을 여러 번 경험하게 되면, 쥐를 보는

것만으로도 심박수가 빨라지고, 혈압이 상승하며, 고통과 두려움이 동반된 가쁜 호흡이 유발될 수 있다.

우리가 두려운 감정으로 경험하는 생리적 반응은 심박수, 긴장감, 그리고 호흡 등의 요소들과 결합되는 뇌의 특정 영역에 위치한 다양한 화학물질로부터 기인 된다. 여기서 우리는 생리적 각성과 신체불안의 의미를 구별할 필요가 있는데, 생리적 각성은 신체의 실제적인 생리적 변화를 의미하는 반면, 신체불안은 생리적 변화에 대한 인간의 해석과 관련된다.

본 장의 요점은 엘리트 수준의 높은 수행력을 발휘하기 위해서는 두 가지 모두를 관리할 수 있는 도구를 개발해야한다는 것이다. 앞서 얘기한 바와 같이 **각성을 적응적인 측면에서 해석하는 것이 중요하다. 일반적으로 각성이 높아지는 것을 두려워하기보다 흥분되고 열정적인 것으로 해석하는 것이 훨씬 더 효과적이다. 또한, 각성 수준을 조절하기 위해서는 자신의 상태를 정확히 인지하고 적절한 각성 수준을 유지하기 위한 방법을 습득할 필요가 있다.** 니클라우스는 다음과 같이 각성과 불안을 받아들였다.

―― 저는 골프에 대해 항상 긴장해왔습니다. 적어도 제가 출전했던 메이저 대회 중 90퍼센트는 가벼운 떨림과 함께 했으며, 약간의 매스꺼움도 있었죠. 하지만, 자신감을 갖고 경기를 충분히 잘 하고 있는 동안 그러한 느낌들은 저로 하여금 경각심을 갖게 해 주었으며, 최대한의 노력을 기울일 수 있도록 힘이 되어주었기에 이런 느낌들을 언제나 긍정적으로 받아들이고자 노력했습니다.(니클라우스 1997, 268페이지)

1세기 전, 제임스-랑게(James-Lange) 정서 이론으로 유명한 윌리엄 제임스는 사건에 대한 생리적 반응이 먼저 선행되고 정서적 반응이 이를 뒤따른다고 주장했다. 그는 숲 속을 걸어가는 중에 회색 곰을 본 남자의 예를 들어 설명했다. 그 남자의 생리적 반응은 회색 곰을 보고는 몸이 떨리는 것이었다. 그의 심장은 빠르게 뛰었으며, 이내 땀이 쏟아지기 시작했다. 그리고 그 남자는 이러한 생리적 반응을 통해 그가 두려움을 느끼고 있다고 해석했다.

뇌를 연구하는 사람들은 뇌의 특정 영역과 얼굴의 특정 부분이 신경 회로를 통해 직접적으로 관련되어 있음을 검증해오고 있다. 예를 들어, 뇌졸중 환자에게 미소를 지어달라고 요청을 했을 때 그들이 보이는 미소는 얼굴 반쪽에만 나타나지만, 정말 재밌는 농담으로 환자를 웃게 만들었을 때에는 얼굴 전체에 미소가 드러난다. 이처럼 다른 반응이 나타나는 이유는 미소를 지으려고 생각하는 것은 뇌의 사고를 담당하는 대뇌피질에서 정보처리가 이루어지는 반면, 재미와 같은 감정에 의한 행동은 변연계에서 이루어지기 때문이다. 즉, 얼굴에 나타나는 반응은 이를 담당하는 뇌의 영역에 따라 달라진다.

이와 반대로, 육체적인 행동 또한 뇌와 정서를 자극할 수 있다. 몇몇 연구에 의하면 미소를 짓는 것만으로도 행복한 감정을 느낄 수 있으며, 반대로 인상을 찌푸리는 것만으로도 부정적인 감정을 느끼게 될 수 있는 것으로 알려져 있다.

위의 내용을 통해 우리는 사고가 행동을 바꿀 수도, 또 행동이 사고와 느낌을 바꿀 수도 있는 상호작용적 관계로 이루어져 있다는 것을 알 수 있다. 즉, **"챔피언처럼 행동하라!"**라는 오랜 가르침이 근거 있는 얘기라는 것이다.

스포츠 심리학자인 밥 로텔라는 자신감 있는 골프는 눈빛으로 드러난다고 했다. 즉, 자신감에 차 있는 선수들은 자신의 동작에 대한 의심보다는 자동화된 동작으로 자신의 목표에 몰두하며, 결연함이 그의 얼굴과 눈에서 드러난다는 것이다. 나 또한 몰입하는 선수들을 옆에서 지켜보면서, 그들이 몰입할 때 보이는 모습이 정말 독특하다는 것을 분명히 확인할 수 있었다.

나는 운동선수들이 일상대화를 나누다가 눈 깜짝 할 사이에 경기에 완전히 집중하는 모습을 보고 놀란 적이 한두 번이 아니다. 벤 호건에 의하면, 그의 경기는 라커룸의 문을 열고 나가는 순간부터 시작된다고 했다. 그가 라커룸에서 나가기 위해 손잡이를 잡는 순간부터 18번 홀에서 마지막 퍼팅을 할 때까지 자신의 리듬과 경기에 온전히 집중하는 것을 유지했다.

물론, **주위 환경의 모든 요소들을 모두 컨트롤 할 수는 없지만, 적어도 외부 요소로부터 받는 부정적인 영향을 줄이기 위한 노력은 할 수 있다.** 골프 경기에서 자신의 스코어가 흔들리면 마음도 따라 불안해진다. 1957년, 잭 니클라우스는 환경을 통제하기 위한 능력을 개발하던 중 U.S 오픈에 출전할 수 있는 자격을 획득했다. 첫날 3번 홀까지 3언더파로 출발하며 선두그룹에 자신의 이름이 올라갔지만, 자신의 순위에 주목한 그는 결국 이틀과 삼일째 경기에서 80-80타를 기록하면서 컷오프로 경기를 마칠 수밖에 없었다. 이러한 사건은 자신이 통제할 수 있는 요소를 통제할 수 없었던(순위에 주의를 빼앗긴 것) 골퍼의 대표적인 사례라 할 수 있겠다. 다행히도

잭은 여기서 귀중한 교훈을 얻었고, 이후에는 점수나 외부 환경이 아닌 골프 코스 그 자체에 집중하게 되었다.

강렬한 압박감 속에서 침착함을 유지하는 능력은 챔피언이 갖추고 있는 전형적인 특성이다. 평정심을 유지하는 것은 인지적, 생리적 이점 모두를 가져온다. 경쟁의 열기 속에서 편안함을 가져다주는 생각을 하는 것도 100회 이상의 심박수와 정상 속도 3배의 호흡과 짝을 이루게 되면 어려워지기 마련이다. 마찬가지로 **두려움 없는 과제목표성향의 골퍼가 되고, 규칙적으로 몰입할 수 있는 능력을 개발하기 위해서는 압박감 속에서 발생되는 생리적 반응을 컨트롤하기 위한 긍정적 사고가 함께 이루어져야만 한다.**

part 04

코스에 몰입하기 위한 10가지 열쇠

몰입을 위한 신체적 언어와 습관을 만들어라. 리키 파울러는 페어웨이를 벗어나면서 느긋하고 자신감 있는 태도를 보인다.

기술 향상시키기

골프와 관련된 대부분의 기술들과 마찬가지로 신체를 컨트롤 하는 것 또한 자신을 아는 것에서부터 시작한다. 물론, 각 골퍼들마다 조금씩 차이는 있다. 일반적으로 사람들은 두 가지 범주 중 하나에 속한다. 각성 수준이 높은 사람들은 흥분하기 쉬운 경향이 있으며, 골프에 역효과를 불러오는 분노에 빠지기 쉽다. 반대로, 각성 수준이 낮은 사람들은 너무 느긋한 나머지 중요한 세부 사항을 간과할 수 있으며, 심지어 코스에서 골프 스윙을 하는 것조차 게을러질 수 있다. 따라서 자신의 각성 수준과 경향성을 아는 것이 매우 중요하다. 대부분의 사람들은 상황(예, 환경)에 따라 각성 수준이 달라진다. 따라서 자기 스스로 몸과 마음을 읽을 수 있어야 하며, 각성 수준을 높여야 할지 아니면 낮춰야할지를 결정할 수 있어야한다.

많은 스포츠심리학 전문가들이 역U자 모형(그림 23.1)을 통해 생리적 각성과 수행력 사이의 관계를 설명해왔다. 하지만, 나는 불안 수준이 최적의 기능을 발휘할 수 있는 구역

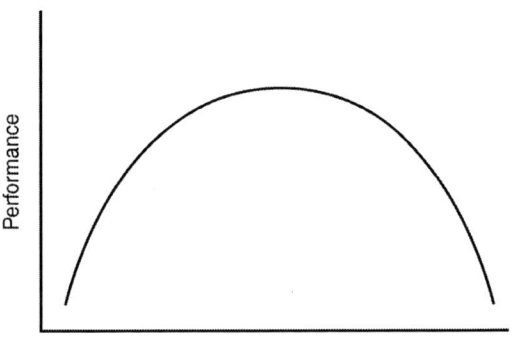

그림 23.1 각성과 수행력을 설명하는 역U자 모형

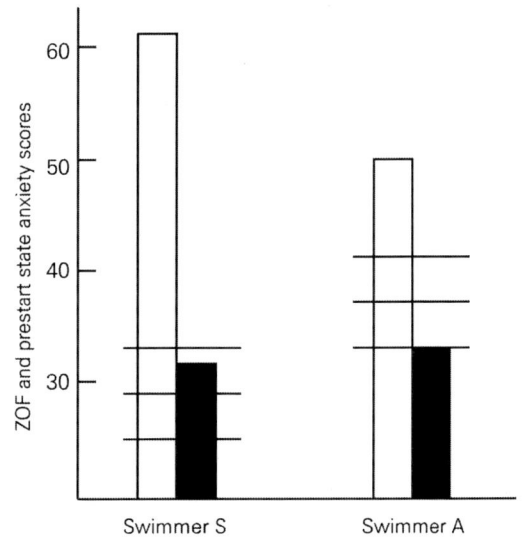

그림 23.2 최적수행지역이론. 흰색막대는 성공적이지 못한 수행에서의 불안 수준을 의미하며, 검정막대는 성공적인 수행에서의 불안 수준을 의미한다(하닌, 1986에서 재인용).

안에 있을 때 선수들이 더 나은 수행을 보인다는 최적수행지역이론(ZOF)(그림 23.2)이 골퍼의 역동성을 더욱 정확하게 설명한다고 생각한다. **골프 경험이 충분히 많은 사람들은 최고의 골프 경기를 위한 적정 각성 수준을 찾을 수 있는데, ZOF를 적용하여 각성수준의 변화를 추적함으로써 자신에게 적절한 각성수준을 유지하기 위한 신체 상태를 조성할 수 있다.**

신체가 완전히 이완되어 있는 상태에서 극도로 수축되어 있는 상태까지의 감각을 체계적으로 느껴보는 과정을 통해 신체의 긴장을 조절해 나갈 수 있다. 골퍼를 포함한 운동선수들은 자신에게 가장 효과적인 마음 상태를 만들기 위해 다양한 방법들을 사용한다. 나와 함께 했던 골퍼들은 음악을 주로 활용했다. 영적인 음악을 듣는 골퍼, 랩을 듣는 골퍼, 또 어떤 골퍼들은 리드미컬한 음악을 들었다. **음악이 사람들의 감정에 영향을 줄 수 있고, 리듬을 기반으로 한다는 점을 감안할 때, 음악은 각성 수준을 높이거나 낮추기 위한 용도로 사용될 수 있다.**

효과적인 게임을 촉발하기 위한 또 다른 보조 수단으로 움직임을 통해 감정을 형성하는 방법이 있다. 한 예로, 자오선 스트레칭이라고 불리는 요가 동작을 통해 감정에 반응하여 다양한 방향으로 몸을 뻗어 나갈 수 있도록 도울 수 있다. 이해가 잘 되지 않는다면, 하늘을 향해 두 팔을 뻗어보자. 아마도 기분이 좋아지는 것을 느낄 수 있을 것이다. 자오선 스트레칭의 실천가들은 그들의 감정에 영향을 주기 위해 신체 위치를 조작한다.

루크 도날드가 골프계에서 정상에 오르는 모습을 본 사람이라면 그가 신체 언어를 얼마나 중요하게 생각했는지 알고 있을 것이다. 2012년, 마침내 BMW 챔피언십 대회에서 우승을 한 그는 신체 언어에 대한 질문을 받게 되었다.

—— 개인적으로 저는 신체 언어가 도움이 되었다고 생각해요. 신체 언어를 통해 긍정적인 느낌을 유지하기 위해서는 어떻게 행동하는 것이 좋은지 알 수 있었어요. 그리고 내가 누구와 함께 골프 경기를 하든지 신체 언어를 통해 분명한 메시지를 보낼 수 있었습니다.

이러한 교훈은 자신의 신체와 내면의 상태를 더욱 잘 조절하기 위한 질적인 변화와 관련된다. 자기 스스로 신체 반응을 모니터링하고 조절하는데 도움이 될 수 있는 다양한 방법과 기법들이 있지만, 제이콥슨(Jacobson)의 **점진적 근육 이완**(제이콥슨, 1938)이라고 불리는 간단하고 효과적인 방법을 추천하고자 한다. 기본 지침은 다음과 같다.

우선, 편안한 의자에 앉도록 한다. 비스듬히 기댈 수 있는 편안한 의자나 침대도 괜찮다. 꽉 끼는 옷이나 신발은 벗어두고 가능한 한 편안한 상태를 만든다. 그리고는 심호흡을 한다. 숨을 크게 들이쉬고, 천천히 내쉬고. 몇 번을 반복하라. 그리고 당신이 하게 될 것은 각 부위별 근육의 긴장과 이완을 번갈아가면서 느껴보는 것이다. 근육을 긴장 시킨 후에 이완하는 것이 익숙해 질 것이다. 근육의 느낌, 특히 긴장과 이완의 차이에 집중하라. 시간이 지나면, 특정 근육의 긴장을 인식하고 그 긴장을 이완시킬 수 있게 될 것이다.

각 단계에서 해당 부위 이외의 근육은 긴장시키지 않도록 한다. 숨을 멈추거나, 이를 악물지 않도록 한다. 천천히 그리고 고르게 호흡을 하면서 긴장과 이완의 차이만을 생각하도록 한다. 10초간 긴장하고, 10초 혹은 15초간 이완한다. "1초, 2초"를 세면서 그 시간을 느껴보도록 한다. 각 단계는 두 부분으로 구성된다. 한번은 왼쪽 근육을, 다른 한번은 오른쪽 근육을 긴장시켰다가 다시 이완시키는 것이다.

근육의 긴장을 조절할 수 있다고 느껴질 때까지 하루에 한 번 전체 근육을 순서대로 실시한다.

단, 근육, 뼈, 또는 신체활동에 제약을 받는 의학적 문제가 있다면, 의사와 먼저 상의한 후 진행하도록 한다.

- **손.** 주먹을 꽉 쥐었다가 다시 서서히 힘을 이완시킨다. 손가락을 쫙 폈다가 다시 손가락의 힘을 서서히 이완시킨다.

  이두박근과 삼두근. 이두박근을 긴장시켰다가(단, 주먹을 쥐거나 다른 근육에 힘이 들어가지 않도록 주의하고, 팔을 굽혀 이두박근을 긴장시킨다) 다시 서서히 이완시킨다(굽힌 팔을 서서히 편다). 다음은 삼두근을 긴장시켰다가(팔을 쫙 펴주면서 삼두근을 긴장시킨다) 다시 서서히 이완시킨다.

  어깨. 어깨를 뒤로 당기면서 긴장시켰다가 다시 이완하면서 편안한 상태로 돌아온다. 그리고 어깨를 앞으로 밀면서 긴장시켰다가 다시 편안한 상태로 이완시킨다.

목(측면부). 어깨를 곧게 펴고 이완된 상태에서 머리를 오른쪽으로 돌릴 수 있는 만큼 천천히 돌렸다가 다시 편안한 상태로 이완시킨다. 그리고 머리를 왼쪽으로 돌릴 수 있는 만큼 천천히 돌렸다가 다시 편안한 상태로 이완시킨다.

목(정면부). 턱을 가슴에 닿도록 내렸다가 다시 편안한 상태로 이완시킨다(반대 방향은 부상우려가 있어 생략하도록 한다.)

입. 입을 가능한 크게 벌렸다가 다시 살며시 입을 다물면서 이완시킨다. 그리고 입을 가능한 한 단단히 다물었다가 다시 살며시 이완시킨다.

혀(전, 후). 입을 벌리고 혀를 가능한 한 앞으로 멀리 내밀었다가 편안한 상태로 이완시킨다. 그리고 혀를 가능한 한 목구멍으로 당겼다가 편안한 상태로 이완시킨다.

혀(위, 아래). 혀를 입천장으로 올렸다가 다시 편안한 상태로 이완시킨다. 그리고 혀를 입 바닥으로 내렸다가 다시 편안한 상태로 이완시킨다.

눈. 눈을 크게 떴다가 다시 이완시킨다. 다음은 눈을 꼭 감았다가 다시 이완시킨다. 눈 훈련을 실시한 뒤, 눈, 이마, 코를 완전히 이완시킬 수 있도록 한다.

호흡. 가능한 한 숨을 깊게 들이마셨다가 다시 천천히 내뱉는다. 다음은 숨을 내쉴 수 있는 만큼 숨을 크게 내쉬었다가 다시 숨을 천천히 들이마신다. 각 호흡은 15초 동안 이루어질 수 있도록 한다.

등. 어깨와 엉덩이가 의자 등에 닿아 있는 상태에서 몸을 앞으로 내밀어주면서 등을 아치 모양으로 만들었다가 다시 편안한 상태로 이완시킨다. 단, 허리가 좋지 않은 사람들은 생략하도록 한다.

엉덩이. 의자에서 엉덩이를 꽉 조이면서 골반을 살짝 들어 올렸다가 다시 편안한 상태로 이완시킨다. 그리고 엉덩이를 의자 아래쪽으로 꾹 눌렀다가 다시 편안한 상태로 이완시킨다.

허벅지. 발이 바닥에서 약 15cm정도 올라올 수 있도록 다리를 쭉 뻗었다가 다시 편안한 상태로 이완시킨다(다리를 들어 올릴 때 복근에 힘이 들어가지 않도록 유의한다). 그리고 발뒤꿈치를 바닥에 꾹 눌렀다가 다시 편안한 상태로 이완시킨다.

복부. 복부를 최대한 당겼다가 다시 완전히 이완시킨다. 그리고 복부를 최대한 내밀었다가(내장을 팽창시키는 느낌으로) 다시 편안한 상태로 이완시킨다.

종아리와 발. 발목을 앞으로 눌렀다가 다시 원래대로 이완시킨다. 그리고 발목을 위로 굽혔다가 다시 원래대로 이완시킨다.

발가락. 다리를 편안히 한 상태에서 발가락으로 바닥을 꾹 눌렀다가 다시 편안한 상태로 이완시킨다. 그리고 발가락을 최대한 구부렸다가 다시 편안한 상태로 이완시킨다.

이제 잠시 휴식을 취하도록 한다.

처음에는 전체 순서를 따라 매일 계획하여 연습하도록 한다. 그리고 익숙해지면 일주일에 2번만으로도 충분해 질 것이다. 훈련이 진행되는 동안 필요한 부분이 아니라고 생각되는 단계는 건너뛰어도 무방하다. 이완훈련에 대한 전문가가 되면 필요한 부분만을 집중적으로 훈련하면 된다. 나는 골퍼들의 몸을 편안하게 만들 수 있도록 한 달에 한 번 정도는 꾸준히 점진적 근육 이완 훈련을 실시하고 있다. 나와 함께 한 골퍼들은 점진적 근육 이완 훈련을 꾸준히 하지 않았을 때 신체에 대한 감각을 쉽게 잃어버리게 된다는 것을 너무나 잘 알고 있다. 이러한 훈련은 긴장되는 상황 자체를 없애주지는 못하겠지만, 이를 꾸준히 실천해나간다면 자신의 긴장 상태를 파악하고 자신의 긴장과 이완 상태를 조절할 수는 있게 될 것이다.

CHAPTER 24

메커니즘이 아닌 리듬에 집중하기

몰입 경험을 묘사한 모든 골퍼들에게서 리듬이라는 단어가 반복적으로 언급될 만큼 완벽한 리듬감은 골퍼가 몰입에서 느끼는 가장 보편적인 경험 중 하나이다. 즉, 몰입의 상태를 묘사하기 위한 적절한 단어로 골퍼들 대부분은 "완벽한 리듬"이라는 표현을 선택한다. 몰입을 경험한 이들은 그들이 표현하는 몰입의 상태를 정확히 알고 있다. 완벽한 리듬으로 플레이하는 사람들은 비교적 낮은 긴장수준에서 리듬에 따라 움직이는 특징을 지니고 있다. 의식적으로 자신의 생각을 서두르거나 늦추려고 하지 않는다. 리듬으로 생각한다. 그리고 몸과 마음이 그에 부응하며 스윙은 리듬에 따라 물 흐르듯이 이루어진다. 물론, 이러한 현상은 생각이 복잡하다거나 페어웨이를 급히 이동하는 것, 혹은 서둘러 휘두르는 골프 스윙 등과 대조되는 것이다. 골프에서의 리듬은 스윙의 템포 그 이상의 것이다. 워밍업의 리듬, 이동할 때의 리듬, 루틴의 리듬, 그리고 골퍼가 하는 모든 것이 리듬에 포함된다.

그림 24.1은 골퍼가 리듬을 잡기 위해 도움을 받을 수 있는 사전 체크리스트의 예시이다.

사고방식은 상황을 해석하는데 영향을 미치고, 해석은 긴장감을 좌우하며, 긴장감은 골프 스윙에 영향을 미친다. 따라서 사고방식은 골프를 잘 치기위한 초석이 된다.

좋은 골프 경기를 위해서는 좋은 태도가 선행되어야 한다.	☐
워밍업을 하는 동안, 그 날을 위한 리듬과 템포를 설정할 것이다.	☐
결과가 아닌 내가 통제할 수 있는 모든 것을 준비할 것이다.	☐
내 첫 번째 목표는 가장 열정적이고 자유로운 골퍼가 되는 것이다. 그 목표를 달성하기 위해 무엇이든 할 것이다.	☐
문제점을 생각하는 것보다 해결책을 찾기 위한 생각을 할 것이다.	☐
골프 샷의 결과에 대해 스스로를 비난하는 것은 좋은 태도가 아니다.	☐
압박감 / 긴장감: "유연하게. 리듬에 맞추어. 목표지점을 향해 발사."	☐
유머 감각은 내 자산이다. 그것을 내 장점으로 사용할 것이다.	☐
"위대한 사람들"은 결코 오버하지 않는다. 심플하게 받아들이자.	☐
경쟁자들이 서로를 의식하며 골프를 치는 동안 나는 코스에 집중하며 골프를 친다.	☐
루틴은 다음과 같이 구성한다.	☐

- 실제로 원하는 샷의 감각을 느끼기 위해 연습스윙을 실시한다.
- 멋진 샷을 하는 긍정적인 상상을 한다.
- 샷을 하러 걸어가기 전에 심호흡 하기
- 모든 샷에 최선을 다하기
- 샷을 받아들이고, 마음을 가라앉힌 뒤, 이동하기
- 결과가 아닌 과정을 평가하기

	Y	N
(경기 전에) 다음의 사항들이 준비되어 있는가?		
모든 샷에 전념할 수 있는가?	☐	☐
진정으로 도전적인 샷을 기대하고 있는가?	☐	☐
필요한 샷이라면 기꺼이 어떤 샷이든 시도하겠는가?	☐	☐
결과가 아닌 과정에 초점을 맞추겠는가?	☐	☐
냉정하고 이완된 상태를 유지하고 있는가?	☐	☐
각 홀에서 각 샷을 할 때 나만의 루틴을 지키겠는가?	☐	☐

  전략은 무엇인가?
  목표는 무엇인가?

그림 24.1 경기 전 체크리스트

part 04

코스에 몰입하기 위한 10가지 열쇠

잭 니클라우스와 함께 했던 짐 플릭(Jim Flick)은 기술적인 부분보다 리듬을 더욱 중요시 했다. 그는 다음과 같이 말했다. "잭의 발은 스윙의 리듬을 위한 토대가 되었고, 처음부터 다시 스윙의 리듬을 만들도록 가르쳤습니다. 바로 그것이 그의 발전에서의 핵심이었죠."(타르드 2007). 물론, 뛰어난 코치들은 골프 스윙에서 풋워크의 중요성을 인정한다(단, 내가 지금까지 봐온 능력이 부족한 코치들은 제외하고 말이다). 예를 들어, 헌터 메이헌(Hunter Mahan), 저스틴 로즈, 타이거 우즈 등을 가르친 션 폴리는 풋워크의 중요성을 강조하며 골퍼들에게 맨발로 연습하는 훈련을 실시한다. 위대한 골퍼 중 하나인 샘 스니드(Sam Snead)가 70대의 나이까지 맨발로 연습했다는 사실은 유명한 일화이다.

맨발 연습이 리듬에 도움을 줄 수 있는 이유는 두 가지 측면에서 설명할 수 있다. 첫째, 골퍼가 균형을 잡는데 도움을 주며, 이는 곧 리듬을 유지하는데 긍정적으로 작용된다. 반대로 균형을 잡지 못하면 골퍼의 리듬은 불안정하게 된다. 둘

편안한 리듬을 만들기 위한 루틴을 확립하라. "부드러운 남자"로 알려진 프레드 커플스는 훌륭한 리듬으로 플레이 한다.

째, 이보다 더 중요한 사실은 신발을 신은 상태에서 스윙을 강한 힘으로 휘두르는 것은 그리 어려운 일이 아니지만, 맨발인 상태에서 스윙을 강하게 하는 것은 상대적으로 어려운 일이라는 점이다. 즉, 발이 땅에 닿는 유일한 부분이며, 이때 강한 스윙은 적절한 리듬에서만 발생되는 운동사슬(신체 분절의 기능적 연결성)에 의해 가능해지기 때문에 리듬감을 익히는데 도움이 될 수 있다.

타이거 우즈는 경기 시작 전에 스윙의 자연스러운 리듬을 찾기 위한 간단한 연습으로 워밍업을 진행한다. 그는 "저는 정확한 리듬감을 갖고 경기장으로 나가는 것을 선호합니다."라고 말했으며, 2007년 이스트 레이크(East Lake)에서 열린 투어 챔피언십 금요일 경기의 전반 9홀에 대해, **"저는 그저 좋은 리듬으로 경기에 임했습니다. 페이스도 좋았고, 걸음의 속도도 좋았습니다."**라고 언급했다.

 기술 향상시키기

맨발로 연습하는 것 이외에도 리듬에 초점을 맞춤으로써 경기력을 향상시킬 수 있는 여러 가지 방법들이 있다. 우선, 긴장감 또는 인지과정과 함께 리듬은 변화하는 환경적 요인에 의해 영향을 받는 첫 번째 요소라는 것을 기억해야 한다. 따라서 경기를 준비할 때 우선순위의 첫 번째 요소로 리듬을 생각할 필요가 있다. 다음으로, **골프 스윙의 기술을 향상시키는 것보다 자연스러운 리듬을 확립하기 위한 의도를 갖고 연습을 진행하라.** 웨지로 샷을 몇 번 연습하면서 자신의 스윙이 너무 빠른지 혹은 느린지를 느껴보고, 자신의 생각과 완벽하게 부합하는 리듬을 만들어라. 골퍼들은 대개 자신의 스윙이 이상적인 리듬보다 더 빨리 이루어진다고 느끼는 경우가 많다. 만약 그렇다면, 자신이 생각하는 스윙의 속도와 실제 스윙 속도가 일치할 때까지 스윙의 속도를 늦추는 연습을 실시하라.

이 두 가지 부분을 교정한 뒤, 이번에는 워밍업의 리듬에 초점을 맞추도록 한다. 이를 위해 5가지 루틴을 지키면서 레인지에서 연습을 진행하도록 한다. 여기서 주의할 점은, 자신의 루틴 리듬에 집중해야한다는 것이다. 실제 경기에서 골퍼는 스윙 자체의 변화가 아닌 스윙 리듬의 흔들림에 따른 문제를 경험하게 된다. 그러므로 **자신만의 루틴을 정확히 확립하여 리듬의 일관성을 유지하는 것이**

여러분이 할 수 있는 가장 중요한 일이다. 이제, 리듬에 맞춰 루틴을 설정해보자.

1. 숨을 깊게 들이쉬고, 크게 내쉰다.
2. 스스로에게 질문한다. "내 전략은 무엇인가? 그리고 내 목표?"
3. 자유롭고, 열정적이고, 두려움 없는 스윙을 하자.
4. 스스로에게 얘기한다. "샷의 결과를 받아들이자."
5. 깊게 숨을 내 쉬면서 호흡을 마친다.

이렇게 다섯 번을 반복하면 골프장으로 갈 준비가 완료된다.

이제 우리의 목표는 얼마나 많은 홀에서 자신의 리듬에 따라 경기를 펼칠 수 있는지 확인해 보는 것이다. 이러한 과정을 통해 중요한 교훈을 배울 수 있을 것이다. 먼저, 여러분은 골프 경기가 골퍼들의 리듬을 흐트러뜨리고자 한다는 사실을 더욱 잘 느끼게 될 것이다. 즉, 골프를 칠 때 리듬에 더욱 민감해 질 것이며, 앞서 '빛과 음악'이 사람의 생각과 내면의 상태에 영향을 미칠 수 있다는 점에 대한 의심이 사라질 것이다.

이 장을 읽고 난 뒤 첫 번째 맞이하는 경기에서 경험하게 될 수도, 혹은 아닐 수도 있지만, 위에 제시한 연습을 부지런히 해나간다면 여러분들이 나아가야할 궁극적인 목표 즉, 몰입을 경험할 수 있게 될 것이다. 이 연습은 플로리다 주의 윈터 파크(Winter Park)에 있는 두려움 없는 골프 아카데미(Fearless Golf Academies)에서 내가 하고 있는 주요 작업들을 반영하고 있다. 거기서 골퍼들은 놀라울 만큼 규칙적으로 리듬을 위한 루틴에 집중하는 과정을 통해 몰입을 위한 메커니즘을 습득한다.

비록, **대다수의 골퍼들이 슬럼프로 인해 나를 찾아오긴 했지만, 그들은 충분히 좋은 경기를 펼칠 수도, 정신적으로 안정될 수도, 낮은 타수를 기록할 수도 있는 능력을 갖추고 있었다. 단지, 그것을 이루기 위한 비결은 경기 결과와 기능적인 부분에서 벗어나 경기를 위한 자연스러운 리듬 속으로 들어가는 것일 뿐이었다.**

CHAPTER 25

두려움 없이 플레이하기

우리의 뇌는 골프 게임에 필요한 방식으로 진화하지 않았다는 것을 앞선 내용들을 통해 알 수 있었다. 오히려 생존을 위해 험난한 환경에 적응하도록 진화되었다. 따라서 우리는 마음의 습관을 개발하여 이를 지속적으로 발전시키고, 경쟁을 즐기면서 몰입할 수 있는 골퍼가 될 수 있도록 노력해야 한다. 생존을 위한 주요 메커니즘은 두려움에 대한 반응으로 나타난다. 두려움에 대한 반응은 주로 위험하다고 생각하는 상황에서 나타나는 적응적 메커니즘으로, 위험에 대한 대비와 함께 몸 전체에 혈액 및 호르몬, 화학 물질 등을 재분배하고 근육을 수축시킴으로써 트라우마에 대해 스스로를 보호해 준다. 근육의 수축과 같이 몸에서 나타나는 생리적 반응은 싸움이나 교통사고가 발생했을 때 보호기재로서 도움을 주기도 하지만, 피칭 웨지를 이용하여 그린 위에 공을 정확히 올리고자 할 때에는 오히려 방해가 되기도 한다.

장래가 촉망되는 골퍼로서 도전해야 할 과제 중 하나는 이러한 반응(두려움에 대한 자동적인 신체적 반응)을 다루는 법을 이해하고, 이를 정신적 무기로 전환시키는 것이다. 이와 관련된 사례로 저스틴 로즈는 PGA 투어에서 우승을 하지 못한 채 9년의 시간을 보내고 있었다. 그 시간 동안에도 저스틴 로즈는 훌륭한 골프 선수임에 틀림없었다. 하지만 그에게도 대부분의 골퍼들과 같이 두려움에 대한 반응이 나타났다. 두려움을 느끼게 되면 생존본능에 의해 생리적인 반응이 나타나고, 그로 인해 승리와는 멀어지게 되었다.

하지만, 2012년 라이더 컵 대회에서 저스틴이 마지막 2홀을 버디-버디로 마무리하면서 골프 역사상 가장 인상 깊었던 역전승을 만들어내는 모습을 보면서 두려움 없는 플레이를 한다는 것이 어떤 것인지를 직접 경험해 볼 수 있었다. 지난 3년 동안 저스틴이 더 나은 골프 선수가 될 수 있도록 뇌의 본능적인 경향을 파악하고, 집중력과 결단력을 향상시킴으로써 생각과 믿음, 행동과 인식의 습관을 개발하는데 집중했다. 저스틴이 두려움 없이 골프 치는 방법을 배웠던 것처럼 여러분들도 그 방법을 배울 수 있다. 그는 정신력을 포함한 골프를 위한 모든 부분에서 매우 열심히 노력했다. 그는 이 책에 제시된 지침들을 매우 잘 따르는 완벽한 학생이자 골퍼였다. 저스틴은 두려움 없는 골프를 위해 신중히 행동했으며, 그러한 행동은 시간이 지나면서 습관이 되어갔다. 라이더 컵에서 보여준 그의 모습은 그가 충실히 연습한 수천가지의 작은 습관들이 축적된 결과로밖에는 표현할 수 없었다.

두려움 없는 골프를 치기 위해서는 골프 경기와 자기 자신을 이해하는 것 모두가 요구된다. 6장에서 논의했듯이 실패가 공개되는 것을 두려워하는 것은 인간에게 자연스러운 일이다. 우리는 기본적으로 다른 사람들로부터 인정을 받고자 하는 욕구를 지니고 있다. 골프는 실패와 좌절감이 내재된 소셜 게임이다. 골프는 타인에게 실패가 바로 공개된다는 점에서 당혹스러운 감정을 만들어내기에 매우 적합한 조건을 지니고 있다. 골프에서 소위 실패로 불리는 결과는 사회적 좌절과 혼란으로 이어질 수도 있기 때문이다. 하지만, 2007년 선수권 대회 2라운드에서 아담 스콧(Adam Scott)이 80타를 기록한 일이나 2007년 프레지던츠 컵(Presidents Cup)에서 샷을 하다가 워터해저드에 빠진 우디 오스틴(Woody Austin)의 사례는 게임을 더 잘하기 위해 도전했던 결과일 뿐, 실패가 아니라는 것을 기억하자.

골프 경기에서 항상 좋은 성적을 올리기란 거의 불가능에 가까우며, 최대한 꾸준한 경기력을 보이기 위해서는 골프 경기를 이해하는 것이 선행되어야 할 것이다. 골프에서의 발전은 자신의 문제점과 도전과제를 완전히 해결하는 것으로 이루어지는 것은 아니다. 우리는 끊임없이 다른 종류의 문제와 도전과제에 직면하

게 된다. 정신의학박사인 디오도어 루빈(Theodore Rubin)은 "우리의 삶에서 문제는 문제 그 자체에 있지 않다. 문제는 문제가 있다고 예상하거나 생각하는 것. 그것이 문제이다."라는 얘기를 했다. **골프나 인생에서 내재된 도전과제들을 넘어서려는 것은 시간낭비와도 같다. 그것보다는 도전과제들을 효과적으로 다룰 수 있도록 준비함으로써 더 나은 결과를 얻을 수 있을 것이다.**

좌절감이나 어려운 부분을 받아들이고 두려움 없이 경기에 임하는 로리 맥길로이의 모습을 배우도록 하자.

상급자 수준의 골프 경쟁에서 겪게 되는 도전과제와 초보자 수준의 단계에서 겪게 되는 도전과제는 다르게 나타날 수 있지만, 둘 다 도전과제임에는 틀림없다. 초보자 단계에서는 골프 클럽을 적절하게 스윙하는 방법을 배우는 것과 같이 기술적인 측면에서 도전과제를 수행하게 된다. 구체적으로, 초보자 단계에서는 공의 안쪽 면을 때리는 연습을 통해 슬라이스를 교정하고, 훅을 만들어 내는 기술을 터득한 뒤, 공을 덮어 치면서 정확히 공을 보내는 것이 도전과제이다. 그리고 점차 수준이 높아짐에 따라 기초 기술을 배우는 것에서 일관성을 유지하기 위한 반복적인 연습과 그린 주변에서 스코어를 줄이기 위한 다양한 샷을 연마해 나가는 것으로 도전과제는 바뀌게 된다. 더 나아가 고급 수준에서는 또다시 기술적인 측면보다 두려움이나 긴장, 자기 의심을 다루는 방법이나 자기 격려나 동기부여를 위한 정신적, 심리적인 측면을 정복하는 것이 골퍼의 주요 과제로 대체된다. **골퍼의 수준이 높아질수록 정신적인 측면의 중요성을 더 크게 실감하게 되며, 일관된 스윙과 함께 골프에 대한 헌신과 사랑이 요구된다.**

아리스토텔레스에 의하면 자신과의 싸움에 있어 가장 값진 승리는 인간이 가진 선천적인 두려움, 자기 의심, 우유부단, 게으름, 분노, 그리고 조급함으로 가는 것을 이겨내는 것이라고 했다. 두려움 등과 같은 부정적 반응을 이겨내기 위해서는 위협에 대한 뇌의 자동적인 반응에 대한 이해가 필요하다.

3만 5천년의 진화는 인간에게 위협이 인식되면, 편도체가 반응하고 그에 따라 경보음을 울리도록 만들었다. 역사적으로 이러한 위협들은 보통 화재, 폭력, 고통, 침략과 같은 실제 위험의 형태로 나타났다. 현대의 골퍼들이 그러한 실제적인 위협에 직면하는 것은 아니지만, 예민한 편도체는 작은 위협에도 반응을 해버린다. 편도체로서는 내리막 그린에서 오른쪽 방향으로 2미터 거리의 퍼팅을 하는 것이 매우 위협적인 폭력과도 같다. 따라서 그것에 대한 본능적인 반응을 극복하기 위해서는 한 발 물러나서 그 과정을 이해하고 자신에게 "잠시만. 배가 좀 조이는 것 같고, 기분이 별로 좋지 않은 게 느껴져. 하지만, 나는 여기서 일어나는 일에 대해 두려워 할 필요가 없어."와 같은 얘기를 하는 것이 필요하다.

비록, 순간의 열기 속에서 발생하는 감정을 순식간에 조절하지는 못하겠지만, 감정을 인식한 후에는 그 감정을 통제할 수 있게 된다. 즉, 증가하는 긴장감에 대처하기 위해 현재의 목표를 선택하고, 그립을 이완시키고, 루틴을 지키며, 습관화

된 골프 스윙을 믿고 샷을 한다. 비록, 손에 있는 혈관이 자동적으로 수축되는 것(두려움에 대한 자연스러운 신체의 반응)을 막는 것은 어려우나, 클럽을 더 꽉 잡으려는 충동에 저항할 수 있도록 자신을 훈련시킬 수는 있다. 따라서 두려움 없는 경기를 펼치기 위해서는 스스로의 선택이 중요하게 작용한다.

기술 향상시키기

이전 장에서 나는 과제목표성향의 골퍼가 되는 방법, 정신적 장애물을 제거하기 위한 방법, 신체반응을 더 잘 인식하는 방법, 그리고 리듬과 주위 환경을 조성하는 방법 등을 다루어왔다. 그것들은 자신의 생각, 감정, 행동을 조작하여 자신감을 부여하고, 주어진 상황에서 무엇을 할 수 있는지 생각함으로써 보다 편안한 상태를 만들기 위함이었다.

지금까지 이러한 과정들을 배워왔기 때문에 여러분은 두려움에 정면으로 맞서고 두려움 없는 골프를 위한 분명한 목표를 세울 준비가 되었을 것이다. 먼저, 두려움에 대한 반응은 자동적으로 이루어진다는 점을 이해하고, 이를 보다 효과적으로 다루는 방법을 익히도록 한다. 이를 위한 과제는 다음과 같다: 골프 코스에서 자신을 방해하거나 두려워하게 만드는 상황에 스스로를 대입한다. 만약 토너먼트가 두려움을 느끼게 만든다면, 토너먼트의 압박감 속에서 자신의 몸과 마음이 어떻게 반응하는지 확인하기 위한 의도를 갖고 토너먼트에 출전하라. 만약 자신의 상사와 함께 골프를 치는 것이 숨 막히는 일이라면, 그를 초대하여 다시 한 번 골프를 쳐보아라. 만약, 정기적인 주말 토너먼트를 진행하면서 11번 홀에서만 4개의 공을 물에 빠뜨렸다면, 또다시 그 토너먼트에 등록하고 11번 홀을 기대하라. **두려움 없는 골프를 치기 위한 가장 좋은 방법은 두려움을 유발하는 상황에 정기적으로 직면하여 몸이 어떻게 반응하는지 살펴보고, 리듬과 긴장의 조절과 유머러스하게 상황을 받아들이고 대처하는 능력을 기르는 것이다.**

이 책에서 반복적으로 다루었던 주의의 초점을 조절하기 위한 연습을 다시 한 번 생각해보자. 만약 자신이 평가받는다는 생각으로 인해 상사와 함께 골프를 치는 것이 두렵다면, 상사로부터 인정을 받는 것 보다 골프를 치는 것에만 집중하는 습관을 들이는 것이 도움이 될 것이다. 만약 상사로부터 평가받고 있다고 느낀다면, **자신에게 과제지향적인 질문으로 자기대화를 함으로써 스스로의 생각을 재구성하라.** "내가 윗사람에게 어떻게 보일까?"라는 질문에서 "지금 이 홀에서 잘 치기 위한 가장 좋은 방법은 무엇일까? 그리고 내 목표는 무엇인가?"라는 질문으로 바꾸어 보자. 그리고 **두려움 없는 골프를 위해 자신만의 루틴을 지키도록 하라.** 이 책에서 소개한 루틴은 이러한 상황을 정확히 반영하고 있다는 점을 명심하라. 루틴을 시작하는 호흡은 긴장감을 낮추는데 도움이 되고, 전략과 목표에 대한 질문은 두려움을 증가되는 것을 최소화시켜 골프 코스에 집중할 수 있도록 유도할 것이며, 샷의 결과에 대한 수용은 정신적으로 받는 고통을 완화시켜 줄 것이다. 그리고 루틴을 마무리 하는 호흡은 리듬이 빨라지거나 긴장감이 높아지는 것을 조절해 줄 것이다.

경기를 마친 뒤, 자신이 경기에서 가졌던 감정을 기록해 두자. 그립감과 리듬에 집중했었나? 오늘의 그립감과 리듬이 경기 결과에는 어떻게 반영되었나? 루틴은 철저하게 지켰는가? 만약 그렇지 못했다면 다음번에는 오늘 부족했던 부분을 채워나가는 것을 목표로 하고, 이를 달성하기 위해 노력하라. **일지를 쓰는데 있어 가장 중요한 부분은 오늘 경기에서 느낀 점뿐만 아니라 오늘 경기를 통해 앞으로 배울 수 있는 부분이 어떤 것인지를 아는 것이다. 과제지향적인 골프선수처럼 행동하고 경험을 통한 배움에 집중한다면 두려움 없는 골프를 위한 중요한 첫 걸음을 내딛게 될 것이다.**

내가 골퍼들과 오랜 시간동안 함께해 오면서 골프에서 두려움을 이겨내기 위해서는 그 두려움에 직면하는 것만큼 좋은 방법은 없다는 것을 경험할 수 있었다. 대부분의 사람들은 두려운 상황으로부터 벗어나고자 하는 본능을 지니고 있다. 하지만 승리자들이 얘기하듯이, 두려움에 직면하는 것이 바로 가장 훌륭한 선생님이 될 것이다. **과제중심성향의 골퍼로서 가능한 한 많은 것들을 배울 수 있도록 몰두하고, 루틴을 리듬으로 실행하는 것을 목표로 가진다면 두려움 없이 용감한 골프를 칠 수 있게 될 것이다.**

참고문헌

여기에 나열되지 않은 텍스트에 포함된 인용문은 다음을 참조하세요.
http://www.asapsports.com or personal correspondence

Beach, S. 2001. Good falling. How one childcare professional invites positive self talk. Journal of Invitational Theory and Practice. (7):2.

Burke, Monte. 2010. Ten minutes with Gary Player. Forbes. Retrieved from www.forbes.com/2010/05/27/gary-player-golf-lifestyle-sports-tiger-woods-pga_2.html

Chambliss, Daniel. 1989. The mundanity of excellence: An ethnographic report on stratification and Olympic swimmers. Sociological Theory 7(1):70-86.

Christakis, N., & Fowler, J. 2007. The spread of obesity in a large social network over 32 years. New England Journal of Medicine. July 26, 2007, (370-379).

Coyle, Daniel. 2009, The talent code. New York: Bantam Dell.

Csikszentmihalyi, M. 1997. Finding flow: The psychology of engagement with everyday life. New York: Basic Books.

Dingfelder, Sadie F. 2003. Tibetan Buddhism and research psychology: A match made in Nirvana? Monitor on Psychology 34:11.

Ericsson, K. Anders, Krampe, Ralf Th., and Tesch-Romer, Clemens. 1993. The role of deliberate practice in the acquisition of expert performance. Psychological Review 100(3):363-406.

Goldman, Robert and Stephen Papson. 1998. Nike culture: The sign of the swoosh. London: Sage Publications.

Jacobson, E. (1938). Progressive relaxation. Chicago: University of Chicago Press.

Jowett, S., and D. Lavallee. 2007. Social psychology in sport. Champaign, IL: Human Kinetics.

Marsh, H.W. 1994. The importance of being important: Theoretical models of relations between specific and global components of physical self-concept. Sport Psychology 16(3):306–25.

McDougall, Chris. 2009. Born to run. New York: Random House.

Miller, Bode. 2005. Go fast, be good, have fun. New York: Random House.

Nicklaus, Jack. 1997. My story. New York: Simon and Schuster.

Norman, Greg. 2006. The way of the shark. New York: Atria Books.

Reilly, Rick. 1986, April 22. Master strokes. Sports Illustrated, pp. 24–31.

Rowland, T. 2011. The athlete's clock: how biology and time affect sport performance. Human Kinetics: Champaign, IL.

Tarde, Jerry. 2007. A pair of jacks. [Editor's letter]. Golf Digest. Retrieved from www.golfdigest.com/magazine/2007-10/tarde

Weir, Kirsten. 2012. Smog in our brains. Monitor on psychology 43(7):32.

Woods, Tiger. 2001. How I play golf. Warner Books: New York.

색 인

(ㄱ)

각성	245, 249, 250
감사	77, 86, 149, 165
게리 플레이어	238, 239
게임을 사랑하기	126
경기 전 체크리스트	255
경기력의 변동	158
골프 일지	217
골프 코스	87, 212, 231, 232, 233
과도한 통제	36, 42
관중 효과	145
그렉 노먼	117, 175, 193, 195, 196
근육 기억	31
근접발달구역	73
긍정적인 태도	238
기대	142, 162
긴장	36, 154, 155

(ㄴ)

노력 투자	77
노력의 역설	49
노먼 슬램	175
뇌 활동	116, 117, 119, 221, 222, 223, 262
닉 와트니	21, 166
닉 팔도	198

(ㄷ)

달리기 위해 태어나다 (McDougall)	132
대니얼 챔블리스	225
대니얼 코일	196
더스틴 존슨	21, 22, 24, 164
데이비드 톰스	24, 43
데이비스 러브 3세	44, 54, 124

데일 언하트 173
도쿄 이야기 39
도전 78, 79
도전-기술 일치 73, 74, 76
도전-기술 일치 72
동기 68, 82, 133, 134, 135, 136, 137, 138, 139, 140, 141, 142
동시성 32
두려움 85, 259
두려움 없는 259, 260, 262, 263
드라이빙 레인지 VS. 골프 코스 212

(ㄹ)

레브 비고츠키 73
레티프 구센 104, 158, 164
로렌 로버츠 65
로리 맥길로이 46, 50, 194, 205, 261
로베르토 카스트로 42
롤 모델 195
료 이시카와 48
루크 도날드 205, 206, 209, 250
루틴 233, 234, 235, 236
리듬 178, 199, 203, 211, 212, 254, 255, 256, 257, 258

(ㅁ)

마음상태를 위한 음악 250
마이스토리(니클라우스) 194
마이클 조던 105, 194, 196
맨발 연습 256
맷 쿠차 41, 56, 57, 61, 62, 90, 101, 110, 126, 127, 128, 129, 130, 133, 134, 140, 160, 183, 212, 225, 240
몰입 상태 16, 17, 74, 75, 78, 80, 81
몰입(용어) 16
몸 컨트롤 244
미엘린 30, 31, 32, 33, 35, 36, 48, 54
믿음(신념) 35, 36, 38, 93, 122

(ㅂ)

바비 존스 83, 192, 218
반복 강박 109
반응 39, 179, 244, 245, 246, 247, 250
밥 로텔라 196, 234, 246
밥 메이 105
방해 요소 56, 57
배우는 과정 158
벤 프랭클린 198
벤 호건 48, 78, 81, 160, 161, 207, 218, 246
변화 상태 91
보데 밀러 159
부 위클리 116
부바 왓슨 62, 194, 241
브라이스 몰더 25, 44, 160, 182, 183
브래드 팩슨 119, 161
브랜트 스네데커 63, 166, 224
비제이 싱 158, 161, 201, 202

(ㅅ)

샘 스니드	256
성공에 대한 연구	192, 193, 194, 195, 196
성공을 위한 연습	47, 77, 79
성장	74, 89, 90, 91, 93, 95, 96, 97
성취 영역	166
성취목표	81
세르히오 가르시아	28, 48, 61, 64, 104, 165, 174, 233
션 오헤어	28, 36, 41, 92, 137, 170, 172, 176, 177
션 폴리	137, 204, 212, 256
수용	38, 77, 92, 97, 162, 164, 186, 187, 188
숙달 지향	81, 87, 88, 98, 99, 100, 103, 108, 109, 124, 125, 215, 216, 217, 218, 219, 233
숙달지향	217
스스로의 속삭임	241
스윙	183, 184
스코어	56, 57, 98, 99, 215, 216, 217, 219
스콧 맥카론	26, 43, 103
스콧 버플랭크	102, 103, 184
스크립팅	189
스키 은유	71, 72
스튜어드 싱크	52
스튜어트 애플비	62, 149, 150, 151, 154, 156
스티브 스트리커	28, 94, 110, 129
스티브 잡스	38, 90

습관	33, 35, 78, 207, 208, 209, 210
습관 개발	207, 208, 209
승리를 위한 책 목록	195
시각화	119
시간 관련 이론	96
시간 관리	197, 198, 199, 200, 201, 202, 203
시간의 역설	20, 22, 24, 26
신뢰	37, 38, 39, 40, 41
신체 언어	250
실패	105, 106

(ㅇ)

아놀드 파머	117, 175
아담 스콧	27, 28, 30, 33, 34, 50, 61, 114, 260
아리스토텔레스	16, 37, 78, 91, 207, 262
안드레 아가시	41
알버트 아인슈타인	90
앤더스 에릭슨	47, 208
앤서니 킴	61
에너지 소비	54
역U 모델	249
역경 혹은 실패	98
역설	38, 42
연습	212
연습(노력)	29, 30, 31, 32, 46, 47, 48, 52, 77, 78, 79, 204, 205, 206, 207, 208, 209, 210, 211, 212, 213

예외	89, 90, 92	정서	245, 246
완벽주의	220	정체	93
윌 맥켄지	90	제이콥슨의 점진적 근육 이완	250, 251, 252, 253
윌리엄 제임스	73, 207, 222, 223, 227, 245	제임스-랑게 정서 이론	245
윌리엄 퍼키	240	제프 오길비	64, 65, 164, 193
이완 운동	250, 251, 252, 253	조니 밀러	54
인식의 역설	56, 58	존 휴스턴	55

(ㅈ)

자기 목적적 성향	76, 78, 91
자기 의심	103
자기대화	217, 240, 241, 242, 264
자동성	32, 62
자신감	112, 151, 178
자신감에 있어 성공의 역할	114, 115, 119
자아 지향	83, 215, 216
자아 회피적 사고방식	85
자오선 스트레칭	250
장거리 선수	132
잭 니클라우스	23, 60, 79, 80, 82, 83, 105, 113, 116, 138, 158, 170, 174, 175, 192, 193, 194, 196, 204, 207, 218, 241, 246, 256
잭 존슨	26, 84, 234
저스틴 레너드	20, 63
저스틴 로즈	28, 62, 136, 137, 142, 144, 147, 148, 160, 170, 199, 212, 218, 256, 259
적응적 기술 대 특성	76
점진적 근육 이완	250, 253

주의	61
줄리에타 그라나다	104
중앙통제 가설	223
지그문트 프로이트	90, 178
진화	93, 94, 95, 134
짐 퓨릭	25, 28, 43, 52, 62, 114, 115
짐 플릭	256
집중	178, 180, 181

(ㅊ)

찰스 하웰 3세	26, 44, 55, 63
채드 캠벨	24, 28, 60, 61, 62, 161, 236
최적수행지역이론	249, 250
침착함	247

(ㅋ)

카밀로 비에가스	28, 157, 158, 160, 236
카이첸	68, 81, 82, 88, 146, 217
커티스 스트레인지	44, 58
케니 페리	50, 51

켄쇼 66
켈리 슬레이터 158, 159, 167
크레이그 퍼크스 184
크리스토퍼 맥도걸 132
클럽과 하나 되기 51, 52, 53
클리어링 86

(ㅌ)

타라후마라 132, 133, 134
타이거 우즈 21, 28, 38, 46, 80, 104, 105, 114, 116, 119, 124, 137, 160, 194, 196, 198, 208, 212, 235, 237, 256, 257
탄탈루스 173, 174, 175, 176
터커 숏 게임 테스트 213, 214
토니 재클린 117
토마스 로우랜드 222
토요일 슬램 175
톰 왓슨 42, 69
통제의 역설 29, 33, 35, 38
팀 헤론 63

(ㅍ)

편도체 116, 262
풋워크 256

프레드 커플스 104, 119, 124, 161, 205, 256
피질 33, 35, 230, 246
필 미켈슨 19, 28, 54, 114, 183, 212

(ㅎ)

하비 페닉 156, 196
학습의 기회 144, 145, 146, 148
한계 220, 221, 222, 223, 224, 225, 226, 227
한계점 223, 224, 225, 227
할 서튼 26, 55, 105
헌터 메이헌 256
현재에 집중 172, 179, 180
호세 마리아 올라사발 104
환경 228, 229, 230, 231, 233, 234, 246
회복탄력성 98, 99, 100, 102, 103, 104, 105

(0-9)

1만 시간의 법칙 208
3-4 규칙 211
6샷 드릴 211

옮긴이

이 용 현

서울대학교 체육교육과를 졸업하고 현재 동덕여대 체육학과 교수로 재직 중이다. 심리학을 연구하면서 상담을 통해 스포츠 선수들의 마음을 어루만져 주고, 심리훈련을 통해 멘탈을 강화시켜 주는 일을 해오고 있다. 저서로는 〈스포츠심리학의 이해와 적용〉이 있으며, 옮긴 책으로는 〈하루 10분 정신력 훈련〉이 있다.

전 현 수

서울대학교 체육교육과를 졸업하고 현재 조선대학교 체육학과 교수로 재직 중이다. 스포츠심리학을 전공했으며, 선수 및 운동참여자들의 몰입에 관심을 갖고 이와 관련된 연구에 매진하고 있다. 심리기술훈련과 관련된 다양한 강연과 워크숍을 선수 및 지도자들에게 제공해오고 있으며, 특히 스포츠심리 상담을 하는데 있어 수행력 증진과 함께 개인의 성장을 도모하는데 그 철학을 갖고 선수들의 발전에 도움을 주고 있다.